만민법

The Law of Peoples

THE LAW OF PEOPLES

만민법
The Law of Peoples

저자소개

존 롤즈(John Rawls 1921. 2. 21–2002. 11. 24)는 20세기의 도덕 및 정치철학에 있어서 세계적으로 심원한 영향을 미친 미국의 철학자이다. 미국 프린스톤 대학에서 철학박사 학위를 받았으며, 코넬대학 교수, 메사추세츠 공대(MIT) 교수, 하버드 대학 철학과 교수 및 명예교수였다. 하버드 대학에서 미국 지성의 상징인 제임스 브라이언트 코난드 대학 교수로도 임명된 바 있다. 그의 『정의론』(A Theory of Justice, 1971), 『정치적 자유주의』(Political Liberalism, 1993), 『만민법』(The Law of Peoples, 1999)은 다른 많은 저술들과 함께 현대 정치철학 논의에 심대한 영향을 미쳤다. 특히 『정의론』은 정치철학에서 정의의 문제를 다시 부활시켰다는 평가를 받고 있다. 그의 저술은 철학, 정치학, 법학, 경제학 등 광범위한 학문분야에서 정치적, 사회적 및 경제적 정의에 관한 현대적 토론을 불러일으켰다.

역자소개

장동진(張東震 Dong-Jin Jang)은 현재 연세대학교 정치외교학과 교수로 재직하고 있다. 연세대학교 정치외교학과를 졸업하고, 동 대학원에서 정치학 석사학위를, 미국 텍사스 주립대학(The University of Texas at Austin) 정치학과(Department of Government)에서 정치철학 전공으로 박사학위를 받았다. 한국정치사상학회장, 연세대학교 사회과학연구소장, 그리고 연세대학교 사회과학대학장과 행정대학원장을 역임하였다. 정의론과 현대자유주의 정치철학에 관심을 가지고 연구하고 있다. 지은 책으로 『현대자유주의 정치철학의 이해』, 『심의민주주의: 공적 이성과 공동선』외 다수의 공저가 있다. 옮긴 책으로는 John Ralws의 『정치적 자유주의』와 『만민법』(공역) 등이 있다.

김만권(金萬權 Mankwon Kim)은 현재 연세대학교 사회과학연구소 연구원으로 연구하고 있다. 연세대학교 정치외교학과를 졸업하고 동 대학원에서 정치학 석사학위를 하였다. 미국 국무부 풀브라이트 장학생으로 뉴욕 뉴스쿨대학교 정치학과에서 정치이론 및 법철학을 전공했으며, "정치적 적들의 화해를 위한 헌법 짓기"를 주제로 박사학위 논문을 썼다. 연세대학교 국제학부 및 국제학대학원에 출강하고 있다. 저서로 『자유주의에 관한 짧은 에세이들』(2001), 『불평등의 패러독스』(2004), 『그림으로 이해하는 정치사상』(2005), 『세상을 보는 열일곱 개의 시선』(2007), 『참여의 희망』(2009), 『정치가 떠난 자리』(2013), 『호모 저스티스』(2016) 등이 있으며, 역서로는 『민주주의는 거리에 있다』(2010), 『인민』(2015), 『만민법』(공역, 2017)이 있다.

김기호(金基浩, Keeho Kim)는 현재 한동대학교 교수이다. 서울신학대학교에서 신학을, 연세대학교에서 철학을, 연세대학교 대학원 철학과에서 서양철학을, 역시 연세대학교 대학원 정치학과에서 정치사상을 공부했다. 그 후 미국 바이올라 대학교 대학원에서 기독교 변증학을, 프린스톤 신학대학원에서 M.Div. 과정을 수학했으며, 베일러 대학교(Baylor University)에서 존 롤즈의 정치철학과 종교적 영향에 대한 연구로 철학박사 학위를 받았다. 역서로는 『리더십의 그림자』(두란노), 『소망』(IVP), 『만민법』(공역), 『죄와 믿음의 의미에 대한 짧은 탐구』(공역) 등이 있다.

만민법

초판 발행 2017년 7월 20일
초판 2쇄 발행 2019년 7월 19일

지은이 John Rawls
옮긴이 장동진, 김만권, 김기호
펴낸이 최국주
펴낸곳 동명사
출판등록 1950년 11월 1일(제1-76호)
주소 (우 10881) 경기도 파주시 회동길 50(문발동)
전화 031-955-7200(대표)~2, 7203(편집부), 7204(물류)
팩스 031-955-7205
전자우편 webmaster@dmsbook.com
홈페이지 www.dmsbook.com

東明社

ISBN 978-89-411-8175-0 93160
값 20,000원

2017년 번역판 옮긴이 서문

이 번역서는 『만민법』The Law of Peoples(1999)의 초판 번역을 2차례의 수정을 거쳐 이루어진 3번째 번역판이다. 『만민법』은 『정의론』A Theory of Justice(1971)과 『정치적 자유주의』Political Liberalism(1993)와 함께 롤즈의 3대 주요 저서의 하나로 평가할 수 있다. 『정의론』과 『정치적 자유주의』가 자유민주사회를 염두에 둔 정의원칙을 모색하고 있다면, 『만민법』은 『정의론』과 『정치적 자유주의』의 주요 개념 및 방법론을 활용하여 국제사회의 정의원칙을 도출하려 하고 있다.

『만민법』이 처음으로 한국어로 번역된 것은 2000년에 이루어졌다. 이 초판 번역(이끌리오, 2000)은 황급하게 번역된 관계로 많은 번역상의 문제를 안고 있었다는 점을 인정하지 않을 수 없다. 이후 이러한 번역상의 문제 및 번역서 판권의 연장관계로 출판사를 옮기면서, 두 번째 번역판이 2009년에 나타나게 되었다. 두 번째 번역본(아카넷, 2009)은 김만권 박사의 열정적인 노력에 의해 전체적으로 수정이 되었음은 물론, 번역서 말미에 「부록」을 통해 〈옮긴이 해제〉, 〈용어해설〉, 〈존 롤즈 연보〉 및 〈존 롤즈 주요 저작〉이 추가되어, 『만민법』의 내용을 롤즈의 정의관 전체와 연관하여 독자들의 이해를 돕고자 하였다. 금번의 세 번째 번역본(동명사, 2017)은 2번째 번역본의 번역문장과 기본 틀을 토대로 하여 가독성을 높이는데 주력하였다. 따라서 전체적 번역내용 및 틀에서 2번째 번역본과 큰 차이가 없다고 하여도 틀린 말이 아니다.

다만, 번역을 함에 있어서, 번역자들은 『만민법』에 있어 아주 중요한 개념인 'people'의 한국어 번역에 있어 1차 번역 당시부터 매우 어려움을 겪었다고 할 수 있다. 만민법의 'people'은 정치문화를 공유하는 일련의 사람들의 집합체라 할 수 있다. 그렇지만, people은 정치문화가 아닌 면에서는 상이한 신념 및 문화적 다양성을 지니고 있다는 것이 가정되어 있다. 특히 『만민법』에서 롤즈는 people의 개념을 개인individuals 및 國家의 개념과 대조됨을 강조하고 있다. 이것은 국제질서 정의관의 합의 주체로서 개인들도 아니며, 국가나 정부의 대표가 아닌 people을 강조하기 위함이다. 이러한 people을 우리말로 번역함에 있어 가장 쉽게 떠오르는 것이 '인민'이다. 그렇지만, 이러한 인민의 개념 자체에는 정치문화의 공유성 부분이 잘 드러나지 않아 많이 망설여졌던 것이 사실이다. 이번 번역판에서 people을 번역함에 있어, peoples는 가능한 '만민'으로, a people인 경우 문맥에 따라 불가피하게 '인민' 또는 '국민'으로 하였다. 비록 롤즈가 'people'을 특히 국가states 또는 국가의 국민those of states과 대비시키긴 하였지만, 우리말 번역에서 people의 정치문화의 공유성이라는 정치적 성격을 부각시키기 위하여 필요에 따라 '국민'이라는 용어를 불가피하게 사용하였다. 또한 롤즈는 people이라는 용어를 채택함에 있어 한 정치사회 또는 국가 내에 여러 하부단위의 복수의 peoples 또는 nations이 존재함으로써 발생하는 갈등—다문화주의자들이 언급하는 것처럼—에 대하여서는 심각하게 언급하고 있지 않다. 특히 롤즈가 people을 국가의 국민과 구별하려 하는 것은 국가에 예속된 존재가 아닌 독립적인 도덕적 자율성을 지닌 주체라는 점을 강조하기 위한 것에서 비롯된다고 생각한다. 우리말 '국민' 역시 국가에 예속된 존재의 의미를 풍길 수 있다. 그렇지만, 본 번역에서는 국가 또는 정부의 대표에 대비하여 이들로부터 자율성을 전제하는 국민의 개념을 문맥에 따라 사용하고 있음을 밝힌다.

만민법의 3차 한국어 번역본 작업은, 2차 번역본 판권계약이 만료됨으로 인해 동명사를 통해 판권계약이 새로이 이루어짐으로써, 2015년 후반기부터 시작되었다. 그러나 번역 수정 작업은 다른 작업으로 인해 시간을 내는데 여의치 않아 2017년 2월까지 지연이 되었다. 다행히 금년 2월 어느 정도 시간을 확보할 수 있어 세 번째 번역판 작업의 1차 작업이 진행되고, 이어서 2차 확인 작업(2017. 3. 8. – 3. 24.)과 3차 확인 작업(2017. 3. 30. – 4. 21.), 그리고 최종 확인(2017. 5. 11. – 5. 17)을 거쳐 3차 수정번역본을 출간하게 된 것은 매우 다행스러운 일이다. 특히 3차 번역본 수정 과정에서 연세대 대학원 정치학과 석사과정의 김태민 군이 용어선택 및 문장의 구성, 역사적 사례 확인 작업에 많은 도움을 주었다.

롤즈의 만민법은 칸트의 영구평화의 발상을 계승하면서, 국제사회 또는 지구적 사회의 정의문제를 논함에 있어 중요한 기본적 생각의 틀을 제공해 준다. 점점 세계화가 가속화되고 심화됨에 따라 국제사회 또는 세계정의 문제는 이론적 및 실천적 면에서 더 중요하게 논의될 수밖에 없다. 롤즈 만민법의 한국어 번역본이 널리 읽혀져서 한국인 전체의 국제규범 및 세계적 규범에 대한 이해의 심도가 깊어지고 그 지평이 넓어지기를 기대한다. 이번 만민법 3차 번역본을 출간할 수 있도록 판권문제를 기꺼이 해결하여 준 동명사의 최국주 사장님, 그리고 김급태 상무님, 편집에 각별한 도움을 준 김봉섭 차장님, 그리고 편집부 여러분께 깊은 감사를 드린다.

2017. 5. 17.
연세대 연희관 119호실
공동번역자 대표 장동진

목차

제2부 이상적 이론의 두 번째 부분

제3부 비이상적 이론

제4부 결론

공적 이성의 재조명

부록

서문

1980년대 후반부터 때때로 내가 "만민법"The Law of Peoples이라 불러왔던 것을 더 깊이 연구해야겠다는 생각을 했다. 내가 처음 "민족국가"nations나 "국가"states 대신에 굳이 "만민"peoples이란 이름을 선택했던 이유는, 이 개념이 국가의 국민들과는 아주 다른 특징을 지닌다고 생각했기 때문이다. 국가라는 개념은 전통적으로 내려오는 주권의 두 가지 권력(§2.2를 보라)을 지닌다고 여겨져 부적합하다고 생각했다. 이후 수년 동안 나는 이 주제에 많은 시간을 들여 1993년 2월 12일—링컨의 탄생일—에 '만민법'The Law of Peoples이란 제목으로 옥스포드 앰네스티 강의Oxford Amnesty Lecture를 한 바 있다. 이 강의는 링컨의 위대성을 상기시키기 위한 것이었다(실제 나는 강의의 결론에서 링컨의 위대성을 강조했다). 하지만 나는 이 강의에서 발표한 논문을 통해 말했던 내용에 결코 만족할 수 없었다(이 논문의 원본은 슈트Stephen Shute와 허레이Susan Hurley가 편집한 *On Human Rights: The Oxford Amnesty Lectures, 1993*[New York: Basic Books, 1993]에 게재되었다). 한 강의에서 많은 것을 다룬다는 일은 가능하지 않았던 것 같다. 사실 내가 다룬 내용은 충분히 연구된 것은 아니어서 오해의 소지가 있었다. 이 책은 1997–1998년 기간에 완성되었는데(1995년 4월에 프린스톤 대학에서 내가 제공했던 세 개의 세미나를 재정리한 것이다), 처음보다 논의가 발전되어 어느 정도는 만족스럽다.

원고가 최종적으로 재정리되기 바로 전에 〈공적 이성의 재조명〉"The Idea of Public Reason Revisited"을 완결시켰다. 이 논문은 원래 *University of Chicago Law Review*, 64(1997년 여름)에 게재되었고 이어서 하버드 대학

출판부가 출간한 *Collected Papers*(1999)에 수록되었다. 이 논문에서 나는 공적 이성의 제약들constraints of public reason을 왜 종교적 견해를 지닌 사람뿐만 아니라 비종교적인 포괄적 견해를 지닌 사람들도 합당하게 지지할 수 있는 이유를 아주 상세하게 설명하였다. 이 공적 이성의 제약은 자유적 정치관에 기초한 현대의 입헌민주주의에서 명시되고 있다(나는 이런 생각을 1993년에 출판된 『정치적 자유주의』Political Liberalism에서 처음 논의했다). 공적 이성의 개념은 만민법에서도 필수적인 요소다. 만민법은 사회계약이란 발상을 만민의 사회Society of Peoples로 확장하려는 것이다. 만민법에서도 핵심인 공적 이성의 개념은 자유적 및 비자유적 사회들이 이들 상호간 행위를 규제하기 위한 기준으로 받아들일 수 있고 또한 받아들여야만 하는 일반원칙들을 제시하고 있다. 이러한 이유로 이 한 권의 책에 두 개의 글을 실었다. 이 두 글은 어떻게 합당한 시민들과 만민이 정의로운 세상에서 평화롭게 함께 살 수 있을지에 대한 오랜 연구 결과를 담고 있다.

수년에 걸쳐 이런 생각들을 하나의 결실로 매듭지을 수 있도록 도와준 사람들이 너무나 많아 일일이 다 열거조차 할 수 없지만, 켈리Erin Kelly, 스캔론T. M. Scanlon, 레닝Percy Lehning, 포거Thomas Pogge, 베이츠Charles Beitz에게 특별히 감사의 뜻을 표하고 싶다. 이 글이 완성되기까지 이들이 내 초고를 수차례 많은 시간을 들여 검토해 준 것에 대해 내가 얼마나 감사하고 있는지, 그리고 아주 사려 깊은 논평이 얼마나 내게 도움을 주었는지에 대해 이들 모두가 알아주었으면 하는 간절한 마음이다.

또한 프리만Samuel Freeman에게도 특별히 감사를 표해야 할 것 같다. 프리만은 *Collected Papers*에 실린 내 글을 편집한 후에 막대한 작업인 이 책의 색인 작업을 아주 완벽하고 능숙하게 처리하였다.

끝으로, 내가 존경하는 친구이자 동료인 드레벤Burton Dreben에게 커다란 빚을 졌다. 그는 안타깝게도 금년 7월에 세상을 떠났다. 드레벤은 언제나 헤아릴 수 없을 만큼 많은 도움을 주었다. 그의 도움으로 내 생각을 점차 발전시키고 체계화했을 뿐만 아니라 혼란스럽게 보일 수 있는 부분들을 과감히 삭제하여 간명하게 할 수 있었다. 내가 병든 지난 3년 동안 그는 나의 아내 마디Mardy와 함께 피곤도 잊은 채 이 글을 마무리 지을 수 있도록 도왔을 뿐 아니라, 아주 세심하게 원고를 읽고 편집에 관한 충고를 해주었다. 언제나처럼, 드레벤에게 무한한 감사를 느낀다.

존 롤즈

서론

1. 나는 "만민법"Law of Peoples[1]을 국제법 및 국제관행의 원칙과 규범에 적용되는 옳음과 정의에 기초한 특수한 정치관의 의미로 쓰려 한다. 그리고 "만민의 사회"Society of Peoples는 상호관계에 있어서 만민법의 이상과 원칙들을 준수하는 모든 사람들을 일컫는 용어로 사용하려 한다. 이들은 각자 하나의 국내 정부에 속해 있는데, 이 정부는 입헌적인 자유적 정부일 수도 있고, 비자유적이지만 적정수준의decent[2] 정부일 수도 있다. 이 책에서 나는 만민법의 내용을 내가 『정의론』A Theory of Justice(1971)에서 명명했던 *공정으로서의 정의Justice as fairness*[3]의 개념과 유사하지만 이보다는 더 일반적인 자유적 정의개념에서 어떻게 도출할 수 있는지를 다루려 한다. 이 정의 개념은 우리에게 친숙한 사회계약이란 발상에 기초하고 있다. 옳음과 정의의 원칙들을 선택하고 합의하기 위해 따르는 절차는 국내 및 국제사회의 경우 모두 비슷하다. 나는 그러한 만민법a Law of Peoples[4]이

---

1 "만민법"(law of peoples)의 용어는 *ius gentium*(만민법)에서부터 유래한다. 그리고 *ius gentium intra se*는 모든 만민의 법들이 공통으로 지니고 있는 것들을 지칭한다. R. J. Vincent, *Human Rights and International Relations*(Cambridge and New York: Cambridge University Press, 1986), p. 27을 보라. 그렇지만 나는 "만민법'을 정확히 이러한 의미를 지닌 것으로 쓰지는 않는다. 오히려 §2에서 정의한 것처럼, 만민간의 상호 정치적 관계를 규제하는 특수한 정치적 원칙들을 의미하는 것으로 사용하고 있다.

2 나는 "적정수준의"(decent)라는 용어를 기본제도가 정치적 권리와 정의(정치적 결정에 있어서 협회와 집단이 실질적 역할을 할 수 있도록 하는 권리를 포함하는)의 특정한 조건들을 충족시키고 시민들이 만민의 사회에 적용되는 합당성 있는 정당한 법을 존중하는 비자유적 사회(nonliberal societies)를 묘사하는 의미로 쓴다. 이 생각은 제2장에서 충분히 논의하고 있다. 내가 사용하는 이 용어는 *The Decent Society*(Cambridge, Mass.: Harvard University Press, 1996)에서 사회복지의 고려를 강조하고 있는 마갈릿(Alvishai Margalit)의 것과는 다르다.

3 강조의 의미로 사용한 따옴표를 통하여 나는 '공정으로서의 정의'(justice as fairness)가 특정한 정의관의 명칭임을 의미한다. 이 이후에는 따옴표를 사용하지 않는다.

4 이 책의 전반에 걸쳐서 나는 때로는 *한 종류의* 만민법(*a* Law of Peoples)을 언급할 것이며,

만민의 사회를 *현실주의적 유토피아*realistic utopia(see§1)로 부르는 것을 정당화시켜 주는 특정한 조건들을 어떻게 충족시키는지 논의할 것이며, 또한 "국가들"states 대신에 "만민들"peoples이라는 용어를 쓰는 이유를 설명할 것이다.[5]

나는 『정의론』*A Theory of Justice*의 §58에서, 공정으로서의 정의가 정당한 전쟁의 목적들과 한계들을 판별하는 제한된 의도로 국제법(나는 거기에서 국제법이라 했다)으로 확장되는 일이 어떻게 가능한지를 제시했다. 여기에서는(이 책에서는) 나는 보다 근원적인 것을 논의하려 한다. 나는 5가지 형태의 국내 사회를 고려해 보자고 제안한다. 첫 번째가 *합당한 자유적 국민들reasonable liberal peoples*의 사회다. 두 번째가 적정수준*의 국민들decent peoples*의 사회다(위의 각주 2를 보라). 적정수준의 국민 사회의 기본구조는 내가 "적정수준의 협의의 위계구조"decent consultation hierarchy라 부르는 질서를 갖추고 있으며, 이러한 만민을 나는 "적정수준의 위계적 만민" decent hierarchical peoples으로 부른다. 여타의 가능한 부류의 적정수준의 만민들에 대해서는 언급하지 않고 보류해 두려한다. 그러나, 여타 적정수준의 만민 중에 이들의 기본구조가 내가 묘사한 협의의 위계구조와는 비록 부합하지 않을지라도, 만민의 사회의 성원이 될 만한 만민이 있을 수 있음을 인정한다. (나는 자유적 국민들과 적정수준의 만민 모두를 "질서정연한 만민"well-ordered peoples으로 부른다.)[6] 세 번째, *무법 국가들*outlaw states이다. 네 번째, *불리한 여건의 사회들societies burdened by unfavorable conditions*이다. 마지막 다섯 번째는 *자애적 절대주*

때로는 만민법(*the* Law of Peoples)을 언급할 것이다. 유일한 만민법이란 가능하지 않고 오히려 만민법이라고 할 수 있는 일군의 합당한 그러한 법들이 존재할 것이다. 이러한 일군의 합당한 법들은 내가 논의하고 있는 조건과 기준들을 충족시키고 법의 세부사항을 결정하는 만민의 대표들을 만족시켜 줄 것이다.

5 §2에서 "만민"(peoples)의 의미를 보다 상세히 설명하겠다.

6 "질서정연한"이라는 용어는 보댕(Jean Bodin)에서 따왔다. 보댕은 자신의 *Six Books of the Republic*(1576)의 시작 부분에서 "République bien ordonnée"를 언급하고 있다.

의*benevolent absolutism* 사회다. 이 사회는 인권을 존중하지만, 그 성원들이 정치적 결정에 있어서 의미 있는 역할을 하는 것이 거부되기 때문에 질서정연하다고 할 수 없다.

일반적 사회계약의 개념을 만민의 사회로 확대하려는 설명은 세 부분으로 나누어 전개할 것이다. 이 세 부분의 논의에 내가 이상적 이론과 비이상적 이론이라 부르는 모두가 포함될 것이다. 제1장의 이상적 이론의 첫 부분은 일반적 사회계약의 개념을 자유민주적 만민의 사회society of liberal democratic peoples로 확장하는 문제를 다룬다. 제2장의 이상적 이론의 두 번째 부분은 일반적 계약이론의 개념을 적정수준의 만민 사회society of decent peoples로 확장하는 문제를 다룬다. 적정수준의 만민 사회는 자유민주적 사회는 아니지만, 합당한 만민의 사회a reasonable Society of Peoples의 훌륭한 성원이 될 수 있는 일정의 자질을 갖춘 사람들로 이루어져 있다. 사회계약 개념의 확장을 다루는 이상적 이론 부분은 자유적 및 적정수준의 사회 양자 모두가 동일한 만민법에 동의할 것임을 입증하며 마무리된다. 만민의 사회는 그 구성원들이 자신들 상호관계에서 합당하게 정의로운 만민법을 준수한다는 점에서 합당하게 정의롭다고 할 수 있다.

제2장의 목적은 만민법을 수용하고 준수할 수 있는 적정수준의 비자유적 만민이 존재할 수 있음을 보이는 것이다. 이를 위해 내가 "카자니스탄"Kazanistan이라 부르는 비자유적 이슬람 인민a nonliberal Muslim people이란 가상적 예를 제시할 것이다. 이 인민은 내가 설정한 적정수준의 위계적 만민의 기준을 충족하고 있다(§§8–9). 카자니스탄은 다른 만민들에게 공격적이지 않으며 만민법을 인정하고 준수하며, 인권을 인정하고 존중한다. 이들의 사회의 기본구조는 적정수준의 협의 위계질서를 포함하는데, 그 특징은 내가 기술하는 바와 같다.

제3장은 두 가지 비이상적 이론을 다룬다. 우선 불순응의 조건들

conditions of noncompliance을 다루는 데, 특정의 정체가 합당한 만민법에 순응하기를 거부하는 상황들을 의미한다. 우리는 이렇게 만민법에 순응하기를 거부하는 사회를 무법국가outlaw states로 부를 수 있다. 나는 다른 사회들—자유적 만민 또는 적정수준의 만민의 사회—이 이러한 무법적 국가들에 대항하여 자신들을 정당하게 방어할 수 있는 조치들이 무엇인가를 논하려 한다. 또 하나의 비이상적 이론은 불리한 여건들의 문제를 다루는데, 불리한 여건들의 문제는 자유적 체제이든 혹은 적정수준의 체제이든 간에, 사회의 역사적, 사회적 및 경제적 상황이 불가능하지는 않다 하더라도 질서정연한 체제의 달성을 어렵게 만드는 부담을 의미한다. 우리는 자유적 또는 적정수준의 만민이 이러한 부담을 지니고 있는 사회들이 자기들만의 합당하게 정의로운 제도 또는 적정수준의 제도를 구축할 수 있도록 어느 정도까지 지원해야 할 의무가 있는지에 관해 질문해 보아야 할 것이다. 만민법의 목적은, 그렇게 쉽게 달성될 것 같진 않지만, 모든 사회들이 자유적 또는 적정수준의 체제를 확립할 수 있을 때 충분히 실현될 수 있을 것이다.

2. 만민법에 관한 이 연구서monograph는 국제법에 관한 학술적 논문도 아니고 또한 교과서도 아니다. 오히려 이 글은 현실주의적 유토피아가 가능한지, 가능하다면 어떠한 조건하에서 이를 실현할 수 있는지와 관련된 몇몇 중심적 문제들에 엄격하게 초점을 맞추고 있다. 나는 현실주의적 유토피아로 시작하여 현실주의적 유토피아로 마무리 지으려 한다. 정치철학이 현실주의적인 유토피아가 되는 순간은 우리가 일상적으로 정치실천의 가능성의 한계로 생각하였던 것을 넘어서 확장하고자 할 때이다. 우리 사회의 미래에 대한 우리의 희망은 사회세계social world의 본질이 합당하게 정의로운 입헌적 민주사회들을 만민의 사회의 성원으로 존속하는 일

을 허용한다는 신념에 달려 있다. 이러한 사회세계에서는 자유적 및 적정수준의 만민들 간에 평화와 정의가 국내외를 막론하고 달성될 수 있을 것이다. 이러한 사회의 발상은 현실주의적으로 유토피아적realistically utopian이라 할 수 있다. 그 이유는 이 발상이 만민의 사회에서 모든 자유적 및 적정수준의 만민을 위해 정치적 옳음과 정의를 결합시켜 줄 수 있는 실현 가능한 사회적 세계를 그려주기 때문이다. 나는 앞서 저술한 『정의론』과 『정치적 자유주의』 모두에서 자유적 사회가 어떻게 가능할 수 있는지 보여주려 했다.[7] 『만민법』은 자유적 그리고 적정수준의 만민의 세계적 사회가 어떻게 가능한지를 말하려 한다. 물론 많은 사람들이 이런 일이 가능하지가 않으며, 유토피아적 요소들은 한 사회의 정치문화에서 치명적 결함이 될 수 있다고 말할 수도 있을 것 같다.[8]

이와 상반되게 나는, 이러한 이상적 요소들이 잘못 고안될 수 있는 위험의 소지를 부인하지는 않지만, 현실주의적 이상이란 발상이 본질적

---

7 *Political Liberalism*(New York: Columbia University Press, 1993)을 보라. 이와 함께 두 번째 서문과 1995년 3월 *Journal of Philosophy*에 게재된 "Reply to Habermas"를 수록한 1996년 판본을 참고하라. 내가 지금 말하는 것들은 두 번째 서문의 마지막 절들에 기초하고 있다.

8 나는 여기에서 E. H. Carr의 *The Twenty Year Crisis, 1919–1939: An Introduction to the Study of International Relations*(London: Macmillan, 1951)과 유토피아적 사상에 대한 그의 유명한 비판에 관한 생각을 하고 있다(나의 인용문들은 1964년의 the Harper Torchbook 판본에서 따왔다). 적어도 유토피아적 사고가 1차 대전과 2차 대전 사이의 기간에 영국과 프랑스의 정치에서 역행적인 역할을 함으로써 2차 세계대전의 발발에 기여하였다는 카의 주장은 일면 타당성이 있다고 생각한다. 그의 책 제4장과 제5장을 참조하라. 거기에서 그는 "이익의 조화"(harmony of interests)란 개념을 비판하고 있다. 그렇지만, 카의 이익의 조화 개념은 철학과 관련된 것이라기보다는 오히려 강력한 정치인들의 이루어질 수 없는 희망(wishful thinking)을 언급하는 것이라고 할 수 있다. 이러한 맥락과 관계된 한 예를 들어보자. 처칠(Winston Churchill)은 "대영제국의 운명과 영광은 전 세계의 운명과 불가분 연결되어 있다"고 언급한 바 있다(82쪽). 유토피아니즘을 비판하면서도 카는 정치적 의견의 형성에 있어서 도덕적 판단의 본질적 역할에 관하여는 의문을 결코 제시하지 않았다. 그는 합당한 정치적 의견은 바로 현실주의(권력)와 유토피아니즘(도덕적 판단과 가치)간의 *타협(compromise)*이라는 의견을 제시하였다. 카의 이러한 생각과 대조하여 차이를 두자면, 나의 현실주의적 유토피아의 개념은 권력과 정치적 옳음 및 정의간의 타협의 문제를 해결하려는 것이 아니고, 오히려 권력의 합당한 행사의 제한범위를 설정하고자 하는 것이다. 그렇지 않다면, 카가 이미 인식하고 있었듯이, 권력 그 자체가 바로 이 타협이 어떠한 것이어야 하는 것을 결정한다(p.222).

이라는 믿음을 지니고 있다. 이와 관련하여 두 개의 주요 발상이 만민법의 동기로 작용하고 있다. 하나는 인류역사에서 저질러진 크나큰 죄악들이다. 부당한 전쟁과 압제, 종교적 박해와 양심의 자유에 대한 거부, 기아와 가난, 인종말살 및 대량학살은 말할 필요도 없겠지만, 이들 모두는 정치적 부정의에서 유래하며, 그 잔인성과 만행은 이루 형언하기 어렵다. (여기에서 사용하는 정치적 정의의 개념*the idea of political justice*은 정치적 자유주의에서 논의하였던 것과 같은 의미를 지닌다.[9] 바로 정치적 자유주의로부터 나의 만민법의 이론을 발전시킨다.) 다른 하나의 주요 개념은 명백히 첫 번째 발상과 연결되어 있다. 일단 가장 심대한 형태의 부정의들이 정의로운 (또는 적어도 적정수준의) 사회정책을 준수하고 정의로운 (또는 적어도 적정수준의) 기본제도들의 확립을 통해 제거되면, 이러한 크나큰 죄악들은 궁극적으로 사라지리라는 점이다. 나는 이러한 생각들을 현실주의적 유토피아와 연결시키려 한다. 나는 루소의 『사회계약론』*The Social Contract*의 서두에 제시된 발상을 따르는데(다음의 제1부, §1.2에서 인용되었다), 그가 표현한 "있는 그대로의 인간"men as they are이라는 구절을 사람의 도덕적 및 심리적 본성과 그러한 본성이 어떻게 정치 및 사회제도의 틀 내에서 작동하는지를 언급하고 있는 것으로 이해한다.[10] 그리고 또 그가 표현한 "있음직한 법"laws as they might be은 마땅히 또는 반드시 그래야 하는 법을 언급하는 것으로 가정한다. 나는 또한 우리가 합당하고 정의로운 정치 및 사회적 제도 하에서 성장한다면, 우리가 일정한 연령에 이르렀을 때 우리의 입장에서 이 제도들을 수용하게 될 것이며, 이렇게 하여 이 제도들이 계속 지속될 것이라 가정한다. 이러한 맥락에서

---

9 이 책의 뒷 부분에 있는 "공적 이성의 재조명"을 참조하라.

10 루소는 또한 다음과 같이 말한다: "도덕적 문제에 있어서 가능한 것의 제한성은 우리가 생각하는 것보다는 덜 좁다. 이러한 도덕의 가능성의 범위를 축소시키는 것은 다름 아닌 우리의 취약성, 악 및 편견이다. 미천한 영혼들은 위대한 인간을 믿지 않는다. 비천한 노예들은 자유라는 단어에 조롱 섞인 웃음을 보낸다." *The Social Contract*, book II, chap. 12, para. 2를 참조하라.

이해한다면, 인간본성이 선하다는 말은 합당하고 정의로운 제도—일련의 합당한 자유적인 정치적 정의관에 속하는 정의관을 충족시켜주는 제도들—하에서 성장하는 시민들이 그 제도들을 받아들이고 자신들의 사회세계가 지속될 수 있도록 행동하리라 말하는 것과 같다. (아주 특징적인 양상으로서, 이러한 일군의 관점을 받아들이는 모든 성원들은 *상호성* *reciprocity*의 기준을 충족시킨다고 말할 수 있다.)[11] 이럴 수 있는 제도가 많이 있지는 않겠지만, 만약 있다면, 그것들은 틀림없이 우리가 이해하고 행동하고, 승인하고 지지할 수 있는 제도들일 것이다. 나는 이러한 시나리오를 현실주의적이라고 주장한다. 그것은 가능할 뿐만 아니라 현실적으로 존재할 수 있을 것이다. 나는 또한 그것이 유토피아적이고 매우 바람직하다고 주장하려 한다. 왜냐하면 합당성과 정의문제를 시민들이 자신의 근본적 이익들을 실현시킬 수 있도록 하는 조건들과 결부시킬 수 있기 때문이다.

3. 이 책이 현실주의적 유토피아의 개념에 초점을 맞추고 있기에, 시민들과 정치인들이 곤란해 하는 현시대의 외교정책상의 수많은 현안의 문제들은 전적으로 배제하거나 다룬다 하더라도 아주 간략히 할 것이다. 나는 여기에서 부정의 전쟁unjust war, 이민문제immigration, 대량살상을 할 수 있는 핵무기 및 기타 무기란 세 가지 중요한 예에 주목하고자 한다.

전쟁문제와 관련해 중요한 사실은 입헌민주주의 사회들이 상호간에 전쟁을 하지 않는다는 점이다(§5). 이러한 현실이 이렇게 나타나게 되는 이유는 입헌민주사회의 시민들이 특별히 정의롭거나 좋은 사람들이기 때문이 아니라, 보다 단순한 이유로 이들이 상호간 전쟁을 해야 할 명분이 없기 때문이다. 민주적 사회들과 유럽의 근대초기에 있었던 민족국가

11 "공적 이성의 재조명"을 참조하라.

nation-states와 비교해보자. 영국, 프랑스, 스페인, 합스부르크 오스트리아, 스웨덴 및 기타 국가들은 영토, 진정한 종교, 권력과 영광, 그리고 국가의 지위를 위해 왕조전쟁dynastic wars을 수행하였다. 이러한 것들은 군주와 황실의 전쟁이었다. 이러한 사회의 내부적인 제도적 구조로 인해 이들은 어쩔 수 없이 다른 국가에 대해 공격적이고 적대적일 수밖에 없었다. 민주적 정체간의 평화가 유지된다는 중요한 사실은 민주적 사회의 *내부구조internal* structure에 근거하고 있다. 민주적 정체는 이 내부구조로 인해 자기방어나 인권을 보호하기 위하여 정의롭지 못한 사회에 개입해야 하는 중대한 경우를 제외하고는 굳이 전쟁에 호소해야 할 이유가 없다. 입헌민주사회들은 상호간의 위협 없이 안전하기 때문에, 이들 간에는 평화가 자리 잡는다.

두 번째 문제인 이민문제에 관하여, §4.3에서 나는, 역사적 관점에서 볼 때 사회의 경계들이 아무리 자의적인 것으로 여겨진다 하더라도, 국가의 중요한 역할은, 국민들이 자신의 영토와 인구의 규모, 나아가 영토의 환경적 통합유지에 대한 책임을 수행하려 할 때, 이들 국민의 효과적인 대행자가 되는 것이라 주장한다. 한 사회가 자신의 자산을 유지하는 데 책임을 질 분명한 행위자를 지정하지 않고 심지어 그 책임조차 부여하지 않는다면, 더욱이 이렇게 책임 소재의 불분명함 때문에 발생하는 손실에 대하여 분명한 책임자가 없다면, 그 사회의 자산 상태는 점점 더 악화될 것이다. 나의 입장은 이러한 악화현상의 발생을 방지하는 일이 소유권 제도의 역할이라는 점이다. 여기에서 자산은 국민의 영토와 국민을 *영구히*in perpetuity 존속할 수 있도록 하여주는 영토의 잠재적 수용능력을 의미한다. 그리고 그 대행자는 정치적으로 조직된 국민 그 자체를 말한다. 영속성의 조건the perpetuity condition은 매우 중요하다. 국민은 자신의 성원들을 규제하는데 실패하거나, 전쟁의 정복이나 또는 상대방의 승인 없이 타 인민의 영토로 이주해 감으로써 자신의 영토를 더 이상 돌 볼 수 없게 된다면, 이를 만회할 수 없다는 점을 명심해야만 한다.

이민의 원인에는 여러 가지가 있다. 나는 그 원인 중 몇 가지를 언급하고 이런 원인들이 자유적 및 적정수준의 만민사회에서는 사라질 것이라 주장한다. 그 한 예는 종교적 및 인종적 소수파들에 대한 박해와 이들의 인권에 대한 거부로 인한 이민이다. 또 다른 예는 다양한 형태의 정치적 억압과 관련된 이민이다. 말하자면 소작농계층의 구성원들이 권력과 영토 확장을 위한 왕조전쟁의 용병으로 군주가 징집을 통해 고용하였을 때 이민을 가는 경우이다.[12] 1840년대의 아일랜드의 기근의 경우에서처럼 인민이 단순히 기아를 모면하려고 달아나는 경우도 종종 발생한다. 그런데 실상 기근이 발생하는 그 자체를 살펴보면 종종 정치적 실정과 적정수준의 정부의 부재로 인해 야기되는 부분이 크다.[13] 마지막으로 모국의 영토에서 나타나는 인구의 압력으로 인한 이민이다. 인구 압력이 발생하는 원인의 근저에는 불평등의 문제와 여성의 예속이 있다. 불평등과 예속의 문제가 일단 극복이 되고 여성들에게 남성들과 마찬가지로 동등한 정치참여권과 교육이 보장된다면, 이러한 문제들을 해소할 수 있다. 그래서 종교적 자유와 양심의 자유권, 정치적 자유와 헌법적 자유권들, 여성에 대한 평등한 정의는 바로 현실주의적 유토피아를 위한 건전한 사회정책의 근본적 측면들이다(§15.3-4를 보라). 그래서 이민문제는 현실주의적 유토피아에서는 단순히 제쳐둔 것이 아니라, 심간한 문제로서 고려되지 않았을 뿐이다.

나는 핵무기와 다른 대량살상무기를 통제하는 문제에 대해선 간략하게만 언급할 것이다. 합당하게 정의로운 자유적 및 적정수준의 만민은,

---

12 영국군대를 떠나서 미국혁명 후 미합중국의 시민이 된, 독립전쟁 때의 헤스사람으로 구성된 부대(Hessian troops, 영국의 독일인 용병부대)를 생각해 보라.

13 제3부, §15.3의 Amartya Sen에 관한 각주 35를 보라.

이러한 무기들을 효과적으로 금지할 것이기 때문에 무기의 통제 문제는 상대적으로 수월할 것이다. 이들 만민은 상호간에 전쟁을 해야 할 이유가 없다. 그렇지만 무법적 국가들이 존재하기 때문에—우리가 가정하는 것처럼—일부 핵무기는 보유해야 할 필요가 있다. 그 목적은 무법국가들을 꼼짝 못하게 하고 이런 무법국가들이 핵무기를 보유하여 자유적 또는 적정수준의 국민들에게 사용하지 못하도록 하기 위해서다. 이것을 어떻게 하면 가장 잘 실천할 수 있느냐 하는 문제는 전문지식에 속하는 문제이므로 이러한 문제에 대해서는 철학이 용이하게 답변할 수는 없다. 물론, 핵무기가 도대체 사용될 수 있는지, 사용될 수 있다면 어떠한 상황에서 사용될 수 있는지에 관한 중대한 도덕적 문제가 남아있다(§14의 논의를 참조하라).

4. 끝으로, 만민법은 정치적 자유주의 이론체계 내에서 발전되며, 국내 정치체제에 적용되는 자유주의적 정의관을 만민의 사회로 확대하는 것이란 점에 주목해야 한다. 나는 자유적 정의관내에서 만민법을 발전시킴에 있어서, 합당하게 정의로운 *자유적liberal* 만민의 *외교정책foreign policy*의 이상과 원칙들을 고안하고자 한다는 점을 강조한다. 자유적 만민의 외교정책에 관한 이러한 관심이 이 책 전반에 걸쳐 깔려있다. 우리가 적정수준의 만민들의 관점을 고려하는 이유는, 이들을 위한 정의원칙을 규정하려는 것이 아니라 자유적 만민의 외교정책의 이상과 원칙들이 적정수준의 비자유적 관점에서도 합당할 수 있다는 점을 우리 자신이 확인할 수 있도록 하기 위해서이다. 그러한 확신을 보장할 필요성은 자유적 관점에 내재해 있는 특징이다. 만민법은 적정수준의 비자유적 관점들이 존재하며, 어느 정도까지 비자유적 만민을 관용할 수 있는지의 문제는 자유적 외교정책의 본질적 문제라고 주장한다.

나의 기본적 생각은 칸트가 『영구평화론』*Perpetual Peace*(1975)에서 제시한 선도적 발상과 *평화적 연합foedus pacificum*이란 개념을 따르고 있다. 나는 이 발상을, 우리가 한 사회에 적용되는 입헌민주정체의 자유주의적 정치관이란 사회계약의 개념에서 시작하여, 두 번째 단계의 제2의 원초적 입장을 도입하여 자유적 국민의 대표들이 여타의 자유적 국민들과 합의를 하는 단계로 확장함을 의미한다고 해석한다. 나는 §§3–4에서 이런 해석을 할 것이며, 다시 §§8–9에서 비자유적이지만 적정수준의 만민과의 합의에서 이렇게 해석할 것이다. 우리는 이러한 각각의 합의를 가설적이며 비역사적인 것으로 이해할 수 있다. 즉 적절한 무지의 장막이 드리워진 원초적 입장에서 대등하게 처한 평등한 만민간의 합의의 상황으로 진입해가는 것이다. 따라서 만민들 상호간의 이러한 합의의 수행은 공정한 것이다. 이 모든 것은 입헌적 정체가 그 시민들의 자유를 완전히 실현하기 위하여 효과적인 만민법을 확립해야만 한다는 칸트의 생각과 일치한다.[14] 나는 만민법에 대한 이러한 접근이 실제 작동할 것인지에 대해선 확신할 수 없다. 또한 만민법을 도출하는 다른 방법들이 올바르지 않다고 주장하는 것도 아니다. 만약 다른 방법을 통하여 동일한 결론에 도달한다면, 이 또한 더 좋은 일이 아니겠는가.

---

14 *Theory and Practice*, part III: Ak: VIII: 308–310을 참조하라. 여기에서 칸트는 국제적 권리(international right)의 실천과 관계된 이론을, 그가 말하는 표현대로 하자면, 세계시민주의 입장(a cosmopolitan point of view)에서 보여주고 있다. 그리고 *Idea for a Universal History*, Seventh Proposition, Ak: VIII: 24ff.을 참조하라.

제1부

이상적 이론의 첫 번째 부분

제1부 이상적 이론의 첫 번째 부분

§1. 현실주의적 유토피아로서의 만민법

1.1. 현실주의적 유토피아의 의미

서론에서 언급하였듯이, 우리들이 일상적으로 생각하는 정치실천의 가능성의 한계 영역을 확장하려고 할 때 정치철학은 현실주의적 유토피아의 성격을 띠며, 정치철학의 임무는 이런 일을 하는 동안 우리의 정치적 및 사회적 조건들과 우리 자신이 화해할 수 있도록 하는 것이다. 우리 사회의 미래에 대한 우리의 희망은 사회세계가 하나의 합당하게 정의로운 입헌민주주의a reasonably just constitutional democracy를 합당하게 정의로운 만민의 사회a reasonably just society of Peoples의 성원이 되어 존속할 수 있도록 허용하게 될 것이라는 믿음에 달려있다. 사회의 법과 경향이 있다는 사실을 전제하고, 합당하게 우호적인 역사적 조건이 가능하다고 본다면, 이러한 우호적인 조건하에서 합당하게 정의로운 입헌민주주의는 어떠한 것일까? 그리고 이러한 조건들은 만민간의 관계에 중요한 의미를 지니는 법과 경향들과는 어떻게 연결되는 것일까?

하나의 합당하게 정의로운 국내 사회에서는 합당한 다원주의의 현실the fact of reasonable pluralism이 위에 언급된 역사적 조건에 포함된다.[1] 만민의 사회에선 종교적 및 비종교적인 것을 포함하여 상이한 문화와 사상의 전통들을 지닌 합당한 만민간의 다양성이 합당한 다원주의에 상응한다. 심지어 둘 또는 그 이상의 만민이 자유입헌정체를 갖추고 있을 때조차도 입헌주의를 바라보는 이들의 시각은 상이하며, 자유주의의 개념에도 상이한 변이가 나타난다. 어떠한 형태가 될지는 몰라도 (합당한) 만민의 법은 반드시 이렇게 다양한 합당한 만민들이 받아들일 수 있는 것이어야 한다. 나아가서 만민법은 반드시 만민 상호간에 공정해야 하며, 이들 상호간에 보다 큰 협력체계를 형성하는 데 있어 효과적이어야만 한다.

이러한 합당한 다원주의 현실은, 다른 역사적 시기에 한 국내적 사회의 국민이 하나의 포괄적 교리를 수용하며 단결되었던 경우가 있었던 지에 상관없이(아마도 이들 국민이 실제로는 결코 일치되어 있지 않았겠지만), 우리가 살고 있는 이곳 현재에 실제적으로 가능한 것의 한계를 설정해 준다. 나는 이런 실제적으로 가능한 것의 한계the limits of the practically possible를 어떻게 식별할 수 있으며, 우리의 사회세계의 조건들이 사실상 무엇인지 질문할 수 있음을 인정한다. 바로 여기에서 중요한 것은 현실적인 것the actual이 가능한 것the possible의 한계를 결정짓지 않는다는 점이다. 왜냐하면 우리가 비교적 어느 정도까지는 정치적 및 사회적 제도들과 그 밖의 상당한 것들을 변화시킬 수 있기 때문이다. 그러므로 비록 지금은 아닐지라도 언젠가 보다 좋은 조건 하에서 우리가 할 수 있는 최선을 다해 좀 더 나은 환경을 갖춘 미래에는 우리가 그리는 사회세계가 가능하며 현실적으로 존재할 수 있다는 점을 주장하며, 가능한 세계를 그리고 그것에 대해 숙고해야만 한다.

결국 우리는 만민 내 또는 이들 상호간에 합당한 다원주의가 우리가

1 『정치적 자유주의』(*Political Liberalism*)에 있는 정의를 보라. 또한 이 책에 실린 "공적 이성의 재조명"을 참고하라.

화해해야 할 역사적 조건인지 아닌지에 대하여 질문을 하고자 한다. 비록 우리가 때때로 생각하고 있는 세계, 즉 모든 사람 또는 만민들이 우리와 동일한 신념을 가지고 있는 세계가 보다 행복할 것이라고 상상하겠지만, 그것은 문제의 본질이 될 수가 없다. 그러한 세계는 자유로운 제도들의 본질적 성격과 문화 때문에 제외시킬 수밖에 없다. 합당한 다원주의가 후회할 만한 것이 아님을 보이기 위해, 우리들은 사회적으로 가능한 대안들이 얼마든지 있다는 점을 전제하고, 합당한 다원주의의 존재가 보다 큰 정치적 정의와 자유를 줄 것이라는 점을 보여주어야만 한다. 이 주장을 수긍할 수 있으려면, 우리는 현대의 정치적 및 사회적 조건들과 화해해야만 한다.

1.2. 국내적 경우의 조건들

나는 우선 현실주의적 유토피아로서 합당하게 정의로운 입헌민주사회(이후 단순히 자유적 사회로 때때로 언급될 것이다)의 모습을 대략적으로 묘사한 후, 그러한 현실주의적 유토피아를 달성하기 위해 필요한 몇 가지 조건들을 검토해 볼 것이다. 그런 다음 나는 이와 상응하는 조건들이 만민법을 존중하는 합당하게 정의로운 적정수준의 국민들의 사회에 적용될 수 있는 지를 점검해 보려 한다. 이러한 조건들이 유효하다면, 만민의 사회 역시 현실주의적 유토피아의 예가 될 수 있을 것이다.

(i) 자유적 정의관이 *현실주의적*realistic이 되기 위해서는 두 가지 필요조건이 있다. 첫째 조건은 이 자유적 정의관이 반드시 실제적인 자연의 법칙들actual laws of nature에 근거하고 있어야만 하며, 이러한 법칙들이 허용하는 안정성, 즉 올바른 이유에 입각한for the right reasons 안정성을 달성할 수 있어야만 한다는 점이다.[2] 이 자유적 정의관은 만민을 있는 그대

---

2 올바른 이유에 입각한 안정성(stability for the right reasons)이란 적절한 자신의 정의관의 원칙에 입각하여 올바르게 행동하는 시민들이 달성하는 안정성을 의미한다. 시민 자신의 정의관은 정의로운 제도 하에서 길러지고 정의로운 제도에 참여함으로써 시민들이 습득하여 온 정의관을 말한다.

로(자연의 법칙을 통해) 받아들이며 동시에 입헌 및 시민법을 가능한 것, 즉 합당하게 정의롭고 질서정연한 민주사회에서 존재할 수 있는 것으로 여긴다. 여기에서 나는 『사회계약론』*The Social Contract*의 서두에 나타난 루소의 생각을 따른다.

> 나의 목적은 정치사회에서 인간을 있는 그대로 받아들이고 법을 조직 가능한 것으로서 받아들이면서 정당성 있고 확실한 정부의 원칙이 있을 수 있는지 여부를 밝혀 보는 것이다. 이러한 문제를 탐구함에 있어 나는 항상 정의justice와 효용utility이 분리되지 않도록 옳음right이 허용하는 것과 이익interest이 요구하는 바를 결부시켜 보고자 한다.

자유적인 정치적 정의관이 현실주의적이 되기 위한 두 번째 조건은 이 정의관의 제일 원칙과 처방들이 현존하는 정치 및 사회적 제도들과 부응하여 작동되고 적용될 수 있어야 한다는 점이다. 여기에서 도움이 될 수 있는 하나의 예를 들어보자. 공정으로서의 정의justice as fairness에서 사용되었던 기본적 가치*primary goods*(기본적 권리 및 자유, 기회, 수입과 부, 자존감의 사회적 기초들)를 고려해 보자. 기본적 가치의 중요한 특징 중의 하나는 이 가치들이 현실적으로 작동할 수 있다는 점이다. 시민이 이러한 가치를 향유하고 있는지는 공개적으로 관찰할 수 있을 뿐만 아니라 시민 상호간에 필수적인 비교(소위 개인상호간 비교*interpersonal comparison*)도 가능하다. 이것은 만민 전체의 효용people's overall utility과 같은 작동가능하지 않은 개념들 또는 센Sen의 다양한 기능에 적용되는 기본적 능력들 *Sen's basic capabilities for various functionings*(센 자신이 그렇게 부르는)에 호소하지 않고서도 이루어질 수 있다.[3]

---

3 그렇지만, 센의 기본적 능력의 개념(Sen's idea of basic capabilities)이 중요하지 않다고 하는 것은 아니다. 사실상 그 반대이다. 센은 사회는 반드시 시민의 효과적인 기본적 자유(effective

(ii) 정치적 정의관이 유토피아적utopian이기 위해 필요한 조건은 이 정의관이 합당하고 정의로운 사회를 구현하기 위한 정치적(도덕적) 이상, 원칙 및 개념들을 사용해야 한다는 점이다. 다음의 세 가지 특징적 원칙을 따르는 일련의 합당한 자유적 정의관a family of reasonable conceptions of justice이 있다.

> 첫 번째, 입헌정체에서는 친숙한 종류의 기본적 권리와 자유들을 열거하고 있다.
> 두 번째, 특히 일반적 선the general good과 완전주의 가치들perfectionism values의 주장과 관련하여, 이러한 기본적 권리, 자유 및 기회들에 특별한 우선성을 부여한다.
> 세 번째, 모든 시민들에게 필수적으로 요구되는 기본적 가치를 보장하여 이들이 자신의 자유freedoms를 현명하고 효과적으로 사용할 수 있게 한다.

이러한 정의관의 원칙들은 상호성reciprocity의 기준 역시 충족시켜야만 한다. 이 기준은, 어떤 조건을 공정한 협력의 가장 합당한 조건으로 제시했을 때 이 조건을 제시한 사람들은, 자유롭고 평등한 시민으로서 다른 사람들이, 지배를 받거나 조작당하거나 또는 불리한 정치적 및

---

basic freedoms)의 분배에 유의하여만 하다는 점을 강조한다. 센은 이러한 효과적인 기본적 자유의 분배가 기본적 가치에서 어떠한 것을 소유하고 있는가 보다 시민들의 인생에 훨씬 근본적이라고 생각하는 데, 자신의 인생을 바람직한 방식으로 영위하기 위해서 이러한 기본적 가치를 사용하는 능력과 기술이 시민들 간에는 차이가 나기 때문이다. 기본적 가치의 측면에서 답변을 한다면, 우선 이러한 주장을 인정한다. 사실상, 기본적 가치의 사용은 시민의 능력을 단순화하는 가정을 할 수밖에 없다. 그러나 이렇게 단순화하거나 유사한 가정을 하지 않고 효과적인 기본적 능력의 개념(idea of effective basic capabilities)을 적용하는 것 역시 정치사회가 고안해내고 적절하게 적용할 수 있는 것 이상의 정보를 요구한다고 답하고 싶다. 대신 기본적 가치를 정의의 원칙들을 구체화하는 데 투여시키고 이에 따르는 사회의 기본구조를 설정함으로써, 센이 말하는 효과적인 자유의 정당한 분배에 실천적으로 우리가 할 수 있는 한 최대로 근접할 수 있으리라 생각한다. 그의 생각은 기본적 가치의 사용의 적절성을 설명하는 데 필요하기 때문에 본질적이라고 할 수 있다. 센(Amartya Sen)의 견해에 관하여, 그의 저서 *Inequality Reexamined*(Cambridge, Mass.: Harvard University Press, 1992), 특히 1–5장을 참조하라.

사회적 지위로 인해 발생하는 압력하에 있지 않은 상태에서, 이 조건을 받아들이는 것이 합당할 것이라고 생각할 수 있어야만 한다는 것을 요구한다.[4] 이러한 정의관들 중에서 어느 것이 자신들이 생각하기에 가장 합당한지에 대해서는 시민들 간에 차이가 있을 것이다. 그렇지만, 이들 시민들은 모든 정의관들이, 아주 겨우 그렇다 할지라도, 합당하다는 점에 동의할 수 있어야만 한다. 이러한 유형에 해당하는 모든 자유주의는 자유롭고 평등한 존재로서의 시민과 지속성이 있는 공정한 협력체계로서의 사회를 기초적 개념으로 한다. 그렇지만 이러한 개념들이 다양하게 해석될 수 있기 때문에, 우리들은 상이한 정의의 원칙을 형성하고 상이한 공적 이성public reason의 내용을 갖게 된다.[5]

정치관들은 정치적 원칙들과 가치들을 어떠한 순서로 배치하고, 어떻게 형평을 조절하느냐에 따라 또한 차이가 난다. 이러한 차이는 심지어 동일한 원칙과 가치들을 의미 있는 것으로 규정할 때조차 발생할 수 있다. 이러한 자유주의들은 실체적인 정의 원칙들을 담고 있기에 절차적 정의 이상의 것을 포함한다. 이 원칙들은 자유롭고 평등한 시민들의 종교적 자유 및 예술적 표현의 자유, 나아가서 공정한 기회와 적절한 전목적적 수단all-purpose means을 보장하는 공정성의 실질적 개념들 및 그 밖의 많은 것들을 구체화시켜야 한다.[6]

(iii) 현실주의적 유토피아를 위한 세 번째 조건은 정치적인 것의

---

4 *Political Liberalism*, II: §1, pp.48–54, 그리고 이 책에 실린 "공적이성의 재조명"을 참조하라.

5 이러한 자유주의들 중에서, 공정으로서의 정의가 가장 평등주의적이라 할 수 있다. *Political Liberalism*을 참조하라.

6 일부 사람들은 합당한 다원주의의 사실이 포괄적 교리들 사이에 적용되는 공정한 판결의 형태가 단지 절차적이어야만 하며 실체적이 되어서는 안된다는 것을 의미하는 것으로 생각할 수도 있을 것이다. 이 견해를 *Innocence and Experience*(Cambridge, Mass.: Harvard University Press, 1989)에서 햄프셔(Stuart Hampshire)가 강력하게 주장한 바 있다. 그렇지만, 위의 내용에서, 나는 자유주의의 여러 형태가 각각 실체적 관점들을 띠고 있다고 가정한다. 이 쟁점들을 완벽하게 다룬 것으로, 코헨(Joshua Cohen)에 의한 논의, "Pluralism and Proceduralism," *Chicago-Kent Law Review*, vol. 69, no. 3(1994)을 참조하라.

범주category of the political는 자체 내에 정치적 정의관에 필요한 모든 본질적 요소들을 담고 있어야 한다는 것을 요구한다. 예를 들어, 정치적 자유주의에서 개개인은 시민으로 여겨지며, 정치적 정의관은 자유적 입헌정체의 공적 정치문화에서 가용한 정치적(도덕적) 발상에서 형성되어야 함을 의미한다. 자유로운 시민이란 개념은 자유적 정치관의 소산이지, 언제나 정치적인 것의 범주를 넘어 확장되는 포괄적 교리가 결정짓는 것이 아니다.

(iv) 합당한 다원주의의 사실 때문에, 입헌민주주의는 시민들이 사회에서 성장하고 참여함으로써 효과적으로 적절한 정의감을 갖출 수 있도록 유도하는 정치 및 사회제도들을 갖추어야만 한다. 이렇게 되면, 이들 시민들은 정치관의 원칙과 이상들을 이해하고 이들을 해석하여 현안의 사안에 적용할 수 있게 될 것이다. 이들 시민들은 특정 상황에서 요구되는 정치관의 원칙과 이상에 따라 일반적으로 행동할 것이다. 이를 통해 올바른 이유에 입각한 안정성에 이르게 될 것이다.

자유적 관점들이 시민의 덕성스러운 행위를 요구하는 한, 공정감과 관용의 정신 및 타자들과의 타협의 자세 등과 같은 (정치적) 덕목들이 필요하다. 사회의 기본구조는 자유적 정치원칙들과 이상을 충족시킬 수 있어야 한다. 물론 많은 시민들이 경우에 따라 기본구조를 통해 구체화된 원칙들과 이상을 위반하겠지만, 수많은 다른 시민들의 적절한 행위가 이들의 위반행위를 압도한다면 문제가 없을 것이다.[7] 이렇게 되면 정치제도의 구조는 장기간에 걸쳐 (올바른 이유에 입각하여) 정당성과 안정성을 유지할 것이다.

---

7 자유적 관점들이란 또한 우리가 말하는 "자유의 자유주의들"(liberalisms of freedom)이라고 할 수 있다. 이들 자유적 관점의 세 가지 원칙들은 기본적 권리와 자유를 보장하고, 이것들에 우선성을 부여하고, 모든 시민들에게 전목적적 수단을 충분히 보장하여 이들의 자유가 단순히 형식적이 아니라는 것을 명백히 한다. 이점에 있어 이들 자유적 관점은 칸트 및 헤겔과 일치하며, 조금은 덜 분명하지만 밀(J. S. Mill)과도 일치하는 부분이 있다. 더 상세한 논의로 §7.3을 참고하라.

이러한 현실주의적 유토피아의 개념에서 중요한 것은 이것이 제도적이라는 점이다. 우선 국내적 경우 이 현실주의적 유토피아는 시민들이 자신들의 성장배경을 이루고 있는 제도 및 실행하에서 행동하는 방식과 연결되어 있다. 그리고 국제적 경우에는 한 민족의 성격이 역사적으로 발전해온 방식과 결부되어 있다. 우리는 역사적 지식과 반성을 통하여 확립되어 온 사회적 행위의 사실에 근거해 있다: 예를 들면, 역사적으로 보아 정치 및 사회적 결속이 종교적 결속에 의존하지 않고 있다는 사실, 그리고 질서정연한 민주적 만민은 상호간 전쟁을 하지 않는다는 사실을 들 수 있다. 이러한 관찰 및 다른 사항들은 우리의 논의가 진행됨에 따라 본질적이 될 것이다.

(v) 종교적, 철학적 또는 도덕적 화합은 가능하지도 않을 뿐만 아니라 사회적 화합에 필요 지도 않기 때문에, 만약에 사회적 안정성이 단순히 *잠정적 타협modus vivendi*이 아니라면, 사회적 안정성은 포괄적 교리들간의 중첩적 합의를 통해 지지되는 옳음과 정의라는 합당한 정치적 관점에 뿌리를 두여야만 한다.

(vi) 이러한 정치관은 전적으로 정치적인 것의 범주the category of the political에서 나온 개념에서 도출한 합당한 관용의 개념을 갖추고 있어야만 한다.[8] 그렇지만, 이 조건이 항상 필요한 것은 아니다. 사회에 존재하

---

8 *Political Liberalism*을 보라. 이러한 관용관의 주요 요점들을 다음과 같이 요약하여 제시할 수 있다: (1) 합당한 사람들이 동일한 포괄적 교리에 모두 동조하지는 않는다. 이것은 "판단의 부담"(burdens of judgment)의 결과라 할 수 있다. (2) 많은 합당한 교리들이 인정이 되고 있다. 그렇지만 이 교리들 모두가 어떤 특정한 하나의 합당한 포괄적 교리들 내의 관점에서 본다면 진리라거나 또는 옳은 것으로 받아들여질 수 있는 것은 아니다. (3) 합당한 포괄적 교리들 중 어느 하나를 인정하는 것이 합당하지 않은 것이라고 할 수 없다. (4) 우리들의 것과 다른 합당한 교리들을 채택하고 있는 다른 사람들 또한 합당하다고 할 수 있다. (5) 우리가 합당하다고 인정하는 신념을 수용하는 일은 결코 합당하지 않은 것으로 생각될 수 없다. (6) 합당한 사람들은, 만약 권력을 가지고 있다면, 이들은 이 권력을 사용하여 자신들의 것과는 다르긴 하지만 합당한 여타의 교리들을 억압하는 것을 합당하지 않은 것으로 생각한다. 이러한 점들은 너무 협소한 것처럼 여겨질 수 있다. 왜냐하면 나 역시 모든 사회 내에 수많은 부당한 교리들이 존재하고 있다는 사실을 인정하고 있기 때문이다. 그렇지만, 이 점에 관하여 주요하게 생각하여

고 있는 포괄적 교리들 그 자체가 이미 그러한 견해를 제시하는 경우를 생각해 볼 수 있기 때문이다. 그렇긴 하지만, 정치관 자체가 자체 내에 합당한 관용의 개념을 담고 있다면 더욱 견고해 질 수 있다. 왜냐하면 그러한 사실 자체가 공적 이성을 통한 관용의 합당성을 보여주기 때문이다.

1.3. 만민의 사회의 상응하는 조건들

나는 앞의 §1.2에서 내가 '현실주의적 유토피아'로 부르는 합당하게 정의로운 입헌민주정체에 필요한 조건들을 열거했다. 그렇다면 이제 합당하게 정의로운 만민의 사회에 적용될 수 있는 상응하는 조건들은 무엇일까? 이 주제는 너무 큰 주제라서 이 시점에서 상세한 논의는 무리인 것 같다. 그렇지만 우리가 논의를 진행하기 전에 상응할 수 있는 일부 조건들을 미리 살펴보는 것은 유익할 수 있다. 그 이유는 앞으로 전개될 주장을 미리 볼 수 있기 때문이다.

처음의 세 조건들은 국내적 경우에서와 마찬가지로 만민의 사회에서도 강력하게 적용될 수 있다고 생각한다.

(i*) 합당하게 정의로운 질서정연한 만민의 사회는 자유주의적 사회 또는 적정수준의 국내적 사회와 동일한 방식으로 *현실주의적*realistic이다. 여기에서 다시 우리는 만민을 있는 그대로 받아들이며(국내 사회에서 합당하게 정의롭게 조직화된 사람들로 여긴다), 그리고 만민법 역시 가능할 수 있는 것으로 여긴다. 즉 만민법이 정의롭고 적정수준의 만민들로 이루어진 합당하게 정의로운 사회에 어떻게 존재할 수 있을까라는 문제를 다룬다. 합당한 만민법의 내용은 원초적 입장의 개념을 다시 활용함으로써

야 할 점은 어느 정도까지 합당하지 않은 교리들이 현실적으로 용인되어야 하는가는 앞에서 내가 말한 기준에 근거해 결정되어야 할 문제가 아니라, 정의의 원칙들과 이 원칙이 허용하는 행위를 통해 결정되어야 한다는 점이다. 이에 관한 논의는 켈리(Erin Kelly)의 도움을 받았다.

분명하게 할 수 있다. 여기에서 원초적 입장에 참여하는 당사자들은 만민을 각각 대표하는 사람들이다(§3). 국가보다는 만민의 개념을 사용하는 것이 이 시점에서 매우 중요하다. 이 개념을 통해 우리는 도덕적 동기를 만민들에게 부여할 수 있다—예를 들자면, 만민법의 원칙에 충실한 이들은 자기방어self-defense에만 한해서 전쟁을 허용한다. 이것은 국가의 경우에는 도저히 적용되기 어려운 것이다(§2).[9]

만민법은 다음과 같은 두 번째 방식으로 또한 현실주의적이다. 만민법은 작동 가능한 것이며, 현재 진행되고 있는 만민들 상호간의 정치적 협약이라든가 또는 관계에 적용할 수도 있다. 물론 만민법의 내용이 구체화될 때까지 현실적인 사례를 제시할 수는 없다(§4). 하지만 지금 당장에는 만민법이 만민들의 자유와 평등이라는 아주 익숙한 용어로 표현되며 헤아릴 수 없이 수많은 사법적 및 정치적(도덕적) 개념들과 관련되어 있다고 말하는 것으로 충분하다.

(ii*)합당하게 정의로운 만민법은 또한 만민의 사회에 적용되는 합당하게 옳고 정의로운 정치적 및 사회적 제도를 구체화하기 위해서 정치적(도덕적) 이상, 원칙 및 관념들을 사용한다는 점에서 유토피아적utopian이다. 국내 사회의 경우, 자유적 정의관들은 합당한 것the reasonable과 합리적인 것the rational의 선상에서 구별되고, 한편으로는 이타주의와 다른 한편으로는 이기주의로 나타나는 선상에 위치해 있다. 만민법 역시 이러한 특징을 그대로 반영하고 있다. 예를 들자면, 우리는 §2에서 한 국민의 이해관계는 이들이 속한 영토 및 경계, 합당하게 정의로운 정치 및 사회 제도,

---

9 다음 질문은 분명히 짚고 넘어가야만 할 것이다. 왜 만민법이 제2단계에서 만민들에게는 공정하지만 개개의 사람들에게는 공정하지 않을 수도 있는 원초적 입장을 사용해야 하는가? 그렇다면, 만민법에서 (도덕적) 행위자의 지위를 만민에게 부여하는 것은 도대체 무엇을 근거로 한 것인가? 나는 이 질문에 대하여 §2에서 부분적으로 답하고 있다. 여기에서 만민의 개념이 구체화되고 있다. 하지만 보다 상세한 설명은 §11에서 했다. 이 문제에 대하여 의아해 하는 사람은 지금 곧 §11을 참조하라.

수많은 단체들이 존재하는 자유로운 시민문화들로 구체화된다고 말한다. 이러한 다양한 이익들은 합당한 것과 합리적인 것의 구별에 근거하며, 만민간의 관계가 장기간에 걸쳐 (올바른 이유에 입각하여) 어떻게 정의롭고 안정되게 지속될 수 있는가를 보여준다.

(iii*) 세 번째 조건은 정치적 정의관에 해당되는 모든 본질적 요소들이 정치적인 것의 범주에 포함되어야 한다는 것이다. 이 조건은, 일단 입헌민주정체에 적용되는 자유적 정치관을 만민의 관계에 확장하게 되면 충족될 것이다. 이러한 확대 적용의 성공적 수행 여부는 앞으로 보여야 할 사항이다. 그러나 어떠한 경우에도, 정치적인 것의 확장은 언제나 정치적인 것의 범위 내에 머물러 있으며, 종교적, 철학적 및 도덕적 교리와 같은 포괄적 교리는 언제나 정치적인 것의 범위를 넘어난다.

(iv*) 합당하게 정의롭고, 효율적인 제도적 과정을 통해 상이한 질서정연한 사회의 구성원들이 정의감을 발전시키고, 만민법을 존중함에 있어 자신의 정부를 지지해주는 정도는 보다 광범위한 만민의 사회에서 사회에 따라 다를 수 있다. 합당한 다원주의의 현실은 한 사회 내에 국한한 경우보다는 질서정연한 만민의 사회에서 보다 분명하게 드러난다. 만민법에 헌신하는 강도가 만민 모두에게 동등한 수준일 필요는 없지만, 이상적으로 말해 만민법을 동등한 강도로 헌신하는 것이 충분조건임에는 틀림없다. 나는 이 문제를 다음의 §15.5에서 화친affinity이란 제목으로 다루며, 나는 거기에서 만민법에 대한 준수의지가 약화된다면, 제도적 과정 역시 현저하게 약화될 수 있을 것이라 주장한다.

이점을 통해 우리는 나머지 두 가지 조건들에 이를 수 있다.

(v*) 합당한 만민의 사회의 화합은 종교적 화합을 요구하지 않는다. 만민법은 개별 민주사회의 정의원칙에 상응하는 만민의 사회에 적용되는 공적 이성의 내용을 제공한다.

(vi*) 합당한 것의 개념에서 도출된 관용에 대한 주장은 보다 광범위한 만민의 사회에서 동등하게 적용된다. 한 경우에 적용되는 동일한 추론이 다른 경우에도 적용되는 것과 같다. 자유적 정의관을 어떤 한 사회 내에 존재하는 것보다 더 많은 종교적 및 여타의 포괄적 교리가 존재하는 만민의 사회에 확대 적용할 때, 만민의 구성원들이 자신들 상호간에 발생하는 문제를 해결하는 데 공적 이성을 적용하려 한다면, 결과적으로 관용은 불가피하게 필수적으로 수반되어야 한다.

이러한 조건들은 논의를 진행하면서 보다 상세하게 다룰 것이다. 어떻게 이러한 만민의 사회가 존속할 수 있는가는 아주 중요한 질문이다. 그렇지만 정치적 자유주의는 그러한 가능성이 자연질서는 물론, 조직 가능한 것으로써 헌법 및 법과도 부합할 수 있다고 주장한다. 만민의 사회에 적용되는 공적 이성의 개념[10]은 공유되는 정당화의 근거가 존재하며 이 공유의 근거를 적절한 숙고를 통해 발견할 수 있을 때, 국내 사회에 적용되는 공적 이성의 개념과 유사하다. 현실주의적 유토피아와 공적 이성의 개념에 기반하고 있는 정치적 자유주의는, 현실적인 정치적 생활의 상당 부분이 시사하는 것, 즉 정치적 안정이란 것이 결국 *잠정적 타협modus vivend* 이상의 것이 될 수 없다는 주장을 거부한다.

질서정연한 만민의 합당하게 정의로운 사회란 발상은, 그러한 만민이 존재하고, 그러한 만민들이 보다 광범위한 형태의 정치, 경제 및 사회적 협력을 하는데 자신들이 속한 정부의 행위들을 조직하는 방법을 습득하게 될 때까지는, 국제정치 이론에서 중요한 위치를 차지하진 못할 것이다. 이러한 일이 일어난다면, 나는 칸트의 생각처럼 그러한 일이 일어날 것이라고 믿는데, 그러한 만민의 사회가 일련의 만족하는 만민(국민들)의 집단을 형성하게 될 것이다. 이렇게 만민의 근본적 이익을 충족시킬 수 있다는

10 이 개념은 제2부의 §7에서 논의되고 있다. 공적 이성의 개념에 관해선 이 책의 "공적 이성의 재조명"을 보라.

점을 고려해 본다면, 내가 §2에서 주장할 것처럼 이들은 상호간에 전쟁을 할 아무런 이유가 없다. 우리에게 익숙한 전쟁의 동기가 사라지게 되는 셈이다. 이러한 여러 만민은 다른 만민을 자신의 종교로 개종하려 들지도 않을 것이며, 보다 넓은 영토를 정복하려 들지도 않을 것이며, 정치권력을 다른 국민에 행사하려 들지도 않을 것이다. 협상과 무역을 통해 이들 만민들은 자신의 욕구와 경제적 이익을 충족할 수 있을 것이다. 이 모든 것들이 장기간에 걸쳐 어떻게 형성되고 왜 그렇게 되는지를 상세하게 설명하는 것은 국제정치 이론이 담당해야 할 본질적 부분일 것이다.

1.4. 현실주의적 유토피아는 하나의 공상인가?

특히 아우슈비츠 이후, 일부 사람들은 이러한 발상이 하나의 공상에 불과하다고 생각하는 듯하다. 하지만 왜 공상에 불과한 것인가? 나는 홀로코스트와 같은 유례없는 역사적 현실을 부인하려 하거나 이러한 일들이 어디에선가 다시 재발될 수 있다는 가능성을 부인하려는 것이 아니다. 그렇지만 1941–1945년 기간에 독일이 점령하였던 유럽지역 이외의 다른 곳에서는, 강력한 국가기구를 완전 장악하여 여태까지 사회의 일원으로 간주되었던 특정 국민을 최종적으로 그리고 완전하게 절멸시키려는 기도를 수행하려 하였던 카리스마적 독재자는 찾아볼 수 없다. 유태인 학살은 인명과 장비(철도의 사용 및 수용소 건설 등등)에 있어 커다란 대가를 지불하면서 수행되었다. 특히 이것은 전쟁 마지막 기간 동안 독일이 필사적으로 전쟁을 수행하고자 하는 노력에 해가 되는 것이었다. 모든 연령의 국민, 노인, 어린이 또는 유아를 막론하고 똑같이 취급되었다. 이렇게 하여 나치는 독일이 점령한 유럽지역을 유태인이 없는 청정지역으로 만드는 것 그 자체를 목표로 하는 자신들의 목적을 추구하였다.[11]

---

11 여기에서 나는 다음의 책들의 도움을 받았다. Raul Hilburg, *The Destruction of the European Jews*, 3 vols. (Chicago: University of Chicago Press, 1961); 학생들이 한 권으로 축약시

여기서 간과하지 말아야할 사항은 히틀러의 악마적 세계관이, 좀 남용된 의미이긴 하겠지만, 종교적이었다는 사실이다. 이 점은 히틀러의 세계관의 유래과정이나 주요 개념 및 증오를 살펴보면 명백하다. 프리드렌더Saul Friedländer가 "속죄적 반유태주의"redemptive anti-semitism라 부르는 히틀러의 반유태주의는 단순히 인종적 요소만을 담고 있는 것이 아니다. "속죄적 반유태주의는 인종적 퇴화에 대한 공포와 구원redemption에 대한 종교적 믿음에서 탄생했다"[12]고 프리드렌더는 기술하고 있다. 히틀러는, 인종적 퇴화의 원인이 독일의 혈통을 더럽히고 있는 유태인과의 결혼에 있다고 생각했다. 이 일을 방치하면, 독일은 파멸의 길을 걷게 된다는 것이 히틀러의 생각이었다. 그래서 유태인들로부터 해방될 때에 구원이 실현될 수 있다고 보았다. 그 방법이 바로 유태인들을 유럽에서 몰아내거나, 만약 이것이 이루어지지 않는다면 유태인들을 절멸시키는 것이었다. 『나의 투쟁』Mein Kampf의 제2장 말미에, 히틀러는 다음과 같이 기술하고 있다: "오늘 나는 전지전능한 창조주의 의지에 따라 행동하고 있다. 나는 유태인에 대항하여 나 자신을 수호함으로써 주재자의 역사를 위해 투쟁하고 있다."[13]

킨 책(New York: Holmes and Meier, 1985); Hannah Arendt, *Eichmann in Jerusalem*(New York: Viking Press, 1963). 히틀러의 권력의 원천에 관하여, Ian Kershaw, *The Hitler Myth: Image and Reality in the Third Reich*(New York: Oxford University Press, 1987), 그리고 Peter Fritzsche, *Germans into Nazis*(Cambridge, Mass.: Harvard University Press, 1998)을 참조하라. 또한 Charles Maier, *The Unmasterable Past*(Cambridge, Mass.: Harvard University Press, 1988), 특히 pp. 80ff.을 참조하라. 제3장은 나치의 유태인 학살의 유례없는 독특성에 관한 문제를 다루고 있다. 또한 Philippe Burrin, *Hitler and the Jews: Genesis of the Holocaust*, with an introduction by Saul Friedländer(London: Edward Arnold, 1994를 참조하라. 부린(Burrin)은 유럽 유태인의 완전한 절멸을 목적으로 하는 나치의 유태인 대학살이 대략 1941년 9월에 시작된다고 보고 있다. 이 시점은 바로 독일의 러시아 출정의 어려움이 증가하고 있던 시점이었다.

12 Saul Friedländer, *Nazi Germany and the Jews*(New York: Harper Collins, 1997), vol. 1, p.87.

13 한 경찰 보고서는 1926년 뮌헨에서 있었던 히틀러의 연설 중 다음과 같은 말을 기록하고 있다: "크리스마스는 간단히 말해 민족사회주의(National Socialism)를 위해 의미가 있다. 그 이유는 예수가 세계의 적인 유태인에 대한 투쟁의 위대한 선구자였기 때문이다. 예수는 평화의 사도는 아니었다. 다만 후에 교회가 사후적으로 그렇게 만들었을 뿐이다. 오히려 그는 여태

그렇지만, 홀로코스트란 역사적 사실과 인간사회가 이러한 악마적 가능성을 인정하고 있음을 우리가 알고 있다는 사실이 현실주의적 유토피아의 개념과 칸트의 평화적 연합*foedus pacificum*으로 표현되는 우리의 희망에 영향을 미쳐서는 안된다. 무시무시한 악들은 오래도록 지속되어 왔다. 4세기의 콘스탄티누스 대제이래, 기독교는 이단을 처단하였으며, 박해와 종교전쟁을 통해 기독교의 입장에서 잘못된 것으로 여겼던 교리를 박멸하려 하였다. 그렇게 하기 위해서는 국가의 강제적 권력이 필요하였다. 교황 그레고리 9세Pope Gregory IX가 제도화한 종교적 탄압은 16, 17세기의 종교전쟁을 통하여 활발하게 전개되었다. 1572년 9월에, 교황 피우스 5세Pope Pius V는 로마에 있는 프랑스 교회인 세인트루이스St. Louis에 간 바 있다. 이곳에서 그는 33명의 추기경과 함께, 종교적 동기로 저질러진 학살행위에 대해 신에게 감사하는 미사행위에 참석하였다. 그 해 여름 성 바르톨로메오의 축일에 카톨릭 교도들은 15,000명의 프랑스 신교도를 학살하였다.[14] 당시 이단은 살인행위 보다 더 사악한 것으로 널리 여겨졌다. 박해에 대한 이러한 열정은 바로 기독교라는 종교의 입장에선 크나큰 저주였다. 루터와 칼빈, 그리고 신교 개혁자들은 이러한 생각을 공유하고 있었다. 그러나 카톨릭 교회에서는 이러한 생각이 제2바티칸공의회에 이르기 전까지는 급진적으로 대두되지 않았다.[15]

까지 생존하였던 가장 위대한 투쟁적 인격의 소유자였다. 천년왕국을 위해, 예수의 가르침의 근본은 인류의 적인 유태인에 대한 투쟁에 있다. 예수가 시작한 과업을 내가 완수하고자 한다. 민족사회주의란 예수의 가르침을 실천적으로 완수하는 것에 불과하다." *Friedländer, Nazi Germany and the Jews,* p.102.

14 Lord Acton, "The Massacre of St. Bartholomew," *North British Review*(October 1869). 이 기록은 Acton의 *Collected Works*(Indianapolis: Liberty Classics, 1985)의 vol. II의 p.227에서 따왔다. 1997년 8월에 파리에서 행해졌던 한 의식에서, 교황 요한 바울2세(Pope John Paul II)가 그 학살의 기념을 기하여 그 교회에 대해 사죄를 한 사실은 주목할 만하다. *New York Times,* August 24, 1997, p.A3을 참조하라.

15 바티칸공의회의 *Declaration of Religious Freedom-Dignitatis Humanae*(1965)에서, 카톨릭 교회는 입헌민주주의에서 발견할 수 있는 종교적 자유의 원칙을 인정하였다. 카톨릭 교회는 인간존재의 존엄성에 근거하는 종교적 자유를 주장하는 윤리적 교리, 종교적 문제에 대한 정부의

이러한 행위들은 홀로코스트보다 더 사악한 행위인가 아니면 덜한 것인가? 여기에서 우리가 비교 판단을 할 필요는 없다. 사악한 행위의 심각성 그 자체만으로 충분하다. 그러나 종교박해와 홀로코스트의 사악성은 무관한 것이 아니다. 사실상, 수세기 동안 지속되었던 기독교의 반유태주의—특히 러시아와 동부 유럽에서는 매우 혹독하였다—가 만약 없었다면 아마도 홀로코스트가 일어나지 않았으리라는 것은 명백해 보인다.[16] 히틀러의 "속죄적인 반유태주의"는 우리들에게 악마적인 광란성을 일깨워준다는 점—어떻게 그러한 망상들을 믿을 수 있단 말인가?—이 이러한 역사적 사실 자체를 바꾸어 놓을 수는 없다.

그렇지만 이와 같은 과거 및 현재의 악행이 우리의 미래 사회가 전세계적으로 자유적 및 적정수준의 만민들의 사회로 진행될 것이라 기대

한계를 설정하는 정치적 교리, 그리고 정치적 및 사회적 세계와 관련하여 교회의 자유를 선언하는 신학적 교리를 천명하였다. 이 선언에 의하면, 모든 사람들은, 그들의 신앙과 관계없이, 똑같은 조건의 종교적 자유의 권리를 가진다. 머레이(John Courtney Murray, S. J.)는 다음과 같이 말했다: 오래 지속된 모호성이 마침내 해소되었다. 교회는 이중적 기준–카톨릭이 소수일때는 교회에 대한 자유를 외치고, 반면 카톨릭이 다수일 때는 교회에 대한 특권과 함께 다른 종교에 대한 불관용을 주장–으로 세속적 세계를 다루어서는 안된다. *Documents of Vatican II*, ed. Walter Abbott, S. J.(New York: American Press, 1966), p.673을 보라.

16 1933년 4월 4일자 미국으로 보내는 한 라디오 연설에서 유명한 신교성직자인 오토 디벨리우스 주교(Bishop Otto Dibelius)는 새로운 독일정권의 1933년 4월 1일의 유태인 거부운동을 옹호하였다(원래는 5일간 계속하기로 되어 있었다). 자기 지역의 목사들에게 보내는 비밀리에 전달된 부활절 메시지에서, 그는 다음과 같이 말하였다: "나의 사랑하는 동포들이여! 우리 모두는 *민족적*(*volkisch*) 운동이 소생하게 된 최근의 동기들에 대해 이해하고 있을 뿐만 아니라 충분히 공감하고 있습니다. 이 말이 흔히 갖는 사악한 반향에도 불구하고, 나는 언제나 나 자신을 반유태주의자로 생각해 왔습니다. 유태인들이 현대문명의 모든 파괴적 표현행위에 있어서 주도적 역할을 하여 왔다는 점을 무시해서는 안 될 것입니다." 후에 저항운동에서 영웅적 역할을 하였으며, 신조주의 교회(Confessional Church)의 지도자가 되었던, 디트리히 본호퍼(Dietrich Bonhoeffer)는 그 자신 직접 4월 유태인 거부에 관하여 다음과 같이 말한 바 있다: "예수의 교회에서는, 이 세상의 구원자를 십자가에 못 받았던 '선민'(Chosen People)은 고난의 오랜 역사를 통해 그 행위에 대한 저주를 마땅히 감수해야만 한다는 생각을 결코 지워버릴 수가 없었다." 이 두 인용문에 관하여, Friedländer, *Nazi Germany and the Jews*, pp.42와 45를 각각 참조하라. 적정수준의 사회에서는 국가가 자행한 그러한 배척행위는 어떤 것을 막론하고 종교적 자유와 양심의 자유를 과도하게 위반하는 것으로 간주되어야만 한다는 것쯤은 근거가 있다. 그런데 성직자들이 왜 하필 이런 생각을 하였을까?

하는 희망을 근본적으로 훼손시키도록 해선 안된다. 만약 이를 허용한다면, 다른 사람들의 잘못된 악행과 악마적 행위가 우리를 파멸시키는 일이 될 뿐만 아니라 이들의 승리를 보증하는 일이 될 것이다. 오히려 우리는 만민 상호간의 관계에 적용할 수 있는 정치적 옳음과 정의에 관한 합당하고 작동 가능한 관점을 발전시켜 우리의 희망을 지지하고 강화해야 한다. 이를 달성하기 위해, 칸트의 뒤를 따라 우리가 이미 형성한 바 있는 합당하게 정의로운 입헌민주주의의 정치관에서 시작할 수 있을 것이다. 그런 연후 우리는 이 정치관을 자유적 및 적정수준의 만민의 사회로 확대할 수 있다(§4). 이러한 방식으로 절차를 진행하기 위해 정치적 자유주의에서 제시된 합당성reasonableness을 가정한다. 정치적 자유주의로부터 합당한 만민법을 발전시키는 것은 정치적 자유주의의 합당성을 확증하는 것이다. 입헌민주정체들 뿐만 아니라 다른 적정수준의 정치사회들의 근본적 이익들이 이 만민법을 지지할 것이다. 이것은 더 이상 단순한 열망이 아니며 우리의 희망이 합당한 희망이 될 수 있다.

§2. 왜 국가들이 아니고 만민인가?

2.1 만민의 기본 특징

만민법에 대한 이런 입장은 자유민주적 국민(그리고 적정수준의 국민)을 만민의 사회의 행위자로 여긴다. 이는 시민들을 국내 사회의 행위자로 여기는 것과 같다. 정치적 사회관에서 시작하여, 정치적 자유주의는 시민과 만민 양자 모두 이들의 특성을 규정하는 정치관에 근거해 기술하고 있다. 즉 이 정치관은 국내 사회의 경우 시민관을, 국제사회의 경우 자신들의 정부를 통하여 행위하는 만민관을 구체화한다. 자유적 국민은 다음과 같은 세 가지 기본 특징을 지닌다. 이들의 근본적 이익들을 실현하는 합당하게 정의로운 입헌민주정부;[17] 밀이 말한 "공통의 동정심" common sympathies 으로 결속된 시민들; 끝으로 도덕적 본성을 들 수 있다. 첫 번째 특징은 제도적이며, 두 번째 특징은 문화적이고, 세 번째 특징은 정치적 (도덕적) 관점에 입각한 옳음과 정의에 대한 확고한 신념을 요구한다.[18]

어떤 한 인민이 합당하게 정의로운(비록 반드시 완전하게 정의롭지는 않다 할지라도) 입헌민주정부를 가지고 있다고 내가 말할 때, 이 정부가 정치 및 선거를 통해 효과적으로 통제되고 있으며, 또한 성문 및 불문 헌법에서 규정하고 있거나, 그리고 그 해석을 통하여 규정되는 대로 이들 국민의 근본적 이익들을 보호하고 있음을 의미한다. 정치체제는 관료적 욕망을 추구하는 자율적 대리기구가 아니다. 더욱이, 정치체제는 공중의 지식이 알 수 없도록 차단되고 그리고 거의 완전히 책임이 면제된, 사적인 경제 및 기업 권력의 이해관계에 좌우되지 않는다. 입헌민주정부를 합당하고 정의롭게 유지하고, 어떤 제도와 관행이 이런 정부의 부패를 방지하는가는 내가 여기서 추구할 수 없는 방대한 주제이다. 여기에서 나는 이 문제에 대해 단지 다음과 같은 익히 알고 있는 자명한 이치만을 제시할

---

17 지금의 초기 단계에서, 나는 J. S. Mill의 *Considerations*(1862)의 chapter XVI의 첫 문장들을 활용하고자 한다. 이 문장들에서 밀은 한 국민의 문화를 기술하기 위하여 민족성(nationality)의 개념을 사용하고 있다. 그는 다음과 같이 말하고 있다: "인류의 상당 부분은, 이들이 공통의 동정심으로 화합이 되어 있다면, 민족성을 형성하고 있다고 말할 수 있다. 이 공통의 동정심은 이들과 다른 집단 사이에는 존재하지 않는다. 공통의 동정심은 다른 사회의 구성원보다는 자신들 상호간에 보다 기꺼이 협력할 수 있고, 동일한 정부에 소속되기를 바라며, 이 정부는 배타적으로 자신들 또는 상당 부분에 의한 자신들만의 것이기를 바라도록 만든다. 이러한 민족성의 감정은 다양한 원인을 통해 형성되어 왔다. 때로는 민족성은 인종과 혈통에 대한 확인의 결과이기도 하다. 언어 공동체, 종교 공동체 등도 민족성 형성에 크게 기여하고 있다. 지리적 한계 역시 한 원인이 된다. 그러나 무엇 보다도 가장 강력한 원인은 정치적 내력에 대한 정체성이다. 즉 민족 역사의 소유, 이 역사소유의 결과로 나타나는 회상과 기억의 공동체, 과거의 동일한 사건과 결부되어 있는 집단적 긍지와 수치감, 기쁨과 후회의 공유 등이 정치적 내력을 형성한다. 그렇지만, 이러한 상황의 어느 것도 그 자체로 충분한 원인이 되는 것은 아니다." *Considerations on Representative Government*, ed. J. M. Robson(Toronto: University of Toronto Press, 1977), in *Collective Works*, vol. XIX, chap. XVI, p.546.

18 이러한 특징들에 관한 John Cooper의 유익한 논의에 상당한 도움을 받고 있다.

수 있을 뿐이다. 시민과 정부관리 모두를 포함하여 사회구성원들이 충분한 동기를 가지고 제도를 존중하며 부패에 대한 명백한 유혹들을 제거할 수 있도록 제도를 구성해야 한다.[19]

공통의 동정심과 동일한 민주정부에 소속되려는 갈망에 근거하여 화합을 이루고 있는 자유적 만민에 관해 말해보자. 만약 이러한 동정심들이 전적으로 공유된 역사의식과 결부되어 공통의 언어, 역사 및 정치문화에 달려 있는 것이라면, 이러한 특징은, 가능하다 하더라도, 완전히 충족되기는 어려울 것이다. 지금 대부분의 현대 민주적 정부의 영토에 존재하고 있는 상이한 문화와 상이한 역사적 기억을 지닌 집단들은 역사적 정복과 이민을 통해 뒤섞여 왔다. 그럼에도 만민법은 그 근원이 무엇이든지간에 공통의 동정심에 대한 필요에서 출발한다. 만약 우리가 이렇게 단순한 방식으로 시작한다면, 시민들이 공통의 언어와 공유된 역사적 기억들에 근거해 화합을 이루지 못한 곤란한 경우도 해결할 수 있는 정치원칙을 만들어 낼 수 있다는 것이 내 희망이다. 나는 이런 식으로 논의를 진행하는 것이 합당하게 정의로운(또는 적정수준의) 정체 내의 다양한 인종적 및 민족적 배경을 지닌 집단들의 합당한 문화적 이익과 욕구를 충족시키는 한 방법이 될 수 있다고 믿는다. 그러므로 합당하게 정의로운 입헌정체에 적용되는 정치원칙들을 통해 상당히 다양한 경우들을 우리가 해결할 수 있다는 가정에서 우리의 논의를 진행한다.[20]

---

19 거론할만한 가치가 있는 예로 선거에 대한 공적 자금지원과 공적인 정치적 토론을 위한 포럼에 공적 자금을 지원하는 것을 들 수 있다. 이러한 것들이 없으면, 지각 있는 공적 정치가 성행할 수 없을 것이다. 정치인들이 핵심적인 선거운동 자금에 대해 자신의 선거구민들에 신세를 지고 있고, 배경적 문화에서 수입과 부의 상당한 불평등 분배가 만연하여 대규모의 부가 기업의 경제적 권력을 장악하고 있다면, 의회의 입법은 사실상 로비스트들이 좌지우지 할 것이고 의회는 끝내 법들이 매매가 되는 협상의 도굴로 타락되지 않을까 하는 생각은 하나의 기우인가?

20 여기에서 나는 민족(nation)의 개념은 정부(government)나 국가(state)의 개념과 구별된다고 생각한다. 나는 민족을 위의 각주 17에서 밀이 제시한 종류의 문화적 가치의 유형을 언급하는 것으로 해석한다. 이러한 의미로 민족의 개념을 생각함에 있어, 나는 아주 유익한 Yael Tamir

끝으로 자유적 만민들은 특정한 도덕적 성격을 지닌다. 국내적 사회의 시민들처럼 자유적 만민들은 합당할 뿐만 아니라 합리적이다. 이들의 합리적 행위는 선거 및 투표, 그리고 이들 정부의 법과 정책에서 조직되고 표현된다. 그렇지만 이러한 합리적 행위 역시 무엇이 합당한가에 대한 이들의 지각을 통해 제한된다. 국내 사회에서 합당한 시민들이 다른 시민들에게 공정한 협력 조건을 제시하는 것과 마찬가지로, (합당한) 자유적(또는 적정수준의) 국민들은 다른 만민들에게 공정한 협력 조건을 제시한다. 한 국민이, 다른 국민들도 마찬가지로 공정한 조건들을 준수하리라는 확신이 섰을 때, 그러한 조건들을 존중하게 된다. 이러한 생각을 통해 우리는 일단 우선 정의원칙에 이를 수 있으며, 그 다음 만민법에 이를 수 있다. 이러한 도덕성이 어떻게 생겨나는지 그리고 이 도덕성이 한 세대에서 다음의 세대로 어떻게 지속될 수 있는지를 설명하는 일은 아주 중요하다.

2.2. 만민은 전통적 주권 개념을 취하지 않는다

내가 "만민"이란 용어를 사용하는 또 다른 이유는 30년 전쟁(1618–1648) 이후 3세기 동안 (실정법으로서) 국제법에 수용된 전통적인 주권을 지니는 정치국가와 내 생각을 구별하려 하기 때문이다. 이러한 국가 주권은 국가가 합리적으로 그럴 것이라 기대하는 이익에 따라 설정된 국가의 목표를 가지고 국가정책을 수행하기 위해 전쟁—클라우제비츠에 따르면 이는 다른 수단을 통한 정치의 추구이다—을 할 수 있는 권리를 포함하고 있다.[21] 주권은 또한 자신의 국민을 대하는 데 있어 일정한 자율성(아래에

의 *Liberal Nationalism*(Princeton: Princeton University Press, 1993)을 따르고 있다.

21 다음의 사항을 부가하지 않는다면 클라우제비츠에게는 부당한 일이 될 것이다. 클라우제비츠에게는 국가의 이익은 그 종류가 무엇이든지 간에 규제적인 도덕적 목표를 포함할 수 있다. 그래서 전쟁의 목적은 제2차 세계대전의 경우에서처럼 전제정체에 대항하여 민주적 사회를 방어하는 것이 될 수 있다. 비록 정치의 목적은 언제나 존재하며 전쟁수행방법에 영향을 미칠 수밖에 없지만, 그에게는 정치의 목적은 전쟁이론의 한 부분이 아니다. 이 점에 대해, Peter Paret이 "Clausewitz", in *The Makers of Modern Strategy*, ed. Peter Paret(Princeton:

서 논의된다)을 허용한다. 나의 관점에서 본다면 이 자율성은 옳지 않다.

만민법을 발전시킴에 있어, 첫 번째 단계는 국내 사회에 적용되는 정의의 원칙을 만들어내는 것이다. 이 단계에서 원초적 입장은 그러한 국내 사회에 속해 있는 사람들만을 고려한다. 그 이유는 이 단계에선 다른 사회와 관련된 사항들을 고려하지 않기 때문이다. 이 원초적 입장에선 사회는 폐쇄적인 것으로 간주된다. 즉 이 사회에 속한 사람들은 출생을 통해서만 진입이 되고 죽음을 통해서만 탈퇴한다. 군대를 유지해야 할 필요성이 없으며, 정부가 군사적인 준비를 해야 할 권리가 있는지 여부의 문제는 대두되지 않으며, 설사 군사적 준비를 실제로 하고 있다 하더라도 거부할 수 있다. 자신의 국민을 향해 군대를 사용할 수는 없다. 국내 정의의 원칙은 국내 질서와 법을 유지하기 위해 경찰력을, 그리고 질서정연한 법치를 유지하기 위해 여타의 제도들을 허용할 뿐이다.[22] 이 모든 것은 무법적인 국가에 대항하여 방어하는데 필요한 군대유지 문제와는 완전히 다른 문제이다. 비록 국내 정의원칙들이 전쟁을 수행할 타당한 권리와 양립할 수 있긴 하지만, 국내 정의원칙 그 자체가 그러한 권리를 설정하는 것은 아니다. 그러한 전쟁권의 근거를 여전히 고안해야 하겠지만 그 일은 만민법에 근거하는 것이다. 다음에 살펴보겠지만, 만민법은 한 국가의 내부 주권이나 (정치적) 자율성을 제한할 것이다. 정치적 주권 또는 정치적 자율성은 한 국가의 영토 내에 존속하는 국민의 의사에 부합하여 의지를 행사하는 국가가 주장하는 권리이다.

Princeton University Press, 1986), pp.209–213에서 언급한 유익한 말들을 참고하라. 위의 본문에서 내가 표명하였던 견해는 프레드리히 대제(Frederick the Great)가 추구하였던 국가이성(raison d'etat)의 성격을 띤다. Gerhard Ritter, *Frederick the Great*, trans. Peter Paret (Berkeley: University of California Press, 1968), 10장과 p.197의 내용을 참조하라.

22 만민법은 민주적 법의 규칙을 강행할 수 있는 정부의 정당성에 관하여 의문을 제기하지 않는다는 점을 강조하고자 한다. 소위 정부의 권력의 독점에 대한 대안은 이 권력독점에 대항할 의지와 이를 행사할 수 있는 수단을 갖춘 자들에게 사적인 폭력 사용을 허용하는 것이 가정되고 있다.

따라서 만민법을 만들어 냄에 있어, 자신의 국민의 정치조직으로서 정부는 자신의 모든 권력을 창출하는 저자가 될 수 없다. 정부의 전쟁권은 그것이 무엇이든지 간에, 합당한 만민법이 수용할 수 있는 것이어야 한다. 배경적 정의의 제도로 국민이 국내적으로 조직되어 있는 정부의 존재를 상정하는 것이 이러한 문제들을 사전적으로 판단하는 것은 아니다. 우리는 주권의 권력을 합당한 만민법에 입각하여 재구성해야만 하며, 전통적인 전쟁권과 무제한적인 국내적 자율성을 국가들에 부여해선 안된다.

더욱이, 이러한 재구성은 국제법을 이해하는 데 있어 많은 사람들이 지지하는 최근의 급진적 변화와 일치한다. 제2차 세계대전 이래, 국제법은 보다 엄격해졌다. 국제법은 국가의 전쟁권을 자위의 경우(또는 집단안보의 이익을 위해)에 국한하는 경향을 보이고 있으며, 국내 주권문제에 대해서도 국가의 권리를 제한하는 경향을 보이고 있다. 인권의 역할은 가장 명백하게 내부주권에 대한 국가의 권리상의 변화 문제와 연결되고 있다. 우리는 이런 인권의 역할을 정부의 내부 주권에 대한 적합한 재정의와 한계를 내리려는 노력의 일환으로 이해할 수 있다. 현 시점의 논의에서 나는 인권을 해석하는 데 있어 따르는 수많은 난점과 한계는 차치하고, 이의 일반적 의미와 경향을 명백하게 해 두려고 할 뿐이다. 본질적인 것은 우리의 만민법에 대한 정교화가 이러한 두 가지 근본적 변화와 부합해야만 하며, 이런 변화에 대한 적합한 근거를 제시해야 한다는 것이다.[23]

그렇다면, "만민"이라는 용어는 전통적으로 생각되었던 국가와 구별되는 만민의 이러한 독특한 특징을 부각하고, 만민의 도덕적 성격과 만민들의 정치체제의 합당하게 정의로운 성격 또는 적정성을 강조하는 의미를

---

23 Daniel Philpott는 자신의 박사학위 논문 "Revolution in Sovereignty"에서 시대상의 변화에 나타나는 주권의 권한에 대한 변화는 국민들의 옳음의 개념 및 정당한 국내 정부의 개념상의 변화에서부터 유래한다고 주장한다. 이 입장을 대체적으로 옳은 것으로 인정한다면, 위의 본문에서 언급한 변화는 입헌민주정체의 출현과 수용, 그리고 제1, 2차 세계대전에서 나타나는 이러한 국가들의 성공, 소련 공산주의에 대한 신뢰의 점진적 상실 등에 그 유래가 있는 듯하다.

지녀야 할 것이다. 이른바 만민의 주권과 관련된 이들의 권리와 의무가 만민이 적합한 환경에서 다른 만민과 동의할 수 있는 만민법에서 도출되어야 한다는 점은 중요하다. 정의의 개념이 있거나 아니면 적정수준의 만민으로서 이들의 행위의 근거는 동일한 원칙에 따라야 할 것이다. 이들의 행동이 전적으로 자신들의 실리적 이익 또는 합리적 이익, 이른바 국가의 이성과 같은 것에 좌우되어서는 안된다.

2.3 국가의 기본적 특징들

아래의 언급은 만민법에서의 한 국민a people의 성격이 내가 국가로 부르는 것과 다름을 보여주고자 한다. 국가는 수많은 국제정치 이론에서 전쟁의 원인과 평화의 보전에 관한 행위자로 여겨진다.[24] 이들 국가들은 흔히 합리적 존재로 끊임없이 자신의 힘—다른 국가에 영향력을 행사할 수 있는 (군사적, 경제적, 외교적) 능력—에 관심을 기울이며, 항상 자신의 근본적 이익에 따라 움직인다고 여겨진다.[25] 세계정치의 특징이 여전히 세계적 무정부 상황에서 힘, 명성 및 부를 추구하는 국가 간의 투쟁이라고 할 때, 이런 국제관계에 대한 전형적 입장은 투키디데스Thucydides 당시와 비교하여 근본적으로 같다고 할 수 있다.[26] 국가가 어느 정도까지 만

---

24 Robert Gilpin의 *War and Change in World Politics*(Cambridge: Cambridge University Press, 1981), chap. 1, pp.9-25를 참조하라. 또한 Robert Axelrod의 *The Complexity of Cooperation*(Princeton: Princeton University Press, 1997), chap. 4, "Choosing Sides,"와 세계 제2차 대전기간에 국가간 제휴관계에 대한 설명을 함께 참조하라.

25 Palmerston경은 "영국은 영원한 친구도, 영원한 적도 없다. 다만 영원한 이익만이 있을 뿐이다"라고 말한 바 있다. Donald Kagan, *Origins of War and the Preservation of Peace*(New York: Doubleday, 1995, p.144를 참조하라.

26 길핀의 중심주제는 다음과 같다: "국제관계의 근본적 성격은 수천 년 동안 변하지 않았다. 국제관계는 무정부 상태에서 독립적 행위자 상호간에 부와 힘을 추구하는 투쟁의 상태가 반복적으로 지속되는 관계를 벗어나지 못할 것이다. 투키디데스의 역사는 기원전 5세기에 쓰여졌을 때와 마찬가지로 오늘날 국가들의 행동을 이해하는 데 아주 유용하다." Gilpin, *War and Change in World Politics*, p.7을 참조하라. 그는 6장에서 이러한 논지를 옹호하는 근거를 제시하고 있다.

민(국민들 또는 인민들)의 개념과 다른가 하는 문제는 합리성, 힘에 대한 관심, 국가의 이익들의 개념을 어떻게 설정하는지에 달려있다. 만약 *합리성*rationality이 *합당한 것*the reasonable을 배제한다면(즉 국가가 자신의 목표에 따라 움직이고, 다른 사회와의 문제를 해결하는 데 있어 상호성의 기준the criterion of reciprocity을 무시한다면), 만약 힘에 대한 국가의 관심이 지배적이라면, 만약 국가의 이익이 다른 사회를 자신의 국가 종교로 개종시키는 것, 국가의 통치영역을 확장하고 영토를 획득하는 것, 왕조나 제국 혹은 민족의 위상과 영광을 추구하는 것, 국가의 상대적인 경제력을 강화하는 것 등을 포함한다면—그렇다면 국가states와 국민peoples의 차이는 엄청난 것이다.[27] 이러한 이익들은 한 국가를 타 국가 및 국민들과

---

27 위대한 저작인 *History of the Pelopnnesian War*, trans. Rex Warner(London: Penguin Books, 1954)에서, 투키디데스는 아테네와 스파르타간의 오랜 전쟁에서 그리스 도시국가들의 운명적인 자멸에 관한 이야기를 하고 있다. 이 역사는 갑자기 중단되는 것처럼 중도에서 끝난다. 투키디데스가 그냥 중단했던 것일까? 아니면 그가 매듭을 지울 수가 없었던 것일까? 그는 마치 다음과 같이 말하고 있는 것 같다: "기타 등등…" 어리석음의 이야기는 꽤 오래 지속된다. 도시국가를 움직이는 것은 바로 자멸의 길을 불가피하게 만드는 것이다. 스파르타인들에 행한 아테네인들의 첫 연설에 귀를 기울여 보자: "제국이 우리에게 주어졌을 때 받아들이고 또 포기하는 것을 거부함에 있어서 인간본성에 상반되는 터무니 없는 비상한 일을 우리는 결코 행한 바 없다. 안보, 명예, 자기이익과 같은 강력한 동인들이 우리를 막고 있었다. 그리고, 그것(인간본성에 상반되는 일을 하지 않는 것)과는 달리, 이렇게 행동하는 것이 우리가 처음은 아니었다. 약자가 강자에 복속되는 것은 언제나 규칙이었다. 이외에도 우리는 우리가 가지고 있는 힘을 차지하고 행사할 만큼 훌륭하다. 지금 이 순간까지 당신들 역시 우리가 그렇게 우수하다고 생각해 왔다. 그러나 지금, 당신들은 당신의 이익을 고려하여 옳고 그름의 입장에서 이야기를 하고 있다. 이런 종류의 고려로는 결코 시민들이 우월한 힘을 통해 얻을 수 있는 확장의 기회를 외면하도록 할 수 없다. 진실로 칭송을 들을만한 자들은, 비록 충분히 힘을 행사할 수 있음에도 자신들의 상황에 강요받기보다는 정의에 더 관심을 기울일 수 있는 그러한 사람들이다. 만약 다른 사람이 우리 입장에 있다면, 우리가 적절히 행동하고 있는지 여부가 명백해지리라 우리는 생각한다."(Book I: 76).

자멸의 순환이 어떻게 진행되는지는 매우 분명하다. 스파르타와 스파르타의 동맹국들과의 전쟁이 지속되는 한 아테네인들이 자신의 제국을 확장해서는 안된다는 페리클레스의 충고를 이들이 따랐다면, 아마 아테네인들은 승리하였을 것이라고 투키디데스는 생각하고 있다. 그러나 멜로스(Melos)의 침입과 알키비아데스(Alcibiades)의 충고와 설득으로 서둘러 행해진 시실리 침공모험(Cicilian adventure)으로 아테네인들은 자멸의 길을 걸을 수밖에 없었다. 나폴레옹은 자신의 러시아 침공에 관하여 다음과 같은 논평을 한 것으로 유명하다: "제국은 소화불량으로 죽는다." 그러나 그는 자신에게는 그렇게 솔직하지 못했다. 제국은 과식으

불화관계로 몰아가는 경향이 있으며, 타 국가가 팽창주의적이냐의 여부에 상관없이 이들 국가의 안전과 안보를 위협하는 경향이 있다. 이런 배경적 상황들은 또한 패권전쟁을 유발할 위험이 있다.[28]

자유적 국민과 국가의 차이는 자유적 국민이 자신의 기본적 이익을 합당성이 요구하는 바에 따라 제한한다는 점에 있다. 이와 비교하여, 국가 이익의 내용에 따르면 이들 국가들은 올바른 이유에 입각하여 안정성을 유지할 수 없다. 올바른 이유란 바로 정당한 만민법을 확고히 수용하고 이에 따라 행동하는 것을 의미한다. 그렇긴 하지만, 자유적 만민은 자신의 도덕관과 정의관이 허용하는 근본적 이익들을 가지고 있다. 자유적 만민은 자신의 영토를 수호하고, 자신의 시민들의 안보와 안전을 확보하고, 자신들의 자유로운 정치제도와 시민사회의 기본적 자유 및 자유로운 문화를 보전하려 한다.[29] 이러한 기본적 이익을 넘어서는 문제에 대하여 자유적 만민은 자신의 모든 시민은 물론 모든 만민에게 합당한 정의를 보장하려고 한다. 자유적 만민은 정의를 수호하고 평화를 보존함에 있어 유사한 성격의 여타 국민들과 공존할 수 있다. 현실주의적 유토피아에 도달하려는 우리가 가지고 있는 어떠한 희망도 결국 합당한 자유적 입헌(그리고 적정수준의) 정체를 충분히 확립하여 효과적으로 기능할 수 있는 만민의 사회를 이룩하는 데에 근거한다.

로, 즉 끊임없는 힘의 추구에 대한 갈망의 팽창으로 죽는다. 자유적 민주 국민들 간의 평화를 가능하게 하는 것은 입헌민주정치의 국민으로서의 가지고 있는 내부적 성격 및 이 결과로 나타나는 시민의 동기의 변화에 있다. 현실주의적 유토피아의 가능성에 관한 우리 논의의 목적을 위해, 아테네는 결코 자유적 민주정체가 아니었다는 점을 인식하는 것이 중요하다. 물론 아테네 자체가 스스로 자신을 입헌민주정체로 생각했을 수도 있다. 그러나 아테네는 35,000명의 남성 대표들이 총 30만 이상의 인구를 통치하는 귀족정치라고 할 수 있다.

28 Gilpin, *War and Change in World Politics*, esp. chap. 5에서 패권전쟁의 특징에 관하여 논하고 있다.

29 §14에 있는 논의를 참고하라. 여기에서 나는 자유적 만민의 자기방어를 위한 전쟁권에 관한 논의를 하고 있다.

§3. 두 개의 원초적 입장

3.1. 대표의 모델로서 원초적 입장

이 부분에서는 이상적 이론의 첫 단계에 관하여 설명한다. 사회계약이란 자유주의적 발상을 만민법으로 확장하는 작업을 시작하기 전에, 무지의 장막을 지닌 원초적 입장이 자유적 사회에 적용되는 대표의 모델이라는 점에 먼저 주목해 보자.[30] 내가 지금 첫 번째 원초적 입장이라 부르는 것은, 우리—지금 여기에 있는 너와 나[31]—가 해당 당사자들에게 공정하고 합당한 조건으로 여겨지는 것들을 모델화한다. 해당 당사자들은 자유롭고 평등한, 합당하고 합리적인 시민의 합리적 대표자로서 자유민주사회의 기본구조를 규제하는 공정한 협력의 조건들을 구체화시키려는 사람들이다. 원초적 입장은 무지의 장막을 포함하고 있기 때문에, 원초적 입장은 기본구조에 적용되는 정치적 정의관을 채택하는 이유들에 적절한 제약사항으로 우리가 여기는 것들 역시 모델화한다. 이러한 특징들을 전제한다면, 우리는 해당 당사자들이 선정하는 정치적 정의관이 지금 여기에 있는 너와 내가 합당하고 합리적인 것으로 간주하고 최선의 이유로 지지할 수 있는 관점이라고 추정한다. 우리의 추정이 현실화 될 것인지 여부는 지금 여기에 있는 당신과 내가 적절한 숙고를 거쳐 채택된 원칙을 지지하느냐의 여부에 달려있다. 가령 우리의 추정이 직관적으로 그럴싸해 보인다 할지라도, 합당한 것the reasonable과 합리적인 것the rational을 해석하는 방법에 있어서나, 이유를 제시하는 논거에 대한 제약 사항을 구체화하거나 기본가치the primary goods를 설명함에 있어서는 많은 차이가 나타날 수 있다. 우리가 옳다고 하는 것들을 미리 가지고 있다는 것을 *선험적으로a priori*

30 *Political Liberalism* I: §4에 나오는 원초적 입장과 무지의 장막에 관한 논의를 참조하라.

31 이것이 문제의 자유적 정의관을 고안해 내려하고 있는 동일한 자유민주사회의 "너와 나"(you and I) 그리고 "지금 여기에"(here and now) 있는 시민을 뜻한다는 점에 주목하라.

보장할 길은 없다.

여기에 본질적이라 할 수 있는 다섯 가지 특징들이 있다: (1) 원초적 입장은 시민들을 공정하게 대표하는 당사자들을 모델화한다.[32] (2) 원초적 입장은 이들 대표 당사자들을 합리적인 존재로 모델화한다. (3) 원초적 입장은 대표 당사자들을 여러 가능한 정의원칙들 중에서 해당 주제에 적용되는 원칙을 선정하는 존재로 모델화한다. 지금 이 경우에 해당 주제란 기본구조the basic structure를 말한다. 덧붙여, (4) 대표 당사자들은 적절한 이유로 이러한 선정 작업을 하는 존재로 모델화된다. (5) 대표 당사자들은 합당하고 합리적인 존재인 시민의 근본적 이익에 관련된 이유를 근거로 하여 정의원칙을 선정한다. 우리는 이 다섯 가지 조건들이 충족되고 있는지를 원초적 상태에 있는 시민들의 대표자들의 상황이 대칭성(또는 평등성)을 확보하고 있는지를 유의해 봄으로써 시민들이 진실로 공정하게 (합당하게) 대표되고 있는가에 주목하여 점검해볼 수 있다.[33] 그 다음, 대표 당사자들은 시민들의 기본적 필요를 충족시키는 기본가치primary goods로 구체화되는 시민들의 기본 이익을 대표함에 있어 최선을 다하는 것이 자신들의 목적이라 여긴다는 점에서 합리적인 존재로 모델화된다. 이 기본가치는 시민들의 기본적 필요를 충족한다. 끝으로, 대표 당사자들은 적절한 근거에 입각하여 결정을 내리게 된다. 왜냐하면, 자유롭고 평등한 존재로서의 시민들을 대표한다는 목적을 염두에 둔다면, 무지의 장막이 대표 당사자들이 부적절한 이유에 호소할 수 있는 가능성을 미리 차단하고 있기 때문이다.

나는 여기에서 『정치적 자유주의』에서 말하였던 바를 되풀이하고 있

32 이 경우 모델화되어야 하는 것은 시민들을 대표하는 합의 당사자들의 관계다. 두 번째 단계의 제2의 원초적 입장에서 모델화되는 것은 각 국민들을 대표하는 합의 당사자들의 관계다.

33 이 생각은 유사한 경우의 격언을 따르고 있다: 모든 점에서 동등한 사람들은 동등하게 대표되어야 한다.

다. 그 이유는 이것이 다음의 논의와 관계되기 때문이다.[34] 대표 당사자들이 사회 구성원들의 포괄적 교리를 알 수 없도록 하는 것은 무지의 장막을 얇게thin하는 것보다는 두텁게thick하는 방식이다. 많은 사람들이 두터운 무지의 장막은 정당화될 수 없는 것으로 생각하였으며, 특히 종교적 또는 비종교적인 포괄적 교리들의 중요성을 전제로 하여 그 근거에 대하여 의문을 제기하였다. 우리가 할 수 있는 한 원초적 입장의 기본적 특징을 정당화해야 하기 때문에, 다음의 사항을 고려해 보자. 우리가 민주사회에 적용되는 정치적 정의관을 모색하고 있다는 점을 상기해 보자. 정치적으로 자율적인 존재로서 공정한 협력의 조건을 규정하는 공적으로 인정된 정의 원칙을 기꺼이 수용하는 자유롭고 평등한 시민들 간의 공정한 협력체계로 간주되는 민주사회에는 완벽하게 합당한 포괄적 교리들이 다양하게 존재한다. 이것이 바로 합당한 다원주의의 현실the fact of reasonable pluralism이다. 합당한 다원주의는 다원주의 현실 그 자체the fact of pluralism as such와는 전혀 상반되는 것이다. 만약 모든 시민들이 자유로이 정치적 정의관을 지지한다면, 이러한 정치적 정의관은 합당하긴 하지만 상이하고 심지어는 상반되는 포괄적 교리들을 인정하는 시민들의 지지를 획득할 수 있는 것이어야만 할 것이다. 이러한 경우, 우리들은 합당한 교리들 간의 중첩적 합의an overlapping consensus를 이룩하게 된다. 나는 사람들의 포괄적 교리가 어떻게 정치적 정의관의 내용과 결부되고 있는지는 제쳐두자고 제안한다. 대신 나는 이 정의관의 내용을 민주사회의 공적 정치문화로부터 추출된 다양한 근본적 개념에서부터 형성되는 것으로 간주한다는 점을 제시한다. 사람들의 포괄적 교리를 무지의 장막으로 가리는 것은 우리가

34 이 절은 *Political Liberalism*의 1996년판 24–25쪽에 있는 장문의 각주를 다시 언급하고 있다. 이 각주는 힌쉬(Wilfried Hinsch)가 쓴 논문에 기초하였다. 나는 그에게 많은 도움을 받았다. 그는 이 논문을 1992년 7월에 홈부르크(Bad Homburg)에서 발표했다.

중첩적 합의의 초점이 될 수 있는 정치적 정의관을 찾을 수 있도록 해 준다. 이렇게 함으로써 정치적 정의관은 합당한 다원주의의 현실을 특징으로 하는 사회에서 공적 정당화의 근거로 작동할 수 있다. 여기에서 내가 주장하는 어떠한 것도 자유로운 독립적 입장의 견해로서 정치적 정의관을 기술하는 데 문제를 제기하지 않는다. 그러나 여기에서 내가 주장하는 것은 두터운 무지의 장막을 설정하게 되는 근본적 이유를 설명하기 위해서 합당한 다원주의의 현실과 합당한 포괄적 교리간의 중첩적 합의의 개념을 살펴보아야 한다는 점이다.

3.2. 두 번째 원초적 입장 모델

다음의 단계에서, 원초적 입장의 개념이 다시 사용된다. 그러나 이번 단계의 원초적 입장은 자유적 관점을 만민법으로 확장한다. 첫 번째 경우에서처럼, 이 단계 역시 대표의 모델이다. 왜냐하면 이것 역시 우리들—지금 여기에 있는 너와 나[35]—이, 적절한 이유를 통해 만민법을 구체화하기로 되어 있는 합의 당사자들, 즉 이 단계에서는 자유적 만민의 합리적 대표자들이 공정한 조건으로 간주하는 것을 모델화하기 때문이다. 대표 당사자들과 이들이 대표하는 만민들 양자 모두 상호 대칭적으로 위치해 있기 때문에 공정하다. 덧붙여, 만민은 합리적 존재로 모델화된다. 그 이유는 합의 당사자들이 민주적 사회들의 근본적 이익들을 고려하여 가능한 원칙들 중에서 만민법에 해당 될 수 있는 것을 선정하기 때문이다. 민주적 사회에서는 이러한 근본적 이익들이 이 사회를 위한 자유주의적 정의원칙들에 의해 표현되고 있다. 끝으로 대표 당사자들은 당면한 경우의 해결을 위해 적절히 조정된 무지의 장막에 예속된다. 예를 들

35 이 경우에 "너와 나"는 일정한 민주적 사회의 시민들이다. 그러나 동일한 사회의 시민들은 아니다.

자면, 이들은 영토 및 인구의 규모, 자신들이 근본이익을 대표하고 있는 국민의 상대적 힘의 위치를 알지 못한다. 비록 대표 당사자들이 입헌민주주의를 가능케 하는 합당한 우호적 조건들을 알고 있다 하더라도—왜냐하면 이들은 자신이 자유적 사회들을 대표하고 있다는 사실을 알고 있기 때문이다—이들은 자신이 대표하는 사회의 자연적 자원의 양이나, 경제 발전의 수준 또는 이와 유사한 정보를 알지 못한다.

자유적 정의관에 근거해 질서정연하게 운영되는 사회들의 성원으로서 우리는 자유적 만민으로서 자신들을 자유롭고 평등한 존재로 여기는 만민간의 협력의 기본조건을 구체화함에 있어 우리가—지금 여기에 있는 너와 내가—공정한 것으로 받아들일 수 있는 것을 모델화하고 있다고 본다. 이는 두 번째 단계에서의 원초적 입장이 첫 번째 단계에서 사용된 원초적 입장과 똑같은 방식으로 대표의 모델로 사용되고 있음을 의미한다. 어떤 차이가 있다면 대표의 모델이 어떻게 사용되고 있느냐 하는 것에 있는 것이 아니라, 설정된 행위 당사자와 해결해야 할 당면한 주제를 전제로 하여 대표의 모델이 어떻게 조정되어야 하는 것에 있다.

이러한 점을 전제하고 나서, 두 번째의 원초적 입장이 다음 다섯 가지 모든 특징을 충족시키고 있음을 점검해 보자. 우선, 한 국민의 대표자들이 (1) 자유롭고 평등한 존재로서 합당하고 공정한 위치를 차지하고 있다. 만민은 (2) 합리적인 존재로 모델화되어 있다. 또한 만민의 대표자들은 올바른 주제, 즉 이 경우에는 만민법의 내용에 관하여 논의를 한다. (여기에서 우리들은 만민법을 만민들 상호간 관계의 기본구조를 관장하는 법으로 볼 수 있다). 나아가서, (4) 이들의 논의는 (마치 무지의 장막을 통해 제약을 받는 것처럼) 올바른 이유를 근거로 하여 진전된다. 끝으로 만민법의 원칙을 선정하는 일은 (5) 한 국민의 근본적 이익에 근거하는데, 이 경우에 근본적 이익은 (이미 첫 번째의 원초적 입장에서 선정된) 자유적 정의관을 통해 규정된다. 이렇게 함으로써, 이제 우리가 그린 두 번째 밑그림도 첫 번째 경우와 같이 건실한 것으로 여겨질 수 있다. 그러나 확실한 보장을 할 수는 없다.

그렇다 할지라도 두 가지 질문이 제기될 수 있다. 첫 번째 질문은 만민들을 자유롭고 평등한 존재로, 그리고 공정하고 합당하게 대표되는 것으로 기술함에 있어, 우리가 국내의 경우와는 아주 다르게 우리의 논의를 진행한 것으로 여겨질 수 있다는 점이다. 국내의 경우 우리는 시민들을 자유롭고 평등한 존재로 간주하였다. 왜냐하면 자유롭고 평등한 존재로 간주하는 것이 바로 민주사회에서 사람들이 자신들을 시민으로 인식하는 일반적 방식이기 때문이다. 그래서 이들 시민들은 자기 스스로를, 자신들이 그러려고만 한다면 자신들의 가치관을 형성하고 유지 및 수정할 수 있는 도덕적 능력이 있는 존재로 생각한다. 이들은 또한 자신들을 여러 주장을 확증하는 원천으로 여기며 자신의 목적에 대하여 책임을 질 수 있는 존재로 생각한다.[36] 만민법에서도 우리들은 어느 정도 동일하게 생각한다: 우리들은 *만민*이 자신들을 (정치적 사회의 관점에 따라) 만민의 사회에서 자유롭고 평등한 *만민*으로 인식하는 존재로 본다. 이런 인식은 국내 사회 경우에서 정치관이 시민들이 자신들의 도덕적 능력과 상당히 질서정연한 이익을 따라 자신들을 바라보는 방식을 결정하는 것과 동일하지는 않지만 상응한다.

두 번째 문제 역시 국내적 경우에 상응하는 또 다른 점을 지닌다. 즉 원초적 입장은 시민들의 대표들이 시민들이 지니고 있는 포괄적인 가치관에 대하여 그 어떤 지식도 지니고 있음을 거부한다. 이 제한사항에 대하여 아주 면밀한 정당화가 요구되었다.[37] 지금의 경우에도 또한 심각한

---

36 *Political Liberalism*를 참조하라.

37 위에서 언급하였던, *Political Liberalism*의 1996년 판본의 24–25쪽에 있는 긴 각주를 참고하라.

문제가 있다. 자유적 만민의 대표자들이 자신이 속한 국민이 가지고 있는 포괄적 가치관에 대하여 알고 있는 어떠한 지식도 무시해야만 된다고 우리가 가정하는 이유는 무엇인가? 그에 대한 설명은 다음과 같다. 입헌정체를 지닌 자유적 사회는 하나의 자유적 사회로 말해 본다면*as a liberal society* 어떤 특정한 하나의 *포괄적* 가치관을 가지고 있지 않기 때문이다. 단지 국내의 경우에 시민사회내의 시민들과 단체들만이 그러한 가치관을 가지고 있을 뿐이다.

3.3. 만민의 근본적 이익

자신들을 자유롭고 평등한 존재로 생각함에 있어, (국가와 상반되는 개념인) 만민은 자신들과 자신들의 근본적 이익을 어떻게 생각하고 있을까? 자유적 만민의 이러한 근본이익들은 합당한 정치적 정의관을 통해 구체화된다고 말한 바 있다(§2.3). 이렇게 함으로써, 자유적 만민들은 정치적 독립, 시민적 자유를 보장하는 자유로운 문화를 수호하고, 자신들의 안전, 영토 및 시민들의 복리를 보장하려 한다. 그렇지만, 보다 더 깊은 관심 또한 중요하다. 국민들에 적용한다면, 이것은 루소가 말하는 자기애*amour-propre*에 속한다.[38] 이 관심은 한 국민이 자신들의 역사상 시련과 역사적 업적으로 이루어진 문화에 대한 공통적인 자각에 기초하여 국민으로서 자신들에 대하여 가지는 적절한 자존감self-respect을 의미한다. 한 국민 자신들의 안보 및 영토의 안전문제에 대한 관심과 완전히 구별되는

---

38 여기에서 나는 N. J. H. Dent의 *Rousseau*(Oxford: Basil Blackwell, 1988)과 Frederick Neuhouser의 논문 "Freedom and the General Will," *Philosophical Review*, July 1993의 입장을 따르고 있다. 케이건Donald Kagan은 자신의 책 *Origins and the Preservation of Peace*에서 명예(honor)의 두 가지 의미에 주목한다. 본문에서 (위의 본문과 다음의 절에서) 이 두 가지 의미를 기술하였듯이, 명예의 한 의미는 만족하는 만민들과 이들간의 안정적 평화와 양립할 수 있는 반면, 다른 하나의 의미는 그렇지 못하며, 갈등만을 야기시킬 뿐이다. 케이건은 이 두 가지 의미의 심각한 차이에 대하여 과소평가하고 있는 것 같다.

이 관심은 특히 어떤 국민이 다른 국민들로부터 적절한 존경과 자신들의 평등을 인정받고자 할 때에 나타난다. 만민(국민들)을 국가와 구별시키는 것은—그리고 이것은 아주 중요하다—정의로운 만민들은 평등한 존재로서 다른 만민에게 자신들이 받고자 하는 것과 동일한 적절한 존경과 인정을 부여할 준비가 충분히 되어 있다는 점이다. 그렇지만, 이들 국민들 간의 평등은 특정한 종류의 불평등이, 이상적으로 고안된 국제연합에서처럼, 만민간의 다양한 협력적 기구에서 결코 합의될 수 없다는 점을 의미하는 것은 아니다. 오히려, 이러한 불평등에 대한 인정은 시민들이 자신들의 자유적 사회에서 기능적인 사회 및 경제적 불평등을 받아들이는 것에 상응한다.

따라서 한 국민이 다른 국민에게 정치 및 사회적 협력의 공정한 조건을 제시할 준비가 되어 있다는 것은 어떤 한 국민이 합당하고 합리적인 존재가 되는 중요한 부분을 형성한다. 여기서 공정한 조건은 어떤 국민이 다른 평등한 국민 역시 받아들일 수 있을 것으로 진지하게 믿는 조건들을 의미한다. 만약 이들이 그렇게 믿는다면, 설사 이들 만민이 이 공정한 조건들을 위반하여 이득을 취할 수 있는 경우에도 자신이 제안한 조건들을 준수할 것이다.[39] 이렇게 하여 정의원칙이 입헌정체에 적용되는 것과 동일한 방식으로 상호성의 기준이 만민법에 적용된다. 이러한 합당한 의미의 적절한 존중의 개념은, 다른 합당한 만민과 기꺼이 조화되어, 올바른 이유에 입각하여 현상유지에 만족하는 만민의 개념에서 본질적 요소이다. 이 개념은 장기간에 걸친 만민간의 지속적인 협력, 상호인정 및 만민법의 준수와 부합할 수 있다. 이러한 합당한 의미의 적절한 존중이 비현실주의적인 것이 아니며, 오히려 민주적 국내 제도의 결과 그 자체라고 할 수 있다는 것이 정치적 현실주의에 대한 내 부분적 답변이다. 후에 이 주장을 다시 다루겠다.

---

39 이 설명은 자유적 사회에서 사용되었던 합당한 것의 개념(idea of the reasonable)에 상응한다. *Political Liberalism* II, §1을 참조하라.

§4. 만민법의 원칙들

4.1 원칙에 대한 구체적 진술

우선, 우리는 자유적 민주사회들에게만 적용되는 만민법을 고안해내는 작업의 결과는 아주 친숙한 만민간의 평등의 원칙을 채택하는 것이라고 가정할 수 있다. 나는 이러한 원칙들은 또한 만민간에 다양한 형태의 협력적 단체 및 연합체들을 결성할 수 있게 하지만, 세계국가world-state는 받아들이지 않을 것으로 가정한다. 여기에서 나는 『영구평화론』Perpetual Peace(1975)에 나타난 칸트의 선구적 생각에 따르는데, 세계정부—나는 세계정부란 중앙정부가 통상 행사하는 법적 권한을 지닌 통일된 정치체제란 뜻으로 언급한다—가 세계적인 전제정치체제가 되거나, 아니면 다양한 지역 및 국민들이 자신들의 정치적 자유와 자율성을 쟁취하려고 함에 따라 발생하는 빈번한 투쟁으로 인해 분열된 취약한 제국을 통치하는 정도의 정치체제로 생각한다.[40] 아래에서 논의하는 것처럼, 만민법의 판단에 예속되며 자신들간의 협력을 규제하고 공인된 특정의 의무를 충족하는 많은 종류의 다양한 조직들이 필요할 것으로 생각된다. 이런 조직들

---

40 칸트는 Ak: VIII:367에서 다음과 같이 말하고 있다: "국제법의 개념은 독립적인 인접국가들의 분리된 존재를 미리 가정하고 있다. 비록 이 조건 그 자체가 이미 전쟁상태이긴 하지만 (연방연합이 적대적 행위의 발생을 예방하지 않는 한), 합리적으로 생각해 볼 때, 이 상태가 여러 국가들을 병합하여 하나의 우월한 권력 하에 예속시키는 것보다 선호될 것이다. 이러한 병합은 전세계적 군주제(universal monarchy)로 결말이 날 것이다. 법은 정부가 획득하는 것에 있어 언제나 그 유효성을 상실하게 된다. 이렇게 되면, 영혼없는 전제정치의 조건은 선의 씨앗을 말림으로써 무정부상태로 빠지게 된다." 전세계적 군주제에 대한 칸트의 입장은 18세기의 다른 저자들과 공유된 것이었다. 예를 들어, Hume의 "Of the Balance of Power"(1752), in *Political Essays*, ed. K. Haakonssen(Cambridge: Cambridge University Press, 1994)를 참조하라. F. H. Hinsley *Power and the Pursuit of Peace*(Cambridge: Cambridge University Press, 1966), pp.162ff., 또한 Montesquieu, Voltaire, Gibbon에 관하여 언급하고 있다. 제4장에서 칸트의 생각에 관하여 그는 아주 유익한 논의를 하고 있다. 또한 Patrick Riley, *Kant's Political Philosophy*(Totowa, N.J.: Rowman and Littlefield, 1983), 제5장과 제6장을 참조하라.

의 일부(예를 들어 이상적으로 인식되는 유엔과 같은 조직)는 질서정연한 만민의 사회를 위해 다른 국가에 존재하는 정당치 못한 국내 제도들은 물론 명백한 인권위반사례들을 비난할 수 있는 권한을 가질 수 있다. 중대한 경우 이들 조직들은 경제적 제재나 심지어는 군사적 개입을 통해 이러한 부당한 사례들의 교정을 시도할 수 있다. 이러한 권력의 범위는 만민 모두를 관장하며 이들 만민들의 국내적 문제도 포함한다.

이러한 방대한 결론을 마무리 짓기 위해 약간의 토론이 필요하다. 『정의론』*A Theory of Justice*[41]에서의 절차와 유사한 방식으로 진행하여, 자유롭고 평등한 민주적 국민들에게 익히 알려진 전통적인 정의원칙들을 우선 살펴보자.[42]

1. 만민은 자유롭고 독립적인 존재다. 다른 만민들은 이들의 자유와 독립성을 존중해야 한다.
2. 만민은 조약과 약속을 준수해야 한다.
3. 만민은 평등하며 자신들을 구속하는 약정에 대한 당사자이다.
4. 만민은 불간섭의 의무duty of non-intervention를 준수해야 한다.
5. 만민은 자기방어의 권리the right of self-defense를 갖는다. 그러나 자기방어 이외의 이유로 전쟁을 일으킬 수 있는 권리는 없다.
6. 만민들은 인권을 존중해야 한다.
7. 만민은 전쟁수행에 있어 특별히 규정된 제약사항들을 준수해야 한다.
8. 만민은 정의롭거나 적정수준의 정치 및 사회체제의 유지를 저해하는 불리한 여건

41 *A Theory of Justice*을 참조하라. 이 책의 제2장은 정의원칙에 관하여 논하고, 제3장은 정의원칙을 선정함에 있어 원초적 입장에서의 추론과정을 설명하고 있다. *A Theory of Justice*에 관계된 모든 참고는 원래의 판본(Harvard University Press, 1971)을 근거로 한다.

42 J. L. Brierly, *The Law of Nations: An Introduction to the Law of Peace*, 6th ed.(Oxford: Clarendon Press, 1963), 그리고 Terry Nardin, *Law, Morality, and the Relations of States*(Princeton: Princeton University Press, 1983)을 참조하라. 브라이얼리(Brierly)와 나르딘(Nardin) 두 사람 모두 유사한 목록을 국제법의 원칙으로 제시하고 있다.

하에 살고 있는 다른 만민을 원조할 의무가 있다.[43]

4.2. 논평과 제한

솔직히 말해 원칙들을 이렇게 열거하는 것으론 충분치 않다. 다른 원칙들을 더할 필요가 있으며 목록에 오른 원칙들은 상세한 설명과 해석이 요구된다. 이들 중의 일부 원칙들은 질서정연한 만민의 사회에서 피상적일 뿐이다. 전쟁수행에 관련된 7번째 원칙과 인권에 관련된 6번째 원칙을 그 예로 들 수 있다. 그렇지만 중요한 점은 자유롭고 독립적인 질서정연한 만민이 자신들의 행위를 규제하는 특정의 정치적 정의의 기본원칙들을 인정할 준비가 되어 있다는 점이다. 이러한 원칙들이 만민법의 기본헌장을 구성한다. 4번째 원칙과 같은 것—불간섭의 원칙—은 무법국가 및 심대한 인권위반의 일반적 경우에는 명백히 제한적으로 적용되어야만 할 것이다. 이 원칙은 질서정연한 만민의 사회의 경우에는 적합하긴 하지만, 전쟁과 심각한 인권위반 행위들이 만연하는 무질서한 국민들의 사회의 경우에는 적용하기 어렵다.

독립권the right to independence은 자결권the right to self-determination과 마찬가지로 일반적인 경우에 적용되는 만민법을 통해 보다 구체화된 특정 한도 내에서만 적용된다.[44] 따라서, 어떠한 국민도 다른 국민을 정복하여 희생시킴으로써 자결권 또는 분리독립권을 행사할 수 없다.[45] 어떠한

---

43 이 마지막 원칙은 특히 논란이 된다. 나는 이 원칙에 대해 §§15–16에서 논의하겠다.

44 Charles Beitz, *Political Theory and International Relations*(Princeton: Princeton University Press, 1979), 제2장을 참조하라. 여기에서 국가의 자율성 문제에 관하여 아주 귀중한 논의를 하고 있다. 논의의 주요 요점에 관한 요약은 §11에 나타나 있다. 나는 베이츠(Beitz)의 논의에 많은 도움을 받았다.

45 분리독립에 관한 아주 명백한 예로, 미국의 남부가 1860–1861년간에 분리독립권을 가지고 있었느냐 하는 문제를 들 수 있다. 나의 입장은 당시 미국 남부는 그러한 분리독립권을 가지고 있지 않았다는 것이다. 그 이유는 미국 남부는 당시 남부 내부의 노예제도를 영구화하기 위해 분리독립을 하려했기 때문이다. 이것은 어느 경우 못지 않은 심대한 인권위반 사례였다. 이 인권위반은 거의 인구의 절반에 해당되었다.

국민도 자신이 속한 국내 제도들이 인권위반을 하였거나 자신들 사회내의 소수파의 권리를 제한하는 경우에 이에 대한 세계사회의 비난에 항의할 수 없다. 한 국민의 독립권 및 자결권은 이러한 비난에 대한 방패막이가 될 수는 없으며, 나아가서 심대한 경우에 다른 만민들의 강제적 개입에 대한 방패막이 역시 될 수 없다.

또한 만민의 연합체들(협의체들)을 형성하고 규제하는 원칙들, 그리고 무역 및 협력적 기구들에 적용되는 공정성의 기준들이 있을 것이다.[46] 기근 및 가뭄의 경우에 만민 상호간에 상호부조mutual assistance에 관한 특정한 규정들이 포함될 것이며, 나아가서, 가능하다면, 모든 합당한 자유적 (그리고 적정수준의) 사회의 국민들의 기본적 필요를 충족시키는 것을 보장하는 규정들이 포함될 수 있다.[47] 이러한 상호부조는 특정한 상황에서 원조의 의무(§15를 보라)를 구체화시킨다. 그리고 이러한 상호부조는 사태의 심각성에 비추어 그 엄격함에 차이가 있다.

4.3. 경계의 역할

역사적 관점에서 볼 때 한 사회의 경계가 아무리 자의적인 것으로 여겨진다 하더라도, 자신들의 인구 규모뿐만 아니라 자신들의 영토 및 환경 보전의 최종 책임을 지는 한 국민의 정부가 행사하는 중요한 역할은 그 국민의 대표자 및 효율적인 행위자agent에게 있다. 나는 특정한 행위자가 자산을 유지하는 책임을 부여받고 동시에 이 책임을 이행하지 않음으로써 발생하는 손실에 대한 부담을 지지 않는다면, 이 자산은 악화되는 경향이 있다는 사실에 소유제도의 핵심이 있다고 본다. 이 경우에 자산은

---

46 이러한 문제들에 관하여, Robert Keohane, *After Hegemony*(Princeton: Princeton University Press, 1984)를 참조하라.

47 기본적 필요(basic needs)는 대략 시민들이 자신들의 사회의 권리, 자유 및 기회들을 활용할 수 있는 입장에 있으려면, 반드시 충족되어야 하는 필요들을 의미한다. 이러한 기본적 필요는 제도적 권리 및 자유뿐만 아니라 경제적 수단을 포함한다.

바로 한 국민의 영토이며, 이들 국민을 *영구히in perpetuity* 존속시켜 줄 수 있는 영토의 수용능력을 말한다. 그리고 해당 행위자는 사실 정치적으로 조직된 국민들 자신을 일컫는다. 내가 서문에서 언급하였듯이, 한 국민은 자신의 영토와 자연자원을 관리함에 있어, 전쟁을 통한 정복이나 다른 국민의 영토에 동의 없이 이주해 들어감으로써 저지르는 무책임한 행위들이 돌이킬 수 없는 결과를 가져온다는 점을 인식하고 있어야 한다.[48]

국가(사회)의 경계가 역사적으로 보면 자의적이라는 사실로부터 만민법에서의 국가경계의 역할이 정당화될 수 없다는 주장을 할 수는 없다. 반대로, 국가경계의 자의성에 집착하는 것은 잘못된 사실에 집착하는 것과 같다. 세계국가가 부재하는 상황에서, 어떠한 종류이든 국가경계가 존재해야만 한다. 이 국가경계를 개별적으로 보면, 자의적인 것처럼 여겨질 수 있다. 그리고 국가경계는 어느 정도 역사적 상황에 좌우된다. 합당하게 정의로운 (또는 적어도 적정수준의) 만민의 사회에서, 힘과 부의 불평등은 만민 자신들이 스스로 결정해야 할 문제이다. 이 모든 것을 내가 어떻게 다루고 있는지를 알기 위해서는 §§15와 16까지 기다려야만 한다. 그 부분에서 나는 원조의 의무the duty of assistance를 논할 것이다. 원조의 의무는 합당하게 정의로운 자유적 만민과 적정수준의 만민이 불리한 여건

---

48 이 말은 한 국민이 적어도 이민을 제한할 수 있는 제한된 조건의 권리를 가지고 있다는 점을 시사한다. 나는 여기에서 이러한 조건들이 무엇인가 하는 문제는 보류하겠다. 또한 여기에서 나는 몇 가지 중요한 가정들을 하고 있다. 이 가정들을 제3부, §15까지는 고려하지 않고 있다. 제3부, §15에서 나는 불리한 여건에 시달리고 있는 사회에 대하여 질서정연한 사회가 가지는 의무의 문제를 검토하고 있다. 이민을 제한하는 또 다른 이유는 해당 국민의 정치문화와 이들의 헌법원칙들을 보호하기 위해서이다. 왈쩌(Michael Walzer), *Spheres of Justice*(New York: Basic Books, 1983), pp.38ff.를 참조하라. 왈쩌는 이 책의 39페이지에서 다음과 같은 훌륭한 언급을 했다. "국가의 장벽을 무너뜨리는 것은, 시즈윅(Sidgwick)이 우려하였듯이, 장벽이 없는 세계를 창조하는 것이 아니다. 오히려 수천의 작은 성벽을 창조하는 것이다. 이 성벽들 역시 무너질 수 있다. 그렇지만 여기에 필요한 것은 지역 공동체들을 압도할 수 있을 정도로 충분히 강력한 전지구적 국가이다. 그렇게 되면 그 결과란, 시즈윅이 묘사하였듯이 정치경제학자의 세상 [또는 전지구적 자본주의의 세상이 될 것이라고 나는 첨부하고 싶다], 즉 고향을 상실한 단순한 남녀들의 세상이 될 것이다."

으로 인해 고통을 받고 있는 사회에 대해 부담해야 할 의무를 말한다.

4.4. 두 번째 원초적 입장에서의 주장

국내 경우의 원초적 입장에서의 주장의 상당 부분은 (채택된 관점이 자유적일 때) 정의의 두 원칙의 다양한 형태 중에서 특정 형태를 선정하는 일과 함께, 자유적 원칙들을 포함하여 고전적 또는 평균 공리주의 원칙, 다양한 형태의 합리적 직관주의와 도덕적 완전주의 같은 대안적 원칙들 중에서 특정 원칙을 선정하는 문제와 관련이 있다.[49] 대조적으로, 두 번째 차원의 원초적 입장의 해당 당사자들이 선정할 수 있는 대안들은 만민법의 형태들뿐이다. 첫 번째 원초적 입장과 두 번째 원초적 입장의 활용은 다음과 같은 세 가지 방식에서 유사하지 않다.

(1) 입헌민주정체의 국민은, 자유적 만민처럼, 가치에 관한 포괄적 교리comprehensive doctrine of the good를 가지고 있지 않은 반면(위의 §3.2를 참조하라), 자유적 민주사회의 개별 시민들은 그러한 포괄적 교리를 가지고 있으며, 시민으로서의 자신의 필요를 다루기 위해 기본적 가치의 개념을 사용한다.

(2) 한 국민으로서 지니는 이들의 근본적 필요들은 정치적 정의관과 원칙을 통해 구체화된다. 이 정의관과 원칙에 입각하여 이들 국민들은 만민법에 합의한다. 반면 시민의 근본적 이익들은 이들 시민들이 가지고 있는 가치관과 이 근본이익들을 적정한 정도로 실현시키는 두 가지 도덕적 능력two moral powers에 기초해 이루어진다.

(3) 주권의 두 가지 권력에 대한 제약사항들을 옹호하기 위해 언급했던 이유에서 설명했듯이, 두 번째 단계의 원초적 입장의 당사자들은 앞에서 언급한 만민법의 8가지 원칙에 대한 상이한 형식 또는 해석 가운데에서 특정의 것을 선정한다.

---

49 *A Theory of Justice*, 제2장과 제3장을 참고하라.

원초적 입장이 얼마나 융통적으로 쓰이고 있는가는 이것이 두 경우에서 어떻게 사용되고 있는지에 나타난다. 두 경우에서의 차이들은 각 경우에 원초적 입장의 당사자들이 어떻게 이해되고 있는지에 상당 부분 달려 있다.

두 번째 원초적 입장의 당사자들의 제일의 과제는 만민법—이상, 원칙, 기준들—을 구체화하고 이러한 규범들이 만민간의 정치적 관계에 어떻게 적용할 것인지를 구체화하는 것이다. 만약 포괄적 교리들간의 합당한 다원주의가 자유적 제도로 이루어진 입헌민주정체의 기본적 특징이라면, 수많은 다양한 문화와 전통을 지닌 만민의 사회 구성원들 사이에 인정되는 포괄적 교리들의 다양성은 더욱 심대하리라 가정할 수 있다. 그렇기 때문에 고전적 또는 평균 공리주의 원칙은 만민이 수용하기 어려우리라 생각된다. 그 이유는 자신의 정부가 있는 만민이라면 어떠한 만민도 다른 만민을 위한 이득이 자신에게 부과되는 고난보다 큰 것을 *제1의 원칙으로서* as a first principle 받아들이려 하지 않을 것이기 때문이다. 질서정연한 만민들은 자신들 간의 평등equality을 주장할 것이며, 이 주장은 어떠한 형태의 효용의 원칙도 배제한다.

나는 만민법의 8가지 원칙들(§4.1을 보라)이 다른 원칙들보다 우월하다고 주장한다. 공정으로서의 정의에서 분배원칙들을 검토하는 것과 매우 유사하게, 우리들은 평등의 기본선baseline of equality에서 출발한다. 공정으로서의 정의의 경우에 사회경제적 기본가치의 평등이 강조되는 데 비해 만민법의 경우에는 만민의 평등 및 평등한 권리가 출발선이 된다. 공정으로서의 정의의 경우에, 평등의 기본선에서 이탈하는 경우, 이 이탈이 사회의 모든 시민의 이익, 특히 최소수혜자 계층의 이익에 도움이 되어야 한다는 것을 조건으로 한다면 동의가 될 수 있는가 하는 문제를 제기하였다. (나는 단지 여기에서 그 추론만을 언급한다.) 그렇지만 만민법에서는 사람들이 하나의 정부에 소속되어 있는 것이 아니라 수많은 정부에 속해 있다. 그리고 만민의 대표는 자신이 속한 사회의 평등과 독립성을 보존하기를 희망한다. 만민간의 기구와 완만한[50] 연합loose confederations을 만들어 냄에 있어, 불평등은 만민들이 공유하는 수많은 목적을 위해 사용될 수 있도록 설정될 수 있다. 이 경우, 크고 작은 만민들은 크고 작은 기여를 할 준비가 되어 있으며, 이 기여에 비례하는 크고 작은 혜택을 인정할 것으로 여겨진다.

그래서 나는 제2단계의 원초적 입장에 관한 주장에서 §4.1에서 열거한 만민법의 8가지 원칙들의 장점만을 고려하고 있다. 이미 익숙히 알고 있고 매우 전통적이라고 할 수 있는 이 원칙들을 나는 국제법 및 국제관행의 역사에서 취했다. 『정치적 자유주의』*Political Liberalism*나 『정의론』*A Theory of Justice*에서의 당사자들과 마찬가지로 제2단계의 원초적 입장의 당사자들에게도 이들이 선택할 수 있는 대안적 원칙과 이상들을 담고 있는 메뉴가 미리 주어지는 것이 아니다. 오히려, 질서정연한 만민의 대표들은 단순히 만민간 평등원칙의 이점들을 숙고하며, 이 원칙들의 이점을 버리거나 대안들을 제안할 이유를 발견하지 못한다. 물론 이 원칙들은 상호성의 원칙을 충족시켜야 하는데, 이 기준이 두 단계 모두—시민들로서의 시민상호간의 단계와 만민으로서의 만민상호간의 단계—에 적용되기 때문이다.

분명 우리는 대안을 생각할 수도 있다. 예를 들자면, 원칙 (5)에 대한 분명한 대안이 있다. 이 대안은 현대 역사에서 유럽 국가들 간에 오랫동안 지지되어 온 것으로서, 국가는 자신의 이익을 합리적으로 추구하여 전쟁을 수행할 수 있다는 원칙이다. 이러한 이익들은 종교적, 왕조적, 영토적인 것이거나, 또는 정복과 제국의 영예와 관련될 수 있다. 그렇지만 아

---

50 나는 이 형용사 '완만한'(loose)을 연합(confederations)이 연방(federations)보다 훨씬 덜 구속적이며, 연방정부의 권한들을 가지고 있지 않다는 점을 강조하기 위해 사용했다.

래에서 설명하는 민주적 평화의 관점에서 보면(§5), 자유적 만민들은 이런 대안을 거부할 것이다. 후에 설명하겠지만, 이것은 또한 적정수준의 만민 역시 이런 대안을 거부할 것이다(§8.4).

§2에서의 주권이 지니는 전통적인 두 가지 권력에 관한 논의에서 상기의 8가지 원칙들이 상이하게 해석될 수 있다는 점이 제기될 수 있다. 제2단계의 원초적 입장에서 논의되어야 할 점은 바로 이러한 수많은 해석들 interpretations이다. 주권의 두 가지 권력에 관하여 우리는 다음과 같은 질문을 제기한다. 자유적 만민이, 자신의 근본적 이익을 전제로 할 때, 자신들 상호간뿐만 아니라 자신들과 비자유적 만민 상호간에 적용될 상호적 관계들을 규제하기 위하여 확립하려는 정치적 규범들은 어떠한 것들인가? 또는 합당하게 정의로운 질서정연한 만민들의 사회에서 자유적 만민이 원하고 있는 도덕적 풍토와 정치적 분위기는 어떠한 것인가? 이러한 근본적 이익을 고려하여, 자유적 만민은 전쟁에 개입할 국가의 권리를 자기방어의 전쟁(이렇게 하여 집단안보를 인정하고)에만 국한하고, 인권에 대한 자유적 만민의 관심으로 인해 국가내부의 주권에 관한 국가의 권력을 제한한다. 만민법에서 내가 열거한 여덟 가지 원칙을 해석하는 데 따르는 수많은 난점들은 국내의 경우에서 제1의 정의원칙들을 옹호하는 논변들에 해당된다. 이러한 원칙들을 어떻게 해석할 것인가 하는 문제는 항상 제기될 수 있으며, 제2단계의 원초적 입장의 관점에서 논의해야 할 것이다.

4.5. 협력적 기구들

모든 만민의 기본적 평등을 규정하는 원칙들에 합의하는 것에 덧붙여, 대표 당사자들은 협력적 기구들을 설립할 수 있는 지침들을 마련하고, 상호부조에 관한 특정 규정뿐만 아니라 무역에 관한 공정한 기준들에 합의하려 할 것이다. 이러한 기구의 세 가지 유형을 생각해 보자. 하나는 만민간의 공정한 무역을 보장하는 기구들이다. 또 다른 하나는 만민에게 협력적인 은행제도를 통해 융자를 할 수 있도록 하는 기구들이다. 세 번째는 유엔과 같은 유사한 기능을 가진 기구이다. 이것을 나는 지금 (국가가 아닌) 만민의 연합Confederation of Peoples으로 언급하고 있다.[51]

공정한 무역에 관하여 생각해 보자. 공정한 배경적 기본틀로 적절히 규제되었을 때,[52] 적어도 장기적인 관점에선 자유 경쟁적인 시장무역구조가 모든 사람에게 상호이익이 된다고 자유적 만민이 가정하고 있다고 상정해 보자. 여기에서 한층 더 나아가 보다 부강한 경제규모를 가지고 있는 대국들이 시장을 독점화하려는 시도를 한다거나, 카르텔을 형성하려고 음모를 꾸미거나, 과점 세력으로 행동하지 않으려 할 것이라는 점을 가정해 보자. 이러한 가정들을 하고 이전과 마찬가지로 무지의 장막이 유효하게 작동하여 어떠한 국민도 자신이 속해있는 국가의 경제규모의 대소를 알 수 없게 된다고 상정하면, (이러한 기준들이 구체화되어 이행되고, 그리고 구속력 있게 집행될 때) 만민은 시장을 자유 경쟁적으로 유지하는 데 필요한 공정한 무역기준에 합의하게 될 것이다. 만약에 이러한 협력적 기구들이 만민간에 정당화될 수 없는 분배결과를 초래한다면, 이런 결과는 마땅히 교정되어야 하며, 원조의 의무the duty of assistance를 통해 심각히 고려되어야 할 것이다. 원조의 의무에 관해선 §§15–16에서 논의할 것이다.

나아가서, 똑같은 방식으로 중앙은행과 만민들의 연합체에 합의하는 두 가지 경우를 다루어 보자. 무지의 장막은 언제나 작동하며 기구들

---

51 처음의 두 가지 기구들을 어느 면에서 관세무역일반협정(GATT)과 세계은행(World Bank)과 같은 유사한 기구라고 생각해 보라.

52 여기에서 나는 국내 경우와 마찬가지로 다음과 같은 가정을 하고 있다. 공정한 배경적 조건들이 존재하지 않고, 이러한 조건들이 세대와 세대를 거쳐 장기간 지속이 된다면, 시장거래는 공정하지 못하게 될 것이며, 만민간에 정당화될 수 없는 불평등이 점차적으로 누적될 것이다. 이러한 배경적 조건들과 이 조건들이 포함하는 모든 것들은 국내 사회의 기본적 구조와 유사한 역할을 하게 될 것이다.

은 상호적으로 이익이 되며 자유적 민주 국민들에게 개방되어 있다. 자유적 민주 국민은 자신의 주도하에 이 기구들을 자유로이 이용할 수 있다. 국내 경우에서와 마찬가지로, 만민은 일단 평등의 기본선이 확고히 확립되어 있다면, 다양한 형태의 기능적 불평등을 인정하는 것이 합당하다고 생각한다. 그렇기 때문에, 국가의 규모에 따라, 일부 국가의 국민들은 다른 국가들의 국민에 비해 협력적 은행에 보다 큰 기여를 할 것이며(자금 공여에 따른 적절한 이자를 전제로 한다), 만민들의 연합기구에 보다 큰 부담을 담당하게 될 것이다.[53]

§5. 민주적 평화와 그 안정성

5.1. 두 종류의 안정성

질서정연한 자유적 사회에 적용되는 만민법을 대략적으로 개관하는 지금의 논의를 마무리하기 위해, 나는 두 가지 사항을 언급해야 한다.

---

53 다음 상황에 관하여 만민법은 어떻게 말할까? 둘 또는 그 이상의 유럽의 자유민주적 사회, 예를 들어 말하자면, 벨기에와 네덜란드 또는 이 두 국가가 프랑스와 독일과 합쳐서, 이들이 공동으로 단 하나의 사회(a single society), 또는 단일의 연방통합(a single federal union)을 형성하는 일을 결정했다고 가정하여 보자. 이들 모두가 자유적 사회라고 가정할 때, 이와 같은 통합은 선거를 통해 합의가 되어야만 할 것이다. 이 선거의 과정에서 각 사회 내부에서 통합여부에 대한 결정이 충분히 논의되는 것을 전제로 한다. 더욱이 이러한 사회들은 자유적 사회이기 때문에, 이들은 자유적 정치적 정의관을 채택하고 있다. 이 자유적 정의관은 상호성의 기준을 충족시킬 뿐만 아니라, 세 가지 종류의 특징적인 원칙들을 담고 있다. 이러한 특징은 모든 자유적 정의관이 반드시 포함해야만 할 사항들이다(§1.2). 이 조건을 넘어서게 되면, 이러한 사회들의 유권자들은, 비록 모든 정치적 정의관이 적어도 합당하다 할지라도, 이중에서 자신들이 생각하기에 가장 합당하다(*most reasonable*)고 생각하는 정치적 정의관에 투표를 해야만 한다. 이러한 선거에 있어 투표자는, 만약 자신이 가장 합당하다고 생각한다면, 차등원칙(가장 평등주의적인 자유적 관점)을 지지하여 투표할 수 있다. 그렇지만, 상호성의 기준이 충족되는 한, 세 가지 특징적 원칙의 다른 변형된 형태들도 정치적 자유주의와 부합할 수 있다. 혼란을 피하기 위해, 내가 나중에 "원조의 의무"(duty of assistance)라 부르는 것은 자유적 및 적정수준의 국민들이 불리한 여건으로 부담을 안고 사는 사회(burdened societies)를 도와주어야만 하는 의무에만 적용된다(§15)는 점을 첨부하고자 한다. 후에 설명하겠지만, 그러한 사회는 자유적 사회도 아니며, 적정수준의 사회 또한 아니다.

하나는 두 가지 종류의 안정성, 올바른 이유에 입각한 안정성과 세력균형으로서의 안정성을 구별하는 일이다. 다른 하나는 국제정치이론으로서의 정치적 현실주의와 함께, 만민간의 현실주의적 유토피아의 개념이 공상적인 것에 불과하다는 주장을 하는 사람들에 대한 답변을 제시하는 일이다. 나는 전쟁에 대해 상이한 입장을 취하는 민주적 평화의 관점을 제시하여 이 문제에 답하려 한다.

먼저 안정성의 두 종류에 관하여 논의해 보자. 국내 사회의 경우, 시민들이 성장함에 따라 정의감을 기르면서 자신들의 정의로운 사회세계에 참여하는 과정에 대해 내가 언급하였던 것(§1.2에서)을 회상해 보자. 하나의 현실주의적 유토피아의 개념으로서 만민법은 자유적 및 적정수준의 사회 모두를 포함하는 만민들이 정의로운 만민법에 구현된 법적 규범을 기꺼이 받아들이고 이 규범에 따라 행동할 수 있도록 유도하는 과정을 지녀야 한다. 이 과정은 국내 경우의 과정과 유사하다. 따라서 장기간에 걸쳐 만민이 명백한 준수의지를 가지고 만민법을 존중하고, 이러한 준수의지들이 상호간 인정되었을 때, 이 만민은 서로 간에 상호신뢰와 확신을 발전시키는 경향이 있다. 나아가서, 만민들은 이러한 규범들을 자신들뿐만 아니라 자신들이 돌보고 있는 사람들에게 유익한 것으로 여기기 때문에 시간이 지남에 따라 그 법을 자신들 행위의 이상an ideal of conduct으로 받아들이는 경향이 있다.[54] 내가 도덕적 습득과정으로 부르는 이러한 심리적 과정이 없다면, 만민법에 해당되는 현실주의적 유토피아의 개념은 본질적 요소를 잃게 된다.

내가 이미 언급하였듯이, (국가에 반대되는 개념으로서) 만민은 분명한 도덕적 본성을 지니고 있다(§2.1). 이 본성은 적절한 자부심과 명예감을 포함한다. *적절한 애국주의proper patriotism*가 허용하는 것과 같은 자

54 여기에서 언급하고 있는 이 과정은, 처음에는 마지못해 시작되었다 하더라도, 관용의 원칙을 점차적으로 수용하는 과정과 유사하다.

신의 역사 및 성취적 업적에 대하여 자부심을 가질 수 있다. 그렇지만 자신들이 요구하는 적정한 존중은 만민의 평등과 부합할 수 있는 적절한 존중이어야 한다. 만민은 이익들을 가지고 있어야만 한다. 만약 그렇지 않다면, 이들은 무기력하고 수동적인 존재가 되거나, 아니면 합당하지 못하고 때로는 맹목적인 열정과 충동에 사로잡히기 쉬운 존재가 될 수도 있다. 만민을 움직이는 (그리고 만민을 국가와 구별케 하는) 이익들은 공정한 평등 원칙은 물론 모든 만민들에 대한 적절한 존중의 원칙을 통해 찾을 수 있고 이와 부합할 수 있는 합당한 이익이어야 한다. 나중에 언급하겠지만 이런 합당한 이익들이 민주적 평화를 가능하게 하며, 이 합당한 이익들이 없다면 국가 간 평화는 기껏해야 *잠정적 타협*modus vivendi, 즉 힘의 균형을 통해 유지되는 일시적인 안정성에 불과할 것이다.

국내의 경우, 정치적 옳음과 정의에 해당되는 원칙들을 채택함에 있어, 당사자들은 자유적 사회에서 그러한 원칙들이 올바른 이유에 입각하여 안정적일 수 있겠는가를 반문해 보아야 한다는 점을 회상해 보라. 올바른 이유에 입각한 안정성은 시간이 경과함에 따라, 시민들이 정의원칙을 받아들이고 이에 따라 행동하는 정의감을 습득하는 상황을 묘사하고 있다. 원초적 입장의 당사자들을 통한 원칙의 채택은 언제나 질서정연한 자유적 사회의 시민들이 가지고 있는 학습 심리가 이들 시민들이 정의감과 정의원칙에 따라 행동하는 경향을 습득하도록 유도하는지에 대한 면밀한 고려가 선행되어야 함을 전제한다.

유사하게, 일단 두 번째 단계의 원초적 입장의 주장이 완결되고 도덕적 학습이란 견해를 포함하게 되면, 우리들은 합의 당사자들이 채택하는 만민법이 바로 우리들—지금 여기에 있는 너와 나—이 만민들 간의 기본적 협력조건들을 규정하는데 공정한 것으로 간주할 수 있는 법이라 추정할 수 있다. 우리들은 또한 만민간의 정의로운 사회가 올바른 이유에 입각하여 안정적이라 추정한다. 즉 올바른 이유에 입각한 안정성은 단순한 잠정적 타협이 아니라 만민법 자체에 대한 준수에 부분적으로 달려있음을 의미한다.

그렇지만 명백히, 이 두 번째 추론은 실제 역사상에 일어난 사실을 통해 확증될 필요가 있다. 자유적 만민간의 사회는 이들 상호간에 성공의 결과를 분배하는 문제와 관련하여 실제로 안정적인 것으로 판명되어야 한다. 여기에서 말하는 성공은 한 사회의 군사적 위용이나 이의 결여에 관계된 것이 아니라, 다른 종류의 성공을 말한다. 즉 모든 시민에게 해당되는 정치적 및 사회적 정의의 달성, 이들 시민들의 기본적 자유의 보장, 해당 사회의 시민문화의 충만과 만발, 모든 만민의 적정수준의 경제적 복리가 여기에서 말하는 성공에 해당된다. 자유적 만민의 사회는 올바른 이유에 입각해 안정적이기 때문에, 이 사회는 정의의 관점에서 안정적이다. 만민간의 제도와 관행은 관련된 옳음과 정의의 원칙을 지속적으로 만족시킬 것이다. 물론 만민간의 관계와 성공은 정치적, 경제적 및 사회적 경향의 관점에서 본다면 끊임없이 변한다.

5.2. 현실주의적 이론에 대한 응답

국제관계는 투키디데스 이래 변하지 않았으며, 여전히 부와 힘을 추구하는 지속적인 투쟁에 불과할 것이라고 주장하는 현실주의적 이론[55]에 대해, 나는 이미 익히 알려진 만민의 사회를 위한 평화의 견해를 상기시켜 답하고자 한다. 이 견해는 현실주의자들이 주장하는 패권이론hegemonic theory과는 다른 전쟁관을 지니고 있다.

자유민주적 평화의 개념은 다음 두 가지 개념을 합친 것이다. 그 중 하나는 역병 및 전염병과 같은 치유할 수 없는 인생의 불행을 한편으로 하

55 각주 27을 참조하라.

고, 운명 또는 신의 의지와 같이 변경시킬 수 없는 원인을 다른 한편으로 하는 이 양자의 사이에, 국민들이 변경할 수 있는 정치 및 사회적 제도가 존재한다는 개념이다. 이 개념은 18세기에 민주주의를 지향하는 운동으로 연결되었다. 세인트-저스트Saint-Just가 말하였듯이, "행복의 개념은 유럽에서는 이제 새롭다."[56] 그가 의미했던 바는 사회질서가 더 이상 고정된 것으로 여겨지지 않고 있다는 것이었다. 정치 및 사회적 제도들은 만민들을 더 행복하고 만족스럽게 할 수 있도록 수정되고 개혁될 수 있다.

다른 하나의 개념은 몽테스키외의 *신사적 태도moeurs douces*의 개념이다.[57] 이 개념은 상업적 사회가 시민들 내에 따뜻한 배려, 근면성, 착실성 및 정직성과 같은 덕목을 형성해 가는 경향이 있으며, 상업은 평화로 연결되는 경향이 있다고 주장한다. 이 두 개념을 합치게 되면—사회적 제도들을 (민주주의를 통해) 국민들이 보다 만족하고 행복하도록 수정할 수 있다는 개념과 상업이 평화로 연결되는 경향이 있다는 개념—우리들은 상업에 종사하는 민주적 만민 상호간에는 전쟁을 수행하지 않는 경향이 있을 것이라고 추측할 수 있다. 많은 이유들 가운데서 이러한 결과가 나오는 까닭은 이들 만민이 자신들에게 결여된 상품을 무역을 통해 보다 쉽고 값싸게 획득할 수 있기 때문이며, 또한 자유적 입헌민주정체를 채택하고 있으므로 이들 만민은 다른 국민들을 국가 종교나 다른 지배적인 포괄적 교리로 개종시키려 하지 않을 것이기 때문이다.

자유적 사회의 특징들을 회상해 보라(§2.1). 우리가 이미 말했듯이, 이 특징들은, 아롱Raymond Aron의 용어를 빌린다면, *만족한 국민들satisfied*

---

56 Albert Hirschman, *Rival Views of Market Society*(Cambridge, Mass.: Harvard University Press, 1992), pp. 105ff.를 참조하라.

57 Hirschman, *Rival Views*, pp.107ff.를 참조하라. *moeurs douces*(gentle manners)의 구절은 몽테스키외의 *The Spirit of Laws*, trans. and ed. Anne Cohler, Basia Miller, and Harold Stone(Cambridge: Cambridge University Press, 1989), book 20, p.338에 있다. 이 책의 제2장에서 몽테스키외는 상업이 평화로 연결되는 경향이 있음을 주장한다.

*peoples*이다.[58] 이들의 기본적 필요는 충족되고, 이들의 근본적 이익들은 다른 민주적 국민들의 이익들과 완전히 양립할 수 있다. (그런데, 어떤 국민이 만족하고 있다고 일컫는 것이 해당 사회의 시민들이 반드시 즐겁고 행복하다는 것을 의미하지는 않는다.) 모든 사회들이 올바른 이유에 입각해 현상 유지에 만족하고 있기 때문에 이들 간에는 진정한 평화가 유지된다.

아롱Aron은 이러한 평화 상태를 ("힘에 의한 평화"*peace by power*나 "무능에 의한 평화"*peace by impotence*의 개념과 대비시켜) "만족에 의한 평화"*peace by satisfaction*라 부르며, 추상적이긴 하지만, 이러한 평화를 달성하는 데 필요한 조건들을 기술하고 있다. 그는 정치 단위체들은 영역의 확장은 물론 다른 영역의 사람들을 지배하려고 해서도 안된다고 주장한다. 정치 단위들은 자신들의 물질적 또는 인적 자원들을 증대시키거나, 자신의 제도들을 전파하려 하거나, 또는 지배라는 도취된 자만감에 즐기거나 하는 등의 방식으로 자신들을 팽창시키려 해서는 안된다.

나는 이러한 조건들이 지속적인 평화유지에 필요하다고 주장하는 아롱에 동의하며, 자유적 입헌민주정체 하에 사는 국민들이 이런 조건들을 충족시킬 수 있을 것이라고 주장한다. 이러한 국민들은 정당성 있는 정부의 공유된 원칙을 존중하며, 권력과 명예추구의 열정이나 지배의 자만감에 도취되는 것과 같은 것에 동요하지 않는다. 이러한 열정들은 귀족계급과 이보다 못한 귀족사회를 자극하여 유리한 환경에서 자신의 사회적 지위와 위치를 추구하게 할 수 있다. 그러나 이러한 귀족계급 또는 오히려 배타적 특권계급caste이라 칭할 수 있는 이러한 계급은 입헌정체에서는 그러한 권력을 갖지 못한다. 이러한 입헌정체들은 다른 사회들을 종교적으로 개종하려 들지 않는다. 자유적 국가의 시민들이 개인적으로나 또

58 이 절과 다음에 따라오는 절에서, 나는 아롱(Raymond Aron)의 논문, *Peace and War*, trans. R. Howard and A. B. Fox(Garden City: Doubleday, 1966), pp.10ff.에 근거하여 논의하고 있다.

는 협회들을 통해 아주 종교적이라 할지라도, 자유적 만민은 자신들의 헌법에 국가종교를 가지고 있지 않기 때문이다—이들 정체는 신앙 고백적 국가가 아니다. 자유적 만민은 지배와 영예의 추구, 정복의 흥분과 타자들에 대한 권력행사의 쾌감을 위해 다른 국민들을 적대시 하지 않는다. 이러한 방식으로 모든 사람이 만족 하면, 자유적 만민은 도대체 전쟁을 수행할 이유가 없다.

더욱이, 자유적 국민들은 루소가 오만하거나 손상된 자존심으로 진단한 적절한 자존감의 결핍에 자극을 받지 않는다. 이들의 자존감은 자신의 시민들의 자유와 일관성 그리고 자신들의 국내적 정치 및 사회제도들이 지니는 정의와 수준에 기초하고 있다. 이들의 자존감은 또한 공적 및 시민문화의 성취에 근거하고 있다. 물론 이러한 것들은 자신들의 시민사회 내에 내재하고 있는 것이어서 다른 국민과 비교하여 우월하다거나 열등하다고 평가할 수 있는 본질적 근거를 찾을 수는 없다. 따라서 이러한 점과 부합될 수 있도록, 자유적 국민들은 상호간에 존중하고 만민간의 평등을 인정해야 한다.

아롱은 또한 만족에 의한 평화는, 모든 사회에서 일반적으로 수용되는 경우에만 오랫동안 지속될 수 있다고 말한다. 그렇지 않을 경우, 우월한 힘을 향한 경쟁은 물론 궁극적으로 평화의 파괴로 되돌아 갈 것이다. 군사 및 경제적 힘을 갖춘 강력한 국가가 팽창과 영광을 추구하게 되면, 전쟁의 악순환과 전쟁준비를 영속화할 수 있다. 그래서 일단 세계국가의 개념을 포기한다면(§4.1), 자유적 및 적정수준의 만민이 만민법을 수용하는 것만으로는 충분하지 않다. 만민의 사회는 무법적 국가들이 나타났을 경우 이들을 제어하기 위해 만민법 하에 새로운 제도 및 실천을 발전시킬 필요가 있다. 이 새로운 실천에는 인권증진이 마땅히 포함되어야만 한다. 이는 모든 정의롭고 적정수준의 정치체제들의 외교정책에 있어

고정불변의 관심사가 되어야만 한다.[59]

민주적 평화의 개념은 만약 자유적 국민들이 전쟁을 한다면, 그것은 (내가 이름 붙인) 불만족한 사회unsatisfied societies나 무법국가들outlaw states과 전쟁을 할 것이라는 점을 시사하고 있다. 즉 그러한 국가의 정책이 자유적 국가의 안보와 안전을 위협할 때, 자유적 만민들은 이러한 전쟁을 하게 될 것이다. 자유적 만민도 자유적 문화의 자유와 독립성을 수호하고, 자신들을 예속시키고 지배하려고 획책하는 국가들에 대항해야만 하기 때문이다.[60]

5.3. 보다 명확한 민주적 평화의 개념

민주적 평화의 가능성은 *실제적actual* 민주주의와 양립 불가능한 것이 아니다. 실제적 민주주의는, 있는 그대로 말한다면, 상당한 부정의, 과두제적 경향 및 독점적 이익들로 특징지을 수 있다. 종종 비밀리에, 보다 작거나 약한 국가에 간섭을 하고, 심지어는 아직 덜 확고하지만 그래도 안정적인 민주정체에 조차 개입한다. 그러나 이에 상응하는 정도의 입증을 하기 위해서, 민주적 평화의 개념을 보다 명확하게 정의할 필요가 있다. 나는 그 의미를 표명하기 위해 지침적인 가설을 제시하고자 한다.

(1) 합당하게 정의로운 입헌민주사회들이 각각 그러한 정체의 다섯 가지 특징들(아래에서 간략히 설명된다)을 완전히 충족하는 한—그리고 시민들이 자신의 역사

---

59 나는 제3부, §15에서 인권보호에 대한 강조가, 만약 입헌정체가 기근 및 기아의 방지를 위해 필요하다면, 한 사회가 그러한 입헌정체를 지향하도록 하는 압력이 될 수 있다는 주장에 주목한 바 있다.

60 나는 또한 어떤 국가가 자유적 만민을 아주 합당하지 못한 강압적인 수용조건을 받아들이도록 강력하게 압박했을 경우를 첨부하고 싶다. 즉 이 경우는 자신의 문화의 자유성을 인정하고 있는 자존감이 있는 자유적 만민이라면 어떠한 국민도 받아들일 수 없을 것이다. 구체적인 예로서, 세계 제1차 대전 발발 이전에 프랑스에게 독일이 했던 철면피한 요구를 들 수 있다. 이 예에 관하여, Kagan, *Origins of War and the Preservation of Peace*, p.202를 참조하라.

와 업적을 지닌 정치제도들을 이해하고 수용하는 한—이들 간의 평화는 더욱 안전해질 것이다.

(2) 각각의 자유적 사회들이 위의 (1)에서 언급한 조건들을 완전히 충족시키는 한, 모든 만민들은, 정당한 자기방어(또는 정당성이 있는 자신들의 동맹국들을 수호하기 위해), 또는 인권을 보호하기 위하여 심각한 사례에 개입을 근거로 하는 경우 외에는, 비자유적 무법적 국가들과 전쟁을 하려 하지 않을 것이다.

검토하여 보면, 합당하게 정의로운 입헌민주사회는 세 가지 특징적 원칙에 입각하여 자유와 평등이라는 두 가지 기본적 가치들을 결합하고 우선순위를 정하는 사회다(§1.2). 첫 두 원칙들은 기본적 권리, 자유, 기회들을 규정하고, 이 자유들에 대해 그러한 정체의 특징이라 할 수 있는 우선성을 부여한다. 세 번째 원칙은 모든 시민들이 자신들의 자유를 현명하고 실질적으로 사용할 수 있도록 전목적적 수단all-purpose means을 충분히 보장하는 문제를 다룬다. 이 세 번째 특징은 상호성의 기준을 충족시켜야만 한다. 그리고 이것은 극심한 사회 및 경제적인 불평등을 방지하는 기본구조를 요구한다. 아래에서 논하는 (a)에서부터 (e)에 이르는 제도 또는 이와 유사한 제도들이 갖추어지지 않는다면, 이러한 극심하고 합당하지 못한 불평등이 증대되는 경향이 있다.

헌법에 보장된 자유들만을 떼어서 고려한다면 이것은 단순히 형식적인 것에 불과하다고 하는 비판은 타당성이 있다.[61] 위에서 언급한 세 번째 특징적 원칙이 없다면, 헌법에 보장된 자유들 그 자체는 빈약한 형태의 자유주의—사실상 자유주의liberalism라고 부르기는 힘들고 거의 자유지상주의libertarianism—에 불과하다.[62] 후자의 자유지상주의는 자유주의가 하는 방식으로 자유와 평등을 결합시키지 않는다. 자유지상주의는

61 *Political Liberalism* VII: §3과 VIII: §7을 참조하라.

62 Ibid., VII: §3.

상호성의 기준을 결여하고 있으며, 이 상호성의 기준에 입각하여 본다면 극심한 사회적 및 경제적 불평등을 허용하고 있다. 자유지상주의 정치체제는 올바른 이유에 입각한 안정성을 유지할 수 없을 것이다. 올바른 이유에 입각한 안정성은 순수히 형식적으로만 입헌정체인 곳에서는 결여되기 때문이다. 올바른 이유에 입각한 안정성을 성취할 수 있는 중요한 요건들은 다음과 같다:

(a) 특정의 공정한 기회의 평등, 특히 교육과 훈련과정에 있어서 공정한 기회평등. (그렇지 않다면 사회의 모든 부분들이 공적 이성의 토론에 참여할 수 없거나 사회·경제적 정책에 기여할 수 없을 것이다.)

(b) 자유주의의 세 번째 조건을 충족시키는 소득과 부의 적정한 분배. 모든 시민들이 자신들의 기본적 자유를 현명하고 효과적으로 누리는 데 필요한 전목적적 수단들이 보장되어야 한다. (이 조건이 없다면, 부와 수입을 가진 자들이 이들 보다 적게 가진 자들을 지배하고 점차적으로 정치권력을 장악하여 자신들에게 유리하게 이용하는 경향이 있다.)

(c) 최후의 고용자로서의 사회. 사회는 일반정부 또는 지방정부를 통하거나 아니면 사회 및 경제정책을 통하여 최후적으로 호소할 수 있는 고용자가 되어야 한다. (장기적인 안전감의 결여와 의미 있는 일과 직업에 대한 기회의 결여는 시민들의 자존감을 파괴시킬 뿐만 아니라 이들 시민들이 단순히 사회에 얽매여 있는 존재가 아닌 진정한 사회의 성원이라는 의식을 손상한다.)

(d) 모든 시민에게 보장된 기본적 건강보호제도.

(e) 선거에 대한 공적 자금지원 및 정책관련사항에 대한 공적 정보에 대한 다양한 접근보장.[63] (이러한 제도적 장치들의 필요성에 관한 언급은

63 Ibid., VIII; §§12–13.

다음과 같은 점을 시사한다. 즉 이러한 장치들이 대표자들과 다른 관리들이 특수한 개별적인 사회경제적 이해관계로부터 완전히 독립적일 수 있도록 보장함과 동시에, 정책 형성의 기반이 되고 그리고 이러한 정책들을 시민들이 지혜롭게 평가할 수 있도록 해 주는 지식과 정보를 제공하는 것을 보장하기 위해 필요하다.)

이러한 조건들은 모든 자유주의적 관점의 정의원칙들이 반드시 충족시켜야 할 사항들로 생각한다. 이러한 조건들은 기본구조에 필요한 본질적인 필수요건들을 담당하게 된다. 이러한 기본구조내에서, 공적 이성의 이상은, 시민들에 의해 의식적으로 준수되었을 때, 기본적 자유를 보호함과 동시에 사회 및 경제적 불평등이 과도하게 극심해지는 것을 방지할 수 있게 된다. 공적 이성의 이상은 공적인 정치적 심의public political deliberation의 형태를 포함하고 있기 때문에, 이 조건들, 아주 명백하게 말한다면, 처음의 세 가지 조건들이 이 정치적 심의를 가능하게 하고 결실을 맺을 수 있도록 하는 데 필요하다. 공적 심의의 중요성에 대한 믿음은 합당한 입헌정체에서는 절대적으로 중요하다. 이 신념을 유지하고 권장할 수 있도록 구체적인 제도적 장치들을 설정하는 일이 필요하다.

아직 많은 중요한 질문이 남아있기 때문에, 민주적 평화의 가설을 뚜렷하게 하기 위해 훨씬 더 많은 논의가 필요할 것이다. 예를 들자면, (a)에서부터 (e)에 이르는 조건 각각을 어느 정도까지 제도화할 것인가? 이들 조건 중의 일부는 아주 약한 반면에 다른 조건들이 강하다면 그 결과는 어떻게 될 것인가? 어떻게 이 조건들이 함께 작동할 수 있을 것인가? 이렇게 되면 비교문제가 발생한다. 예를 들어, 선거에 대한 공적 자금의 지원문제는 공정한 기회평등과 비교하여 볼 때 얼마만큼 중요한 것인가? 이러한 문제들에 대한 명확한 답변을 추측하는 것조차 어려운 일이다. 왜냐하면 이것은 많은 배경과 지식을 요하기 때문이다. 그렇긴 하지만 인류역사는 우리가 알고자 하는 것에 관하여 많은 것을 일깨워 줄 수 있다. 본질적 요점은 입헌적 민주 국민들이 (a)에서부터 (e)에 이르는 특징을 가지고 있는 한, 이들의 행동은 민주적 평화의 개념을 지지할 것이라는 점이다.

5.4. 역사상에 나타난 민주적 평화

역사적 기록은 올바른 이유에 입각한 안정성이 합당하게 정의로운 입헌민주정체의 사회에서 실현될 수 있으리라는 것을 시사하고 있는 듯하다. 비록 자유민주적 사회들이 종종 비민주적 국가들과 대항하여 전쟁을 수행해 온 것은 사실이지만,[64] 1800년 이래 확고하게 자리잡은 민주적 사회들은 상호간에 전쟁을 했던 적은 없다.[65]

역사상 아주 유명한 전쟁들 중에 정착된 자유민주적 만민들 상호간

---

64 Jack S. Levy. "Democratic Politics and War," in *The Origin and Prevention of Major Wars*, ed. Robert Rotberg and Theodore Rabb(Cambridge: Cambridge University press, 1989), p.87을 참조하라. 레비는 *Jerusalem Journal of International Relations*, vol. I, 1976에서 Small과 Singer가 새로이 주장한 사항들을 확증하는 몇몇 역사적 연구들에 관하여 언급하고 있다.

65 도일(Michael Doyle)의 훌륭한 논문, *Ways of War and Peace*(New York: Norton, 1997), pp. 277-284를 참조하라. 칸트에 관한 제9장 전체의 논의는 적절하다고 생각한다. 도일의 견해의 특징적 양상은 두 부분으로 이루어진 논문, "Kant, Liberal Legacies, and Foreign Affairs," in *PAPA*, vol. 12, Summer/Fall 1983에서 일찍이 나타난 바 있다. 증거에 관한 조사는 첫 부분인 pp.206-232에 나타나 있다. 도일은 213페이지에서 다음과 같이 쓰고 있다: "상호존중이라는 자유적 원칙 및 제도의 국제적 합의에 기초한 이러한 협약들은 아주 현저할 정도로 효과적인 형태로 자유적 민주정체들간의 관계에 대한 협력적 기초들을 형성해 왔다. 비록 자유적 국가들이 비자유적 국가들과의 수많은 전쟁에 개입하여 온 것은 사실이긴 하지만, *입헌적으로 안정된 자유적 국가들이 상호간에 전쟁을 해야 할 경우는 없을 것이다.* 아무도 이러한 전쟁이 발생하지 않을 것이라는 주장을 할 수 없을 것이다. 그러나 지금까지 드러난 증거는 자유적 국가 상호간의 전쟁행위 발생을 부인하는 경향이 상당히 있다는 점을 시사해 주는 것 같다." 또한 Bruce Russett, *Grasping the Democratic Peace*(Princeton: Princeton University Press, 1993)과 John Oneal and Bruce Russett, "The Classical Liberals Were Right: Democracy, Independence, and Conflict," *International Studies Quarterly*, June 1997을 참조하라. Oneal과 Russett은 세 가지 요인들이 국가간 갈등의 가능성을 축소시킨다고 주장하고 있다. 세 가지 요인으로 공유된 민주주의, 상호무역 및 상업, 국제 및 지역기구의 회원을 들고 있다. 세 번째 요인의 적실성 논의는 만민법에서 다루어질 것이며, 충분히 인정되고 있다. 추측컨대 이러한 기구들의 회원이 된다면 외교적 유대관계를 확립함으로써 잠재적 갈등의 관리를 훨씬 수월하게 할 수 있다.

에 발생하였던 전쟁은 없다. 펠로폰네소스 전쟁도 분명 아니다. 왜냐하면 아테네나 스파르타 두 국가 모두 자유적 민주정체는 아니었기 때문이다.[66] 마찬가지로, 로마가 공화적 제도의 특징을 일부 가지고 있긴 하였지만, 로마와 카르타고Carthage간의 제2차 포에니 전쟁Second Punic war 역시 아니다. 16, 17세기의 종교전쟁에 관하여 말하자면, 종교 및 양심의 자유가 허용되지 않았기 때문에, 종교전쟁에 개입되었던 국가들을 입헌민주국가로 볼 수 없다. 19세기의 큰 전쟁들—나폴레옹 전쟁, 비스마르크 전쟁,[67] 미국의 남북전쟁—은 자유민주적 만민들 간의 전쟁이 아니었다. 비스마르크 하의 독일은 적절히 확립된 입헌정체가 아니었다. 당시 거의 인구의 절반이 노예였던 미국남부는, 자신들은 민주주의라고 생각하였을지 모르지만, 민주주의라고는 할 수 없었다. 양 차의 세계대전과 같이 상당수의 강대국들이 참여하였던 전쟁에서도 민주적 국가들은 동맹국으로서 동일한 편에서 싸웠을 따름이다.

민주주의가 확립된 주요 국가들 간에 전쟁이 없었다는 사실은 사회들간의 관계에서 나타나는 단순한 경험적 규칙성에 관하여 우리가 알고 있는 것과 가깝다.[68] 이러한 사실로부터, 역사적 기록은 기본구조가 자

66 이 두 사회 모두 노예들을 가지고 있었다는 사실을 언급하는 것만으로 충분할 것 같다. 아테네인들의 문화적 영광이 사실이긴 하지만, 아테네의 노예제도나, 민회에 참가할 수 있는 약 3만 명의 인구가 노예, 이방인, 공인 및 여자들을 포함하는 30만이 넘는 인구를 지배하는 귀족들이었다는 점을 무시할 수는 없다.

67 내가 비스마르크 전쟁이란 부르는 것은 비스마르크가 프러시아의 독일통일을 이룩하기 위해 획책하였던 슐레스비히–홀스타인 전쟁(Schlewig–Holstein War, 1864), 오스트리아–프러시아 전쟁(Austrian–Prussian War, 1866), 프랑스–프러시아 전쟁(Franco–Prussian War, 1870–1871)을 의미한다.

68 Levy, "Domestic Politics and War," p.88을 참조하라. 그가 언급하고 있는 연구에 나타난 민주주의에 관한 대부분의 정의는 Small과 Singer의 것에 비견할 만하다. Levy는 각주에서 이 두 사람의 민주주의에 관한 정의의 특징들을 다음과 같이 열거하고 있다: (1) 정기적 선거와 반대당의 참여 (2) 적어도 성인인구의 10%의 참여 (3) 행정부를 통제하고 있거나 아니면 행정부와 균형 상태를 유지하고 있는 의회제도의 존재. 자유민주정체에 대한 우리들의 정의는 이러한 정의의 범위를 훨씬 넘어선다.

유적 관점들에 입각한 옳음과 정의(비록 반드시 동일한 관점은 아니라 할지라도)에 근거해 질서정연하게 운영되는 민주적 국민들의 사회는 올바른 이유에 입각해 안정성이 유지됨을 보여 준다. 그렇지만, 도일Michael Doyle이 언급하듯이, 우호적인 역사적 사례들을 나열하는 것만으로는 충분하지 않다. 민주적 평화의 개념은 때때로 실패할 수 있기 때문이다. 이러한 경우들에서, 내가 제시한 지침적 가설을 통해, 민주주의를 본질적으로 지탱케 하는 제도 및 실행에서 다양한 실패를 나 스스로 발견할 수 있음을 예견할 수 있다.

따라서 이른바 입헌민주주의로 주장되는 현실 정체의 중대한 결함들을 전제한다면, 이러한 국가들이, 일정한 민주적 특징들을 보여주는 국가들을 포함하여 보다 약한 국가들에 종종 개입한다거나, 심지어는 팽창주의적 이유로 전쟁을 감행하는 경우가 발생한다는 것은 놀랄만한 일이 아니다. 첫 번째 경우에 해당되는 상황으로는, 미국이 칠레의 알렌데Allende, 과테말라의 아르벤쯔Arbenz, 이란의 모싸데Mossadegh 정권의 민주주의들을 전복시켰던 사실을 들 수 있다. 여기에 니카라과의 산다니스타Sandanistas 정권을 첨가하는 사람도 있을 것이다. 이러한 정체들의 장점이 무엇이든지 간에, 이들에 대한 비밀작전은 공중이 알지 못하거나 공중의 비판 없이 독점적 및 과두적 이익들에 자극받은 정부가 수행하였다. 이에 대한 변명은 강대국 간의 경쟁상황에서 국가안보에 상투적으로 호소함으로써 훨씬 수월하게 이루어졌다. 강대국 간의 경쟁상황은, 아무리 납득하기 어려워 보여도, 그러한 취약한 민주주의 국가들을 위험한 국가로 치부하는 것을 허용하였다. 민주적 만민은 팽창주의적이지 아니라 할지라도, 자신의 안보 이익을 수호하려 한다. 그리고 민주적 정부는 안보 이익 수호의 배후에 이면적으로는 경제적 이익에 따라 움직이는 경우에서조차, 국민의 안보적 관심을 손쉽게 자극하여 그들의 비밀개입들을 지지하게

만들 수 있다.[69]

물론 지금 입헌민주정체가 확립된 국가들도 과거에는 제국의 건설에 몰두한 적이 있다. 몇몇 유럽 국가들이 18, 19세기와 1차 세계대전 이전 대영제국, 프랑스 및 독일간의 경쟁기간에 제국주의 건설에 몰두한 적이 있다. 영국과 프랑스는 18세기 중반에 제국건설을 위한 전쟁—소위 7년 전쟁Seven Years' War—을 한 적이 있다. 프랑스는 북미의 식민지를 상실하였으며, 영국은 1776년의 미국독립혁명 이후 식민지였던 미국을 상실했다. 나는 여기에서 금세기에 일어난 사건들에 대한 설명을 할 수는 없는데, 이런 설명이 장기간에 걸친 이러한 국가들의 계급구조에 관한 분석, 그리고 17세기까지 거슬러 올라가서 이러한 계급구조가 식민지를 갈망하는 영국과 프랑스의 입장에 어떠한 영향을 미쳤는지 뿐만 아니라 이러한 욕망을 구체적으로 지지해주는 데 있어 무장한 군사력의 역할 등과 연관이 있기 때문이다. 이런 설명은 또한 중상주의mercantilism 시대에 동인도회사East India Company와 허드슨 만 회사Hudson Bay Company와 같은 특허장을 부여받은 무역회사들(왕실에서 독점권을 부여받은)이 어떠한 역할을 하였는지에 관한 연구와도 관련이 있다.[70] 입헌민주정체를 지탱해주는데 필요한 요인들—위의 (a)에서부터 (e)에 이르는—에 비추어 본다면, 이러한 사회들이 입헌민주사회가 되기에 많은 결함들이 있다는 것은 너무나 자명하다. 그래서 칸트의 가설인 *평화적 연합foedus pacificum*이

---

69 이 점에 관하여, Allan Gilbert, "Power Motivated Democracy," *Political Theory*, November 1992, esp. pp.684ff.

70 이러한 문제들과 그 경제적 영향에 관하여, Adam Smith의 *The Wealth of Nations*(1776)과 Joseph Schumpeter의 "The Sociology of Imperialisms," in *Imperialism and Social Classes*(1917), ed. Paul Sweezy(New York: Kelly, 1951)을 참조하라. 또한 Albert Hirschman의 *Rival Views of Market Society*를 참조하라. 126–132쪽에서 봉건적 속박 주제에 관하여 그가 말하는 바에 주목하라. 또한 도일(Michael Doyle)의 *The Ways of War and Peace*, 제7장도 적절하다. 여기에서 그는 상업적 평화주의의 개념(idea of commercial pacificism)을 논하고 있다. 이 개념의 기원은 18세기까지 거슬러 올라가며, 스미스와 슘페터가 이 개념의 중요한 대표자들이다.

충족되는지는 일군의 입헌정체들이 지닌 조건들이 입헌민주정체를 지탱해 주는 요인들을 갖춘 그러한 체제들의 이상에 어느 정도 도달하는가에 달려있다. 만약 이 가설이 옳다면 민주적 만민간의 무력적 갈등은 이러한 만민이 이런 이상에 근접하면 할수록 사라질 것이다. 이런 만민은 무법국가들에 대항하여 자기방어를 하는 동맹국으로서만 전쟁에 가담할 것이다. 나는 이 가설이 옳다고 믿으며, 이 가설이 현실주의적 유토피아로서 만민법을 지지한다고 생각한다.

§6. 자유적 만민의 사회: 그 공적 이성

6.1. 만민의 사회와 합당한 다원주의

만민들 상호간에 특징적인 제도와 언어상의 차이, 종교 및 문화의 차이, 상이한 역사, 세계의 상이한 지역 및 영토의 위치, 상이한 사건들의 경험과 같이 합당하고도 예측할 수 있는 차이들을 전제로 할 때, 어떤 것이 만민의 사회의 기초가 될 수 있을까? (이러한 차이들은 국내 정체에서의 합당한 다원주의의 현실에 상응한다.)

만민의 사회의 기초를 만드는 방법을 살펴보기 위해, 내가 서문에서 만민법이 정치적 자유주의 체계 내에서 발전되었다는 점을 이해하는 것이 매우 중요하다고 언급한 것을 되풀이해 말한다. 이러한 출발점은 만민법은 *국내적* 정치체제*domestic* regime에 해당되는 자유적 정의관을 *만민의 사회Society of Peoples*로 확장한다는 것을 의미한다. 자유적 정의관을 만민법으로 발전시킴에 있어 우리는 합당하게 정의로운 자유적 만민의 외교정책의 이상과 원칙들을 만들고자 한다. 나는 우선 자유적 국민의 공적 이성public reason of liberal peoples과 만민의 사회의 공적 이성public reason of the Society of Peoples을 구분하고자 한다. 첫 번째의 자유적 국민들의 공적 이성은 자신들의 정부에 관계된 본질적인 헌법적 사항들과 기본적 정의 문제를 논의하는 국내 사회의 동등한 시민들의 이성을 말한다. 두 번째의 만민들의 사회의 공적 이성은 한 사회에 속한 만민으로서 이들 상호간의 관계를 논의하는 자유롭고 평등한 만민간의 공적 이성을 말한다. 정치적 개념과 원칙, 이상과 기준을 지닌 만민법은 이 후자의 공적 이성의 내용이다. 비록 이 두 가지 공적 이성이 동등한 내용을 가지고 있는 것은 아니지만, 자유롭고 평등한 만민간의 공적 이성의 역할은 자유롭고 평등한 시민들간의 입헌민주정체에서의 역할과 유사하다.

정치적 자유주의는 입헌민주정체에서 진리 또는 옳음에 관한 포괄적 교리들이 공적 이성을 통하여 시민으로서 시민에게 제시한 정치적으로 합당한 것의 개념idea of the politically reasonable으로 대체되어야 할 것을 제안하고 있다. 여기에서 공적 이성은 만민들의 사회의 구성원이 불러일으키는 것이며, 그 원칙들은 만민으로서 만민에게 제시되는 것이란 점이 앞에 제시된 정치적 자유주의에서의 공적 이성의 사용과 상응하는 것임에 주목하자. 이 원칙들은 진리나 옳음에 기반한 포괄적 교리들에 입각하여 표명된 것이 아니다. 포괄적 교리들은 사회에 따라 달리 받아들여질 수 있다. 그러나 만민들에게 제시된 원칙들은 상이한 만민이 서로 공유할 수 있는가 하는 관점에서 표명되는 것이다.

6.2. 공적 이성의 이상

공적 이성의 개념idea of public reason과 구분하여 공적 이성의 *이상* *ideal* of public reason을 논해 보자. 국내 사회의 경우, 판사, 입법가, 행정 수반 및 기타 정부관료, 그리고 공직담당 후보자들이 공적 이성의 개념에 따라 행동하며 이를 준수하고, 이들이 가장 합당한 것으로 여겨지는 정치적 정의관에 입각하여 근본적인 정치적 문제들을 지지하는 자신들의 이유를 다른 시민들에게 설명을 한다면, 공적 이성의 이상은 실현되거나 충족된다고 말할 수 있다. 이렇게 함으로써, 내가 시민성의 의무duty of civility라고 부르는 의무를 자신들 상호간뿐만 아니라 다른 시민들에게도 수행할 수 있다. 따라서 판사, 입법가, 그리고 행정수반이 공적 이성에 따라 행동하고 이를 준수하는가의 여부는 끊임없이 이들의 발언과 행동에 나타나게 된다.

정부관리가 아닌 시민들은 공적 이성의 이상을 어떻게 실현하는가? 대의제 정부에서 시민들은 대표자들—행정수반, 입법가 등등—을 선출하기 위해 투표하지만, 특정한 법들에 대해선 투표하지 않는다(주 및 지방차원에서, 국민투표를 요하는 문제들에 대해 시민들이 직접 투표하는 경우는 제외한다. 이러한 경우의 문제들은 통상 근본적인 문제들이 아니다). 이 문제에 답하기 위해, 우리들은 시민들이, 이상적으로 말한다면 자신들이 입법가의 입장에 서 있는 것처럼 자신들을 간주하고, 어떤 법령들이 제정되는 것이 상호성의 기준을 만족시키는 가장 합당한 것인가를 스스로에게 질문하는 존재로 자신을 생각한다고 본다.[71] 시민들이 자신들을 이상적 입법자로 간주하고, 공적 이성을 위반하는 정부공직자나 후보자들을 거부하는 기풍이 확고하게 널리 자리잡히면, 이러한 풍토가 곧 자유민주주의의 정치 및 사회적 기초의 일부를 형성하고 이러한 사회가 지속적으로 활기 있게 성장할 수 있도록 하는 원동력이 된다. 이렇게 하여, 국내사회에서 시민들은 자신들의 시민성의 의무를 이행하고 공적 이성의 개념을 지지하게 된다. 이것은 동시에 정부공직자들이 시민성의 의무를 준수하는 데 있어 자신들이 할 수 있는 바를 하고 있음을 말한다. 시민성의 의무는 다른 정치적 권리 및 의무와 마찬가지로 본질적으로 도덕적 의무이다. 나는 이 시민성의 의무가 법적 의무가 아니라는 점을 강조한다. 법적인 의

---

71 이 기준과 칸트의 원초적 계약의 원칙과 유사성이 있다. *Metaphysics of Morals*, *Doctrine of Right*, §§47–49와 "Theory and Practice," 제2부를 참조하라.

무가 될 경우에 이 의무는 언론의 자유와 양립할 수 없게 되기 때문이다.

마찬가지로, 자유롭고 평등한 만민간의 공적 이성의 이상은, 행정수반, 입법가 및 다른 정부관료 뿐만 아니라 공직후보자들이 만민법의 원칙들에 따라 행동하고 이를 준수함은 물론, 다른 만민에게 다른 사회들과 관계된 한 국민의 외교정책이나 국가 업무를 추진하거나 변경시킬 때 이에 대한 이유를 설명할 때 실현되거나 충족된다. 사적인 시민에 관하여 말하자면, 앞에서 말한 바와 마찬가지로 이상적으로 말하여 시민들은 자신들을 마치 행정담당자들이나 입법가인 것처럼 간주하고, 어떠한 외교정책이 무슨 근거로 지지될 수 있는지를 스스로 반문하는 존재로 규정한다. 이 근거들은 물론 자신들이 주장하기에 가장 합당한 것으로 생각되는 것이어야 한다. 다시 말하지만, 시민들이 자신들을 이상적 행정가나 입법자들로 간주하고 자유롭고 평등한 만민들의 공적 이성을 위반하는 정부공직자 및 공직후보자들을 거부하는 기풍이 널리 확립된다면, 이것은 만민 간에 평화와 상호이해를 위한 정치 및사회적 기초의 중요한 부분이 될 것이다.

6.3. 만민법의 내용

국내 경우에[72] 공적 이성의 내용은 입헌민주정체에 해당되는 일군의 자유적 원칙들the family of liberal principles을 통해 주어지며, 단 하나의 원칙a single one에 의해 주어지는 것이 아니라는 점을 회상해 보자. 자유주의에는 여러 형태가 있다. 따라서 일군의 합당한 정치관을 통해 규정되는 공적 이성의 형태에도 여러 가지가 있다. 만민의 사회의 공적 이성을 발전시키는 데 따르는 우리의 과제는 그 내용—이상, 원칙 및 기준들—과 이것들을 어떻게 만민간의 정치적 관계에 적용시킬 것인지를 구체화하는 것

---

72 "공적이성의 재조명"을 참조하라.

이었다. 나는 이 작업을 두 번째 단계의 원초적 입장을 설명하는 첫 번째 언급에서 한 바 있다. 이때에 §4에서 열거하였던 만민법의 8가지 원칙들의 장점들을 살펴보았다. 너무나 잘 알려진 매우 전통적이라고 할 수 있는 이 원칙들을 나는 국제법 및 국제관행의 역사와 사용관례에서 채택했다. 내가 §4에서 말했듯이, 『정치적 자유주의』*Political Liberalism*와 『정의론』*A Theory of Justice*에서와 마찬가지로 대표 당사자들에게 선정할 수 있는 대안적 원칙 및 이상들의 메뉴가 주어져 있지는 않다. 오히려, 자유적 입헌민주정체의 대표자들은 만민 간 평등의 원칙의 이점들에 관하여 심사숙고한다. 이 원칙들은 또한 상호성의 기준the criterion of reciprocity을 충족시켜야만 한다. 상호성의 기준은 두 단계—시민으로서의 시민간의 관계와 만민들로서의 만민 상호간의 관계—모두에 적용되기 때문이다. 후자의 경우에, 만민 상호간의 관계를 규제할 원칙을 제안함에 있어, 한 국민이나 그 대표들은 자신들이 그 원칙을 제안하는 것이 합당할 뿐만 아니라 다른 만민이 이를 받아들이는 것이 역시 합당하다고 생각할 수 있어야만 한다.

6.4. 결론

나는 §§3–5에서 이상적 이론의 첫 단계에 관한 설명을 완결했다. 그렇다면, 이러한 만민법의 첫 단계를 잠정적으로 건전하고 정당화될 수 있는 것으로 합당하게 받아들일 수 있는 시기는 언제인가?

(i) 우리는 두 번째 단계의 원초적 입장에서 매우 타당성이 있고 보다 광범위한 지지를 획득할 수 있는 만민법의 원칙과 기준들을 찾아내는 근거를 발견해 내야만 한다. 올바른 이유에 입각한 안정성에 대한 설명은 마찬가지로 설득력이 있는 것으로 우리들에게 생각되어져야 한다.

(ii) 민주적 평화의 관점은 또한 타당성이 있고 민주적 국민들의 행위에 관한 역사적 기록을 통해 충분히 확증될 수 있어야만 한다. 이 관점은 또한 (a)에서부터 (e)에 이르는 본질적 지지 조건들을 완전하게 충족시키는 민주정체들은 상호간 평화상태를 유지할 것이라는 지침적 가설을 통해서도 확증이 되어야만 한다.

(iii) 끝으로, 우리들은 자유적 사회의 시민으로서 적절한 숙고를 거쳐 만민법의 원칙들과 판단을 지지할 수 있어야 한다. 만민법에 대한 사회계약적 관점은, 우리들이 알고 있는 그 어느 관점보다도 일반성을 갖추고 있으며, 어떠한 수준에 있더라도 우리의 숙고된 정치적 신념과 정치적(도덕적) 판단들을 함께 엮어서 일관된 관점으로 만들어야만 한다.

나는 다음에 따라오는 제2부의 §§8–9에서 적정수준의 위계적 국민들decent hierarchical peoples에 관하여 논하려 한다. 제3부에선 *비이상적* 이론*nonideal* theory의 두 단계에 관하여 논의할 것이다. 적정수준의 위계적 만민의 관점을 다루는 이유는 이들을 위한 정의원칙을 마련하고자 하는 것이 아니라, 자유적 외교정책 원칙들이 적정수준의 비자유적 관점에서 보아도 합당하다는 점을 우리들에게 확신시키고자 함이다. 이러한 확신을 달성할 수 있다는 갈망은 자유적 관점의 아주 본질적인 부분이다.

제2부

이상적 이론의 두 번째 부분

제2부 이상적 이론의 두 번째 부분

§7. 비자유적 만민(Nonliberal Peoples)에 대한 관용

7.1. 관용의 의미

만민법을 비자유적 만민nonliberal peoples으로 확장할 때 주요한 작업은 자유적 만민liberal peoples이 비자유적 만민을 어느 정도까지 관용해야 하는지를 구체화하는 것이다. 여기에서 관용한다는 것은 한 국민의 고유 방식을 변화시키기 위해 정치적 제재—군사적, 경제적 또는 외교적—의 행사를 자제함을 의미한다. 나아가 관용한다는 것은 이러한 비자유적 사회들nonliberal societies을 만민들의 사회의 우호관계에 참여하는 동등한 성원으로 인정함을 의미한다. 이것은 이들도 다른 만민에게 자신들의 행동이 만민들의 사회Society of Peoples에 적절하다고 여겨지는 공적 이유를 제시해야한다는 시민성의 의무를 포함하여 특정한 권리와 의무를 지니고 있음을 전제한다.

자유적 사회들은 우호관계에 있는 모든 만민과 협력하고 원조해야 한다. 만약 모든 사회들이 자유적이어야 한다고 요구한다면, 정치적 자유주의의 발상은 사회의 질서를 형성하는 다른 용인할 수 있는 방식들에 대해 (내가 가정하는 것처럼 그러한 것이 존재한다면) 적절한 관용을 표현하는 데 실패할 것이다. 우리는 자유적 사회에서 포괄적 교리들이 합당한 정치적 정의관과 그것의 공적 이유들과 양립할 수 있는 방식으로 추구됨을 인정하며, 자유적 사회가 그 시민들의 포괄적인 교리들—종교적, 철학적 또는 도덕적—을 존중해야 한다고 인정한다. 마찬가지로, 비자유적 사회의 기본제도가 어떤 구체적인 정치적 옳음과 정의의 조건들을 충족시키고, 자신들의 비자유적 국민을 만민들의 사회를 위한 합당하고 정의로운 법을 존중하도록 유도한다는 것이 전제된다면, 자유적 만민은 그 사회를 관용하고 수용해야만 한다고 말할 수 있다. 더 적합한 명칭이 없기에, 나는 그러한 조건들을 만족시키는 사회들을 *적정수준의 만민*decent peoples이라고 부른다(§8.2).

7.2. 관용관(Conception of Toleration)의 필요

혹자는 만민법이 이런 관용의 개념을 발전시킬 필요가 없다고 말할지도 모른다. 그들이 제시하는 이유는 자유사회의 시민들이 다른 사회들의 이상과 제도가 얼마나 밀접하게 합당한 자유적 정치관을 명시하고 실현하는가에 근거해서 그 사회들을 판단해야 한다는 것이다. 다원주의라는 현실을 전제할 때, 자유적 사회의 시민들은 합당한 일련의 정치적 정의관들을 인정하면서도, 그 중 어떤 정의관이 가장 합당한지에 대해서는 의견을 달리할 것이다. 그러나 그들은 비자유적 사회들이 이성, 지성, 도덕감 등과 같은 능력을 모두 지니고 있는 사람들을 진실로 자유롭고 평등한 존재로 취급하고 있지 않다는데 동의한다. *그렇기 때문에*therefore, 그들은 비자유적 사회들이 경우에 따라 특정 유형의 제재—정치적, 경제적 심지어 군사적—를 언제나 적절히 받아야 한다고 말한다. 이런 견해에 따르면, 자유적 외교정책의 지침원칙은, 결과적으로 (이상적인 경우에)

모든 사회가 자유적이 될 때까지, 자유적 사회가 되지 못한 모든 사회들을 자유적 방향으로 점진적으로 변화시키는 것이 되어야 한다.

그렇지만, "그렇기 때문에"라는 단어의 뒤 몇 줄은 다음의 질문을 교묘하게 회피하는 추론으로 여겨질 수 있다. 합당한 만민법을 고안해 내려하기 전에 다른 조건이 같다면, 비자유적 사회들이 항상 정치적 제재의 적절한 대상인지를 우리가 어떻게 알 수 있는가? 만민법의 원칙들이 자유적 만민을 위해 선택되는 두 번째 원초적 입장을 논의할 때 우리가 살펴보았듯이, 합의당사자들은 평등한 만민의 대표들이며, 평등한 만민은 상호간에 이러한 평등을 유지하려 할 것이다. 더욱이 만민의 대표들은 바로 §4에 수록된 8가지 원칙들에 관한 해석을 선택하는데 있어, 어떤 만민도 자신의 손실보다 다른 만민의 이익이 보다 더 중요하게 여겨지는 일을 원치 않을 것이다. 따라서 효용의 원칙과 도덕 철학에서 논의되는 다른 도덕원칙들은 만민법의 후보조차 되지 못한다. 나중에 설명하겠지만 이런 귀결, 즉 자유주의적인 정치적 정의관을 국내 경우에서 만민법으로 확장시키는 바로 그 절차에 함축되어 있는 이런 결론은 적정수준 국민들에게까지 좀 더 확장될 수 있을 것이다.

7.3. 만민들의 사회의 기본구조

만약 자유적 만민이 모든 사회가 자유적이어야 하며, 그리고 자유적이 아닌 사회들은 정치적인 강제적 제재를 받아야 한다고 주장한다면, 적정수준의 비자유적 만민—만약 그런 만민이 있다면—은 자유적 만민으로부터 적절한 존중의 조처due measure of respect를 받지 못하게 된다는 점은 좀 더 중요하게 다루어져야 한다. 이런 존중의 결여는 한 국민의 개별적 구성원으로서 뿐만 아니라 한 국민으로서 가지는 적정수준의 비자유적 만민의 자존감을 손상시키고, 나아가 더 큰 쓰라림과 분개를 유발할 수 있다. 다른 만민과 구성원들에 대한 존경을 거부한다면, 그렇게 할 수 있는 정당한 이유가 있어야 한다. 자유적 만민은 적정수준의 만민이 인권을 거부한다고 말할 수 없다. (우리가 적장수준의 개념을 발전시킨 §§8–9에서 살펴볼 것처럼) 이 만민은 인권을 인정하고 보호하기 때문이다. 또한 자유적 만민은 적정수준의 만민이 의사결정에 있어서 그 구성원들에게 협의에 참여할 수 있는 권리 또는 실질적인 정치적 역할을 거부한다 말할 수도 없다. 이 사회들의 기본구조가 *적정수준의 협의위계체제decent consultation hierarchy* 또는 이에 상응하는 체계를 포함한다고 여겨질 수 있기 때문이다. 마지막으로, 적정수준의 만민은 다른 목소리를 낼 수 있는 권리(이견의 권리a right of dissent)를 허용하며, 정부와 사법 관료는 사법부가 해석한 법의 지배에 따라서 이런 이견에 대해 정중히 답변한다. 이 사회는 이견을 지닌 이들dissenters을 단순히 이해력이 없거나 부족한 것으로 무시하지 않을 것이다. 이런 저런 방식으로, 이들 사회의 구성원들의 이견을 통해, 적정수준의 만민이 지니고 있는 공동선의 정의관the common good conception of justice은 장기간에 걸쳐 점진적으로 변화할 것이다.

모든 사회는 점진적인 변화를 경험하며, 이는 적어도 다른 사회와 마찬가지로 적정수준의 사회들에게도 해당된다. 자유적 만민은 적정수준의 사회들이 그들 자신의 방식으로 스스로 개혁할 수 없다고 가정해선 안된다. 이런 사회들을 만민들의 사회the society of peoples의 *선의bona fide*의 구성원으로 인정함으로써, 자유적 만민은 이런 변화를 장려할 수 있다. 자유적 만민은 어떠한 경우에도 이러한 변화를 억누르지 않는다. 말하자면, 적정수준의 만민을 존중하지 않는다면 이러한 변화를 방해할 수 있다. 문화와 생활양식의 특정 형태 그 자체가 좋은 것인지의 여부(나는 그것들이 있다고 믿지만)에 대한 심층적인 질문을 제쳐둔다면, *다른 조건이 같다면 ceteris paribus*, 개인 및 단체들이 자신들의 고유한 문화와 결부되고 공통적인 정치 및 시민적 생활에 참여하는 일은 분명히 좋은 일이다. 이런 방식으로 정치사회가 표현되며 성취된다.

이런 일은 결코 작은 일이 아니다. 이 일은 한 인민(국민)의 자결 이념은 물론 느슨하거나 또는 연합형태와 같은 특정한 만민들의 사회를 수용할 수 있는 상당한 여지를 보존하라고 주장한다. (국가와 반대되는 개념인) 만민이 명확한 도덕적 본성을 지니고 있음을 상기해 보라(§2.1). 이 본성은 어떤 온당한 자부심과 명예심을 포함한다. 만민은 자신들의 역사와 업적에 대해 내가 "온당한 애국주의"proper patriotism라고 부르는 자부심을 가질 수 있다(§5.1). 이들이 요구하는 정당한 존중은 만민간의 평등과 부합하는 정당한 존중이다. (국가와 구분되는) 만민을 움직이는 이익들은 공정한 기회와 타 국가들에 대한 정당한 존중과 부합한다. 자유적 만민은 적정수준의 만민을 틀림없이 격려하려 할 것이다. 그리고 모든 사회가 자유적이어야 한다는 주장을 강행하여 그들의 생명력을 좌절시키려고 하지 않는다. 더욱이, 사실상 내가 믿고 있듯이 만약 어떤 자유적 입헌민주정체가 다른 사회 형태보다 우월하다면, 자유적 만민은 자신감을 가지고 적정수준의 사회가 자유적 만민의 존중을 받을 때, 장기간에 걸쳐 자유적 제도의 이점을 인정하고 그들 자신이 좀 더 자유적이 되는 조처들을 자발적으로 취할 것이라 가정해야 한다.

나는 지난 세 문단에서 모든 적정수준의 만민이 자신들의 자존감self-respect을 유지하고 자유적 만민과 다른 적정수준의 만민의 존중을 받는 일이 매우 중요함을 제안하고자 노력했다. 확실히 자유적 원칙에 입각해 본다면 자유적 및 적정수준의 만민의 사회세계가 완전하게 정의로운 것은 아니다. 혹자는 이런 부정의를 허용하고 모든 사회들에게 자유적 원칙들을 적용시키려 하지 않는다면, 이에 대한 강력한 이유를 제시해야 한다고 생각할 수 있다. 나는 그러한 타당한 이유들이 있다고 믿는다.

가장 중요한 것은 만민간의 상호존중을 유지하는 것이다. 한편에서는 경멸을 하고, 다른 한편에서는 쓰라림과 분개에 빠진다면 단지 손실만 유발할 뿐이다. 이러한 관계들은 따로 분리하여서 본 각 만민의 국내(자유적 또는 적정수준의)적 기본구조의 문제가 아니다. 오히려, 만민들의 사회에서 만민간의 상호존중을 유지하는 일은 그 사회의 기본구조 및 정치적 환경의 본질적인 부분을 이룬다. 만민법은 이러한 광의의 배경이 되는 기본구조를 고려한다. 나아가서 적정수준의 사회들에서 자유적 정의가 결여되어 있는 문제를 극복하기 위한 일환으로서, 이들 사회를 자유적 방향으로 개혁을 권장하는 정치적 풍토의 장점을 다루고 있다.

§8. 적정수준의 위계적 만민으로의 확장

8.1. 절차에 대한 언급

이상적 이론에서 옳음과 정의에 관한 자유적 정치개념을 만민법으로 확장하는 일이 두 단계로 진행된다고 한 점을 상기해보자. 첫 번째 단계에 관한 설명은 §§3-5에서 완결했는데, 만민법을 단지 자유적 사회로 확장하는 문제를 다루었다. 이상적 이론의 두 번째 단계는 좀 더 복잡하다. 이 단계에선 두 번째 종류의 사회—자유적 사회는 아니지만, 적정수준의 사회—를 구체화하는 일에 도전해야 한다. 이 적정수준의 사회는 정치적으로 합당한 만민들의 사회의 *선의의* 구성원으로 인정되며 이 점에서 "관용되는" 사회로 인정될 수 있어야 한다. 우리는 적정수준의 사회에 대한 기준을 공식화하도록 노력해야만 한다. 우리의 목적은 만민법을 적정수준의 사회로 확장하는 것이며, 적정수준의 만민이 자유적 사회들이 수용한 동일한 만민법을 수용할 것이라는 점을 보여주는 것이다. 이렇게 공유된 법은 모든 자유적 사회 및 적정수준의 사회들이 원하는 만민의 사회를 묘사하며, 만민들의 외교정책들을 규제하는 목적을 띤다.

나는 서론에서, 내가 생각하는 정치 및 사회세계에는 다섯 가지 형태의 국내 사회들이 있다고 했다. 그 중에 첫째는 *자유적 국민liberal peoples*이다. 그리고 두 번째는 *적정수준의 국민decent peoples*이다. 내가 고려하는 적정수준의 국민의 기본구조는, 내가 "적정수준의 협의위계구조decent consultation hierarchy"라고 부르는 것을 지니고 있다. 그리고 나는 이러한 국민들을 "적정수준의 위계적 만민"decent hierarchical peoples이라고 부른다. 다른 유형의 적정수준의 국민은 내가 단순히 보류하고자 하는 범주이다. 내가 기술하는 협의위계구조와는 부합하지 않지만 만민들의 사회의 구성원이 될 수 있는 다른 형태의 적정수준의 만민이 존재할 수 있다고 가정한다. 나는 이러한 가능한 사회들에 대해선 설명하지 않겠다. 나는 자유적 만민과 적정수준의 만민을 함께 "질서정연한 만민well-ordered peoples"으로 간주한다. 세 번째는 *무법국가outlaw state*이다. 네 번째는 *불리한 여건으로 고통받는 사회들societies burdened by unfavorable conditions*이다. 마지막 다섯 번째로, *자애적 절대주의benevolent absolutism* 사회들이다. 이들은 대부분 인권을 존중하지만, 정치적 결정에 있어 구성원들의 의미 있는 역할을 거부하기 때문에, 질서정연한 사회는 아니다.

이 절에서 나는 먼저 어떤 적정수준의 위계적 정체decent hierarchical regime에 적용되는 두 가지 기준을 진술하려 한다. 비록 이러한 기준들이 자유민주정체를 통해서도 충족될 수 있지만, 우리가 논의를 진행함에 따라 이 기준들이 어떤 사회가 자유적이어야 한다는 요구를 하지 않는다는 점이 분명해질 것이다. 다음으로, 우리는 무지의 장막이 드리워진 (두 번째 차원의) 적절한 원초적 입장에서, 이러한 적정수준의 위계적 만민을 대표하는 합의당사자들이 공정하게 위치되어 있으며, 합리적이며, 또한 적절한 이유에 근거해 움직인다는 점을 확증한다. 여기서 원초적 입장은 한 번 더 대표의 모델로 기능한다. 이 경우에는 단지 적정수준의 만민 간의 만민법을 만들기 위해 작동한다. 마지막으로, 두 기준으로 구체화된 적정수준의 만민의 근본적 이익을 전제한다면, 적정수준의 위계적 사회들을 대표하는 합의당사자는, 자유적 사회들을 대표하는 합의당사자들이 채택하는 것과 동일한 만민법을 채택한다. (이미 밝혔듯, 다른 가능한 유형의 적정수준의 국민들에 관해선 논의하지 않겠다.)

§9.3에서, 내가 "카자니스탄Kazanistan"이라 부르는 가상적인 적정수준의 위계적 이슬람 인민의 사례를 제시한다. 카자니스탄은 인권을 존중하며, 그 사회기본구조는 적정수준의 협의위계구조를 갖추고 있다. 정치적 결정을 내림에 있어서 이 위계구조에 따라 그 사회의 구성원들에게 실질적인 정치적 역할을 부여한다.

8.2. 적정수준의 위계적 사회들에 해당되는 두 기준

적정수준의 사회들은 종교적 뿐만 아니라 세속적인 많은 제도적 형태들을 이미 지니고 있을 수 있다. 그렇지만 모든 이러한 사회들은 그 형식에 있어서 내가 *연합주의associationist*라고 부르는 것에 해당되는 데, 이러한 사회의 구성원들은 공공생활에 있어서 상이한 집단들의 성원들로 이루어진다. 각 집단은 적정수준의 협의위계구조decent consultation hierarchy의 법 체제에서 하나의 단체로 대표된다. 아래에서 논의되는 두 가지 기준은 적정수준의 위계사회가 합당한 만민의 사회a reasonable Society of Peoples의 훌륭한 성원이 될 수 있는 조건들을 구체화한 것이다. (이들의 상이한 정의관들과 결부된 수많은 종교적 및 철학적 교리들은 이러한 조건들을 만족시키는 제도들로 연결될 수 있다. 그렇지만, 이러한 정의관들은 포괄적인 종교적 혹은 철학적 교리들의 일부분이기 때문에, 이 정의관들은 내가 말하는 정치적 정의관을 구체화하지는 못한다.)

1. 첫째, 이 사회는 공격적인 목적들aims을 지니지 않는다. 그리고 외교경로와 무역, 다른 평화적인 방식들을 통해서 자국의 정당한 목적ends을 성취해야만 함을 인정한다. 이 사회의 종교적 혹은 다른 중요한 교리들이 포괄적이며, 정부구조와 사회정책에 영향을 미친다는 것이 가정됨에도, 이 사회는 다른 사회들의 정치 및 사회질서를 존중한다. 만약, 이 사회가 보다 광범위한 영향력을 추구한다면, 이 사회는 다른 사회들의 종교적 자유 및 시민적 자유를 포함하여 다른 사회의 독립성을 해치지 않는 방식으로 이를 추구한다. 이 사회의 포괄적인 교리들의 이런 특징은 평화적 행위의 제도적 기초를 지탱한다. 이 사회는 이런 점에서 16세기와 17세기 종교전쟁 기간 동안 주도적이었던 유럽국가들과 구분된다.

2. 두 번째 기준은 세 부분으로 이루어져 있다.

(a) 첫 번째 부분은 적정수준의 위계적 국민의 법체제가, 이 국민의 공동선의 정의관(§9을 보라)과 함께, 인권을 그 모든 구성원에게 보장한다는 점이다. 이러한 인권을 침해하는 사회체제는 적정수준의 정치적 및 사회적 협력의 구조를 구체화시킬 수 없다. 노예사회는 적정수준의 법체계를 결여하는데, 그 사회의 노예경제는 강제력을 통한 명령구조에 따라 추진되기 때문이다. 그러므로 사회협력의 개념을 결여하고 있다. (아래의 §9에서, 나는 공동선의 정의관을 좀 더 세부적으로 적정수준의 협의 위계구조decent consultation hierarchy의 개념과 결부시켜 논의할 것이다.)

여러 인권 중에서 (생존과 안전의 수단에 관계된) 생명의 권리the right to life[1]; (노예상태, 농노상태, 그리고 강제된 직업으로부터의 자유,

---

1 Henry Shue, *Basic Rights: Substance, Affluence, and U.S. Foreign Policy*(Princeton: Princeton University Press, 1980)을 보라. Shue, p.23 그리고 R. J. Vincent는 *Human Rights and*

종교와 사상의 자유를 보증하기 위한 양심의 자유에 대한 충분한 조처와 관계된) 자유의 권리the right to liberty[2]; 소유권*the right to property*(개인적 소유*personal property*); 그리고 자연적 정의natural justice의 법칙들에 명시되는 형식적 평등권(즉 유사한 경우는 유사하게 다루어져야 한다는 원칙)[3]들이 있다. 그렇게 이해함으로써, 인권을 특별히 자유주의적이거나 혹은 서구의 전통에 특별한 것이라는 이유로 거부할 수 없다. 인권은 정치적으로 편협하게 지역에 국한되어 있는 문제가 아니다.[4] 이 문제들을 §10에서 다시 다룰 것이다.

(b) 두 번째 부분은 적정수준의 국민의 법체계가 그 국민의 영토 내에 사는 모든 사람들에 대한 (인권과 구분되는) *선의의* 도덕적 의무와 책무를 부과한다는 점이다.[5] 그 국민의 구성원들은 책임능력이 있으며 사회

---

*International Relations*에서 생존을 최소한의 경제적 안전으로 해석한다. 두 사람 다 생존권을 기본권으로 주장하고 있다. 나는 이 점에 동의하는데 재산의 현명한 사용뿐만 아니라, 어떤 종류의 자유이든지 간에, 모든 자유를 사려있게 합리적으로 행사하려면 일반적인 전목적적 경제적 수단(general all-purpose economic means)을 전제해야 하기 때문이다.

2 §9.2에서 논의한 것처럼, 이러한 양심의 자유는 사회의 전 구성원들에게 광범위하게 확대되지도 않으며 또한 평등하지 아닐 수도 있다. 가령 어떤 한 종교가 국가통치에서 법적으로 지배적인 종교가 되는 반면, 이외의 다른 종교들은 비록 허용된다 할지라도 특정한 지위를 차지하는 권리가 거부될 수 있다. 나는 이런 종류의 상황을 평등한 자유는 아닐지라도 "양심의 자유"를 허용하는 것으로 간주한다.

3 자연적 정의의 법칙들에 대해서는 하트(Hart)의 *The Concept of Law*, pp.156ff.를 보라.

4 T. M. Scanlon은 P. Brown and D. Maclean, eds, *Human Rights and U. S. Foreign Policy*(Lexington, Mass: Lexington Books,1979)의 "Human rights as a Neutral Concern," pp.83, 89–92에서 이 점을 강조하고 있다. 이 책은 인권이 질서정연한 사회들의 외교정책의 일부분이 되어야만 한다는 점을 옹호하고 있다는 점에서 매우 적절하다.

5 이 논의에서 나는 Philip Soper, *A Theory of Law*(Cambridge, Mass.: Harvard University Press, 1984), 특히 pp.125–147에 기초하고 있다. 소퍼(Soper)는, 단순히 강제적으로 시행하는 명령의 체계와는 구분되는 법체계는 사회의 모든 구성원들에게 도덕적 의무와 책무를 불러일으킨다고 주장한다. 법체계가 유지되기 위해서는, 판사 및 다른 관료가 그 법이 공동선의 정의관에 근거해 운영되고 있다는 것을 진지하고 합당하게 믿어야만 한다. 그렇지만 나는 모든 점에서 소퍼를 따르지는 않는다. 규칙의 체계는 온당한 법체계의 요건을 갖추어야 한다는 그의 정의(definition)를 만족시켜야 한다. 4장 91–100쪽을 보라. 그러나 나는 오래 동안 논의되어 온 법의 정의(definition)에 대한 사법적 문제는 피하고자 한다. 그리고 남북전쟁전의 남부(the antebellum South)가 말하자면 법체계를 가지지 않았다고 주장하지 않는다. 그래서 나는

생활에서 어떤 역할을 수행할 수 있을 뿐만 아니라, 적정수준의 품위를 지니고 있으며 합리적인 존재로 여겨지기 때문에, 이러한 의무와 책무가 공동선의 정의관과 조화될 수 있다고 인정한다. 이들은 이런 의무와 책무가 강제력을 통해 부과되는 단순한 명령이라 보지는 않는다. 이들은 도덕적 학습능력을 가지고 있으며, 자신의 사회 내에서 이해되고 있는 옳음과 그름 사이의 차이점을 알고 있다. 노예경제와 대조하여 볼 때, 이들의 법체계는 정치적 및 사회적 협력의 적정한 구조를 구체화하고 있다.

적정수준의 위계적 사회의 인간관은, 두 번째 기준에 함축된 것처럼, 개인들이 먼저 시민들이어야 하며 평등한 시민으로서 동등한 기본권을 갖는다는 자유주의 이념의 수용을 필수적으로 요구하지 않는다. 오히려 위계적 사회의 인간관은 개인들을 그들 각각의 집단에서 책임 있는 협력적인 성원으로 간주한다. 따라서 사람들은 이들 집단의 구성원으로서 자신들이 지닌 도덕적 의무 및 책무와 부합하는 방식으로 자신들을 인식하고, 이해하며, 행동한다.

(c) 마지막으로, 두 번째 기준의 세 번째 부분은, 법이 공동선의 정의관을 통해 진실로 운영되도록 법체계를 운영하는 판사 및 다른 관료들은 성실하고 부당하지 않은 신념들을 반드시 갖추고 있어야 한다는 것이다. 단지 강제력을 통해 지탱되는 법은 반란과 저항의 근거가 된다. 판사 및 다른 관료들이 조직적으로 인권을 침해함으로써 자신들의 공동선의 정의관이 달성될 수 있다고 생각하는 것은, 비합리적이라고 할 수는 없을지라도, 합당하지 못하다고 말할 수 있다. 사실 적정수준의 위계적 사회에서 공동선의 정의관은 인권을 만민의 모든 성원들에게 할당하는 역할을 한다. 판사와 관료에게 필요한 이러한 성실하고 합당한 신념은 법으로 정

위의 기준 중 두 번째 부분—적정수준의 만민의 법체계는 선의의 도덕적 의무와 책무를 부과해야 한다—을 만민법으로 확장된 자유주의적 정의관에서 기인하는 것으로 본다. 이런 견해는 Samuel Freeman의 도움을 받았다.

당화되는 사회의 강제명령을 공적으로 옹호하려는 이들의 충실한 신념과 자발적 의지에 분명히 나타나야만 한다. 법원은 이러한 변호를 위한 공개 토론장으로 기능한다.[6]

8.3. 두 기준의 근거

정치적 자유주의에서 합당한 것the reasonable의 개념과 마찬가지로, 내가 (§12.2에서) 두 가지 기준을 연역해낼 적정성decency의 개념도 분명히 정의할 수는 없다. 대신에, 우리는 그 자체에 대한 일반적 진술을 통해서 그 두 기준을 수용할 수 있다고 말한다.[7] 나는 적정성decency이 합당성보다는 훨씬 약함에도 불구하고, 합당성과 거의 동일한 종류의 규범적 개념으로 생각한다(그러므로 합당성이 포함하는 범위보다는 작다). 우리는 이 개념을 어떻게 사용할 것인가에 따라 의미를 부여할 수 있다. 그러므로 적정수준의 만민은 평화의 법률들을 존중해야만 한다. 이 만민의 법체계는 인권을 존중하고 그 영토에 사는 모든 사람들에게 의무와 책무를 부과하는 것이어야 한다. 이의 법체계는 사회 내 모든 이들이 근본적 이익이라 여기는 것을 고려하는 공동선의 정의관을 따라야 한다. 마지막으로, 이 법이 정말로 공동선의 정의관에 따라 인도되어야 한다는 진지하고 부당하지 않은 신념들을 판사들 및 다른 관료들이 가지고 있어야만 한다.

적정성에 대한 이런 입장은, 합당성에 대한 입장처럼, 다양한 기준들을 설정하고 그것의 의미를 설명함으로써 발전된다. 독자는 주어진 두 기준을 근거로 하여 적정수준의 국민이 만민의 사회society of peoples의 훌륭한 성원으로 관용되고 용인될 수 있는지의 여부를 판단해야 한다. 추측하건대, 자유적 사회의 가장 합당한 시민들은 이 두 기준을 충족시키는 만민을 우호적 관계의 만민으로서 받아들일 수 있다고 생각할 것이다. 합당

---

6 여기에서 나는 Soper가 *A Theory of Law*, pp.118, 112에 제시한 개념을 사용했다.

7 적정수준의 협의위계구조(a decent consultation hierarchy)는 §9에서 논의된다.

한 사람들 모두가 그렇지는 않겠지만, 틀림없이 대부분의 사람들은 그럴 것으로 생각한다.

우리가 지금껏 논의 해 온 정의의 두 개념은 완전히 정반대의 입장에 서있다. 자유주의적 관점은 우리가 우리 자신의 사회에서 시작하며, 적절한 숙고에 따라 건전한 것으로 간주한 관점이다. 위계적 만민의 적정한 공동선관은 최소한의 개념으로, 어떤 사회가 적정수준을 실현했다는 것은 그 사회의 제도가 관용할 만한 가치가 있음을 나타낸다. 적정수준의 위계적 이념들을 충족시키는 광범위한 제도적 형태들이 있을 수 있지만 그것들을 연구하지는 않을 것이다. 내 목적은, 비록 자유적 관점과는 거리가 있다 할지라도, 합당한 만민들의 사회a reasonable Society of Peoples의 훌륭한 성원이 되는데 반드시 요구되는 적정수준의 도덕적 지위를 부여할 수 있는 정의의 특징들의 밑그림을 그리는 것이다.

나는 지금껏 인권의 특징들을 두 가지 방식으로 설명했다. 그 하나는 인권을 합당하게 정의로운 자유주의적 정치적 정의관에 속하며 입헌자유민주정체에 사는 모든 자유롭고 평등한 시민들에게 보장되는 권리와 자유들의 온당한 부분집합으로 여기는 것이다. 다른 하나는 인권을 (내가 명명한) 협의체적 사회형태*associationist social form*에 속하는 것으로 간주하는 것이다. 협의체적 사회형태는 개인들을 먼저 집단—단체, 법인, 그리고 신분계층—의 구성원으로 여긴다. 집단의 구성원으로서 개인들은 자신들의 의무와 책무를 충족시키며, 적정한 사회협력의 체계에 종사할 수 있는 권리와 자유를 가지고 있다. 우리가 인권이라 부르는 것은 어떠한 사회협력 체계 속에서도 필요조건으로 인정된다. 인권이 정기적으로 침해될 때, 우리는 강제적 힘에 의한 명령 및 노예제도의 모습을 보게 되며, 어떤 종류의 협력도 기대할 수 없는 사회에 이른다.

이런 인권은 인간본성에 대한 어떤 특정한 포괄적인 종교적 교리 혹은 철학적 교리에 근거하지 않는다. 가령, 만민법은 인간존재가 도덕적 개인들이며, 신의 견지에서 보아 동등한 가치를 가지고 있다고 말하지 않는다. 또는 인간존재에게 인권을 부여할 수 있는 특정한 도덕적 그리고 지적인 능력이 있다고도 말하지 않는다. 이런 주장은 종교적 또는 철학적 교리들을 포함하게 될 것이다. 이렇게 주장을 한다면, 수많은 적정수준의 위계적 만민은 이 주장이 자유적이거나 민주적인 것이라고 일축할 수도 있을 것이다. 또는 어떤 면에서, 서구정치전통에서 특징적으로 드러나며 다른 문화에게는 편견이 될 수 있다고 보아 거부할 수도 있을 것이다. 그렇지만, 만민법은 그러한 교리 자체를 거부하지는 않는다.

인권을 보장해주는 만민법에 대한 합의가 단지 자유주의 사회들에만 국한된 것이 아님을 이해하는 일은 매우 중요하다. 나는 이제 이 점을 확실하게 할 것이다.

8.4. 적정수준의 위계적 만민을 위한 원초적 입장

적정수준의 위계적 만민은 위에서 제시된 두 기준을 만족시키는 자신의 정의관을 갖추고 있다는 점에서 질서정연하다고 할 수 있다. 이런 맥락에서 나는 적절한 원초적 입장에 있는 적정수준 만민의 대표들이, 내가 자유적 사회들의 대표들이 채택할 것으로 주장했던 것과 동일한 8가지 원칙(§4.1)을 채택할 것이라는 의견을 제시한다. 이를 위해 나는 다음과 같이 주장한다. 적정수준의 위계적 만민은 공격적인 전쟁을 일으키지 않는다. 그러므로 이들의 대표들은 다른 만민의 시민적 안정과 보존성을 존중하며, 원초적 입장의 대칭적인 상황(평등성)을 공정한 것으로 수용한다. 다음으로, 적정수준의 위계적 사회에서 통용되고 있는 공동선의 정의관의 견지에서 볼 때, 이들의 대표들은 인권과 그들이 대표하는 국민의 선the good을 보호하고 그들의 안전과 독립을 유지하기 위하여 노력할 것이다.

대표자들은 무역에서 얻을 수 있는 이점에 관심을 가지며, 역시 필요시에 만민간 원조assistance의 의무를 수용할 것이다. 따라서 우리는 위계적 사회의 대표들이 적정수준의 품위를 지니고 있으며 합리적이라 할 수 있다. 이러한 추론의 견지에서 볼 때, 우리는 적정수준의 위계적 사회의 구성원들이—너와 내가 받아들이는 것처럼[8]—원초적 입장을 만민 사이에 공정한 것으로 수용할 것이며, 이들의 대표들이 채택한 만민법을 다른 국가들과의 정치적 협력의 공정한 조건을 구체화한 것으로 여기고 지지할 것이다.

내가 관용 개념의 필요성을 논의하면서 앞에서 주목한 것처럼(§7.2–3), 혹자들은 국내 사회에서 평등이 유지되지 않는 그러한 만민의 대표들을 평등하게 대우하는 것은 일관성이 없거나 공정치 못한 처사라고 주장할 수 있다. 또 혹자는 평등의 직관적 위력은 단지 개인들 사이에만 적용될 뿐이며, 상이한 사회들을 평등하게 처우하는 문제는 이들의 사회가 각각 자신의 구성원들을 평등하게 처우하는 정도에 따라 결정해야 한다고 주장할 수 있다. 그렇지만 나는 이점에 동의하지 않는다. 그 대신 평등은 합당하거나 혹은 적정수준의 또는 합리적인 개인들 상호간 또는 다양한 형태의 집단들 상호간에 적용될 수 있다고 본다. 단지 이 경우 문제의 핵심은 이들 개인 및 집단들 상호간의 평등관계가 문제가 되고 있는 사안에 적절한가라는 것이다. 한 예를 들어보자. 특정문제에 있어서, 교회들을 평등하게 처우할 수 있으며, 정책적 문제들—가령, 카톨릭 교회와 조합교회*the Congregational Churches*—에 대해서 평등하게 협의를 구할 수 있다. 전자가 위계적으로 조직되었고 후자는 그렇지 않음에도 불구하고, 이것은 건전한 관행이 될 수 있는 것으로 보인다. 두 번째 예를 들어보자. 각 대학들은 또한 다양한 방식으로 조직을 운영 할 수 있다. 어떤 대학

---

8 여기에서 당신과 나는 적정수준의 계층사회들의 구성원들이다. 그러나 동일한 수준은 아니다.

들은 자신들이 인정하는 모든 집단들을 포함하여 일종의 협의위계구조 a kind of consultation hierarchy를 통해 총장을 선출할 수 있다. 다른 대학들은 대학생들을 포함하여 모든 구성원들이 한 표만 행사하는 선거를 통해 총장을 선출할 수 있다. 경우에 따라 구성원들은 단지 한 표만을 가지기도 하며, 어떤 제도들은 투표자의 지위에 따라 복수투표를 허용한다. 그러나 대학의 내부적 제도가 다르다는 사실 때문에 특정한 상황에서 이들 대학들을 평등하게 취급해야 할 적절성을 배제할 수는 없다. 이렇게 쉽게 생각할 수 있는 예들은 얼마든지 있을 수 있다.[9]

나는 분명하게 만민들의 대표들이 평등한 입장에 처한 것으로 설정해야 한다고 가정했다. 심지어 적정수준의 비자유적 사회들의 정의관이 그들 구성원간의 기본적인 불평등을 허용한다고 하더라도, 만민간의 평등한 입장은 보장되어야 한다(예를 들면, "평등한 양심의 자유"를 허용하지 않는 성원들도 있을 수 있다. 위에 있는 각주 2를 보라). 그렇지만, 어떤 일관성이 결여되어 있다고 할 수는 없다. 비자유적 정의관을 진지하게 인정하는 어떤 국민이 자신의 사회가 합당하게 정의로운 만민법에서 평등한 대우를 받아야 한다고 생각하는 것은 여전히 합당할 수 있기 때문이다. 비록 완전한 평등이 어떤 사회 내에서 결여되어 있다고 할지라도, 이 사회가 다른 사회에 대하여 대등한 평등을 주장하는 것은 합당할 수 있다.

적정수준의 위계적 사회의 경우에는 이 사회의 기본구조의 형태를 도출하기 위한 원초적 입장이 없다는 점에 주목하라. 원초적 입장은 사회계약론적 관점에서 사용되고 있기 때문에, 국내 정의를 위한 원초적 입장이란 논법은 하나의 자유적 개념이다. 이런 자유적 논법은 적정수준의 위계적 사회decent hierarchical societies의 국내 정의에 적용되지는 않는다. 이러한 이유로 만민법은 원초적 입장을 단지 3번만 사용하고 있다. 자유주의

---

9 이 문제에 대한 논의는 네이글(Thomas Nagel)의 도움을 받았다.

사회들을 위해 두 번(한번은 국내 차원에서, 다른 한번은 만민법의 차원에서) 사용되고, 적정수준의 위계적 사회들을 위해 두 번째 수준에서만 한 차례 사용된다. 단지 평등한 합의당사자들만이 원초적 입장에서 대칭적인 입장에 서게 된다. 평등한 만민, 혹은 이들의 대표들은 만민법의 차원에서 평등한 합의당사자이다. 다른 차원에서, 유럽공동체나 구소련의 공화국 연합과 같은 종류의 지역 연합체들이나 연방들로 함께 결합할 때, 자유적 만민과 적정수준의 만민을 원초적 입장에서 함께 생각하는 것은 타당성을 지닌다. 미래의 세계사회를, 유엔처럼 세계의 모든 사회들을 위해 대변할 능력이 있는 특정한 기관과 더불어, 대부분 그러한 연방으로 구성된 사회로 예견하는 일은 자연스러운 것이다.

§9. 적정수준의 협의위계체제

9.1. 협의위계체제와 공동목적

적정한 위계사회의 법체계가 내가 공동선의 정의관이라고 부른 것에 따라 유도되어야 한다는 점은 두 번째 기준의 첫 두 부분에 필수적이다.[10] 그러나 아직 이런 개념의 의미를 명료하게 하진 못했다. 나는 이 개념을, 첫째 한 국민의 공동목적(만약 그들이 하나의 목적을 가지고 있다면)과 구별함으로써, 둘째, 한 적정수준의 위계적 국민의 법체계가 적정한 협의위계구조decent consultation hierarchy를 포함해야만 한다는 것을 강조함으로써, 좀더 명확히 설명하려 한다. 즉 이 위계사회의 기본구조는 이미 확립된 협의 절차에 참여하고 그 국민의 공동선의 정의관이 자신의 구성원의 근본이익이라 여기는 것을 돌보는 일련의 대표장치를 포함하고

10 자유주의적인 정치적 정의관을 가진 질서정연한 사회들은 역시 이 점에 있어서 공동선관을 가지고 있다. 즉, 이 공동선관은 장기간에 걸쳐 해당 사회의 모든 시민들이 정치적 정의를 성취할 수 있도록 하며, 정의가 허용하는 자유로운 문화를 보존하는 것으로 대표된다.

있어야만 한다.

공동의 목표 또는 목적(이러한 사회에서는 하나로 존재해야만 하는)은 사회전체가 스스로 혹은 그 구성원들을 위해 성취하려는 것이다. 공동의 목표와 목적은 개인들이 누리는 혜택과 그들의 복지에 영향을 미친다. 공동선의 정의관에서, 이러한 공동목적의 추구는 장려되지만, 그 자체로서 저절로 극대화되지는 않는다. 오히려 협의절차consultation procedure에 있는 단계들을 존중함으로써 구체화된 제한들과 일치될 때 극대화된다. 협의절차는 적정수준 국민의 구성원의 권리와 의무를 보호하는 제도적 기초를 제공한다. (많은 사회들은 하나의 공동목적을 갖고 있지 않다. 오히려 §9.3에서 제시되는 "특별한 우선성들"special priorities이라고 불리는 것을 갖고 있다. 이 경우에 있어서도 마찬가지로 이런 우선성들은 협의절차에 명시된 규제와 부합되는 방식으로 추구되어야 한다.)

적정수준의 위계적 사회에 살고 있는 모든 사람들이 자유롭고 평등한 시민들로도 또는 동등한 대표(시민 1인당 1표)로 인정받을 수 있는 분리된 개인으로 여겨지지 않음에도, 이들은 자신들의 사회에서 인정되는 것처럼 적정수준의 품위를 갖추고 있고, 합리적이며, 도덕 학습능력을 지닌 존재로 간주된다. 책임 있는 사회의 성원으로써, 이들은 자신들의 도덕적 의무들 및 책무들이 만민의 공동선의 정의관과 조화되는 때를 인정한다. 각 개인은 협의위계체제가 대표하는 한 조직체의 집단에 속하며, 전체적인 협력구조 내에서 고유한 활동에 종사하고 특정한 역할을 수행한다.

정치적 결정에 있어서, 적정한 협의위계체제decent consultation hierarchy는 다양한 목소리들을 경청할 기회를 허용한다—확실히 민주제도에서 허용되는 방식은 아니지만, 그 사회의 공동선관이 명시한 그 사회의 종교적, 그리고 철학적 가치들의 관점에서 적절하게 허용된다. 협회, 법인 그리고 신분계층estates의 성원으로서 각 개인들은 협의절차 내에서 어느 선까지는(종종 한 집단의 대표들을 뽑는 단계에서) 정치적 이견을 표현할 수 있는 권리가 있으며, 정부는 한 집단의 이견을 진지하게 수용하고 양심적으로 답변해야 하는 책무를 가지고 있다. 다양한 목소리들을 경청해야 한다는 것은 필수적이고 중요한데, 법 체제의 정의에 대해 판사 및 기타 관료가 지니는 성실한 신념은 이견의 가능성에 대한 존중을 반드시 포함해야 하기 때문이다.[11] 판사들과 다른 관료들은 기꺼이 반대의견을 개진할 수 있어야 한다. 이들은 다른 견해를 가진 자들을 이해력이 완전하지 않거나 결여되어 있다고 비난하며 그들의 목소리를 듣는 일을 거부할 순 없다. 만약 그럴 수 있다면, 우리는 적정수준의 협의위계체제가 아니라 부권주의 체제paternalistic regime를 갖는 셈이 된다.[12] 더욱이, 판사들과 관료들이 경청해야 한다면, 다른 견해를 가진 사람들이 자신들에게 제시된 답변을 반드시 수용할 필요는 없다. 만약 그들이 왜 여전히 만족하지 못하는 이유를 설명할 수 있다는 것이 전제된다면, 그들은 새롭게 항변을 제기할 수 있다. 결국 그들의 항변은 좀 더 진전되고 완전한 답변을 들을 수 있어야만 한다. 이견은 공적인 항변public protest의 한 형식을 나타내고, 그것이 공동선의 정의관의 기본 틀 내에서 이루어진다면 허용될 수 있다.

9.2. 세 가지 주목할 사항들

적정수준의 협의위계체제의 개념을 충분히 명료하게 하기 전에, 많은 요지들이 검토되어야 한다. 나는 우선 세 가지 사항에 주목한다.

---

11 Soper, *A Theory of Law*, p.141을 보라.

12 협의절차는 이슬람의 정치제도를 논의할 때 종종 언급된다. 그렇지만, 협의의 목적이 종종 칼리프(Caliph)가 그 신하들로부터 충성서약을 얻거나, 또는 때로는 반대자들의 힘을 판별하려는 것이었음은 분명하다.

첫 번째 주목할 점은 왜 협의위계체제에는 조직체들을 통해 대표되는 집단들이 있는가 하는 문제와 관련이 있다(자유주의적인 구조에서는, 시민들이 분리되어 그렇게 대표된다). 이에 대한 하나의 답변은 적정수준의 위계적 사회가 다음과 같은 헤겔의 견해와 유사한 입장을 견지한다는 것이다. 질서정연한 적정수준의 사회에서 개인들은 우선적으로 신분계층, 법인, 협회—다시 말하면, 집단들—에 소속되어 있다. 이 집단들이 그 구성원들의 합리적인 이익을 대변하기 때문에, 협의과정에서 이러한 이익들을 대변하는 일에 공개적으로 참여하는 개인들이 일부 있을 것이다. 그러나 이들은 연합체, 법인 그리고 신분계층의 구성원으로서 참여하는 것이지, 개인으로서 참여하는 것이 아니다. 이런 구조에 대한 정당화는 다음과 같다. 각 시민이 1표를 가지고 있는 자유주의 사회에서 시민들의 관심은 협소하게 자신들의 경제적 이익에만 집착함으로써 공동체 결속을 훼손시키는 경향이 있는 반면, 협의위계체제consultation hierarchy 내에서는 집단이 위에서 말한 바와 같이 대표될 때, 다양한 집단들의 투표권을 가진 성원들이 보다 광범위 차원에서 정치 생활의 이익을 고려한다. 물론 적정수준의 위계적 사회는 1인 1표의 개념을 결코 가져본 적이 없다. 1인 1표의 개념은 이들에게는 생소한 자유민주적 사상의 전통과 결부되어 있다. 아마도 적정수준의 위계적 사회에 따르면, (헤겔이 생각했던 것처럼) 그러한 1인 1표의 개념이 원자적 단위로서의 각 개인이 정치적 심의에 동등하게 참여할 기본 권리를 가지고 있다는 개인주의적 개념을 잘못 표현한 것으로 생각할 수 있다.[13]

---

13 헤겔(Hegel), 『법철학』(*Philosophy of Right*(1821)), §308을 보라. 헤겔이 1815–1816년 자유적이었던 왕이 제출한 뷔르템베르그(Wurtemberg)의 헌법을 반대했던 주된 이유는 직접참정권의 발상때문이었다. 그의 반대는 1817년의 논문 "The Proceedings of the Estates Assembly in the Kingdom of Wurtemberg, 1815–1816"의 다음 구절의 일부에서 찾아볼 수 있다: "유권자들은, 만약 직접 참정권이 없다면, 시민질서와 국가의 조직과 모든 점에서 어떤 결속도 관련도 없는 듯 보인다. 시민들은 고립된 원자로 대두되며 선거인단은 무질서하고 유기성이 없는 군집에 불과한 것으로 간주된다. 전체로써의 인민은 단순히 무리로 전락한다. 이는 공동체

두 번째, 적정수준 만민의 종교적 관용의 성격에 관해 명확한 언급이 필요하다. 적정수준의 위계적 사회에서 국가의 종교는, 특정 문제들에 관해 사회 내에서 궁극적인 권위일 수 있으며 일부 중요한 문제에 대해 정부정책을 조절할 수도 있다. 그러나 그 권위가 (내가 이미 강조한 대로) 다른 사회들과의 정치적 관계까지 확장되지는 않는다. 나아가 적정수준의 위계적 사회의 (포괄적인) 종교적 또는 철학적 교리들을 완전히 불합당한 것으로 간주할 수 없다. 이를 통해 내가 말하고자 하는 것은, 이런 교리들이 설령 양심의 자유와 종교 및 사상의 자유가 적정수준의 사회의 모든 성원들에게 자유적 사회만큼 확대되거나 평등하게 적용되지 않는다 할지라도, 이런 자유에 대한 충분한 조처를 인정해야만 한다는 것이다. 이미 확립된 종교가 다양한 특권을 가지고 있을 수 있음에도, 어떤 종교도 탄압해서는 안 되며, 평화적으로 공포에 위협받지 않고 이 종교의 관행을 허용해 주는 시민적 및 사회적 여건들을 박탈해서는 안된다는 점이 바로 해당 사회가 적정수준에 도달했는지being decent 여부를 가름하는 본질적 조건이 된다.[14] 나아가서, 설령 다른 이유가 없을 지라도, 종교적 자

가 어떤 계획을 착수함에 있어서 결코 나타나지 말았어야 하는 형태이다. 이런 형태의 공동체는 가장 가치 없는 공동체이며, 그것의 정신적인 질서의 공동체의 개념과 가장 모순되는 형태이다. 연령과 재산은 개인들 자신에게만 영향을 미치는 특성들이지, 전형적으로 시민질서 안에서 각 개인의 가치를 구성하는 것은 아니다. 그러한 가치는 개인이 직장에서 가지는 힘, 직위 및 장인으로서의 기술에 근거해 나타난다. 이러한 것들을 그의 동료 시민들이 인정할 때, 이 개인은 이에 따라 그 분야의 장인이라는 자격을 얻는다."(p.262). 이 구절은 다음과 같이 계속되어 다음과 같이 결론을 맺는다: "한편으로, 단지 25세에 불과하지만 매년 금화 200냥 이상을 벌 수 있는 동산을 소유한 사람들에 대하여, 우리는 '그가 아무 것도 아니다'라고 말한다. 그럼에도 만약 헌법이 그를 어떤 것 즉 유권자로 만든다면, 그것은 다른 시민조직체들과의 유대 없이 그에게 당당한 정치적 권리를 주는 것이다. 그리고 그것은 유기적 질서의 원칙보다는 민주적, 심지어 무정부적인 분리의 원칙과 좀 더 부합하는 문제를 들여오는 것이다"(pp.262-263). 헤겔은 이렇게 반대하면서도, 보수적인 신분계층에 반(反)하여 왕의 자유헌법의 편에 섰다. 나는 Z. A. Pelczynski)가 서문을 쓰고, T. M. Knox가 번역한 *Hegel's Political Writings*(Oxford: Claredon Press, 1964)에 있는 Hegel의 논문의 번역본을 인용하고 있다.

14 이런 규정의 중요성에 대해서는 Judith Shklar, *Ordinary Vices*(Cambridge, Mass: Harvard University Press, 1984)를 보라. 이 책에서, 그녀는 자신이 "두려움의 자유주의"(liberalism of fear)라고 부른 것을 제시하고 있다. 특별히 서문과 1장, 6장을 보라. 슈클라(Shklar)는 한 때

유의 불평등이 가능하다는 견지에서, 위계적 사회가 이주의 권리를 허용하고 이를 위해 협조해야 한다는 것은 본질적이다.[15]

왜 충분하고 평등한 양심의 자유를 거부하는 종교적 혹은 철학적 교리들이 부당하지 않은가에 대한 질문을 여기에서 제기할 수 있다. 나는 그것들이 합당하다는 것이 아니라, 오히려 그것들이 완전히 부당한 것은 아니라고 말하는 것이다. 누구든지 완전하게 부당한 것the fully unreasonable과 완전하게 합당한 것the fully reasonable 사이에 있는 공간을 인정해야 한다고 주장한다. 후자는 완전하고 충분한 양심의 자유를 필요로 하고, 전자는 그것을 전적으로 부정한다. 양심의 자유에 대한 조처를 허용하면서도, 그것을 완전하게는 허용하지 않는 전통적인 교리들은 내가 믿기로 그러한 공간에 속하는 견해이다. 이러한 입장은 완전하게 부당하지는 않다.

세 번째 주목할 점은 협의위계구조의 사회성원들의 대표와 관련이 있다. 예를 들자면, 아마도 인권침해라고 말할 수 있을 정도로 억압과 학대를 오랫동안 당해온 여성들을 들 수 있다. 그들의 요구를 적절하게 고려할 수 있도록 보장해주는 조치는, (이전에) 박해받은 자들을 대표하는 조직체들의 구성원의 대부분을 인권을 유린당한 이들 중에서 선발할 수 있도록 조정하는 것이다. 이미 살펴본 것처럼, 적정수준의 위계적 사회가 되는 조건 중 하나는 그 사회의 법체계와 사회질서가 인권을 침해하지

이런 종류의 자유주의를 "영원한 소수"(permanent minorities)의 자유주의라고 불렀다. 역시 그녀의 *Legalism*(Cambridge, Mass: Harvard University Press, 1964), p.224를 보라.

15 특정한 자격을 조건으로 한다면, 자유주의 사회들은 이 권리를 역시 허용해야 한다. 해외이주(emigration)의 권리는 이민자(an immigrant)로서 어느 곳에서이든지 받아들여질 권리가 없다면 그 취지를 상실하게 된다는 주장은 이견의 여지가 있다. 그러나 많은 권리들은 이런 점에서 취지를 상실한다: 몇 가지 예를 제시해보자. 결혼의 권리, 사람을 자기 집에 초대할 권리 또는 심지어 약속할 권리를 들 수 있다. 이런 권리들을 이행하기 위해서는 두 당사자가 먼저 있어야 한다. 또 다른 복합적인 문제는 해외이민의 권리가 어느 정도까지 확대되어야 하는 가이다. 답이 무엇이든지 간에, 확실한 것은 종교적 소수들을 위한 해외이민의 권리는 단지 형식적이어서는 안된다는 점이다. 그리고 한 국민은 해외이주자를 위한 지원을 가능한 제공해야 한다는 것도 확실하다.

않는다는 것이다. 협의절차는 모든 종류의 인권침해를 막을 수 있도록 조정되어야만 한다.[16]

9.3. 카자니스탄: 적정수준의 위계적 인민

만민법은 합당하게 정의로운 입헌민주국민이 실제적으로 존재한다고 가정하지 않는 것처럼 적정수준의 위계적 국민도 실제적으로 존재한다고 가정하지 않는다. 만약 우리가 그 기준을 매우 높게 설정한다면, 양자 모두 존재할 수 없다. 민주적 국민의 경우 우리가 최상으로 말할 수 있는 것은 일부 국민이 다른 국민보다 합당하게 정의로운 입헌정체에 좀 더 근접해 있다는 정도이다. 적정수준의 위계적 인민의 경우에는 훨씬 덜 명료하다. 우리가 일관성 있게 그 사회의 기본적인 사회제도와 정치적 덕목들을 기술할 수 있을까?

§§8–9에 의거해서, 나는 이제 하나의 가상적인 적정수준의 위계적 인민에 관하여 기술하려 한다. 이 예를 드는 목적은 적정수준의 통치자들이 부자들을 편애하거나 혹은 권력 행사 그 자체를 즐겨함으로써 스스로 부패되는 것을 허용하지 않는다면, 적정수준의 정부가 존속할 수 있음을 보이려 하는 것이다. "카자니스탄"이라고 불리는 이상화된 이슬람 인민을 상상해보자. 카자니스탄의 법체계는 국가와 교회의 분리가 제도화되어 있지 않다. 선호되는 종교는 이슬람이며, 그리고 단지 이슬람교도만이 정치권력의 고위직을 차지할 수 있고, 외교문제를 포함하여 정부의 주요한 결정과 정책에 영향을 미친다. 그렇지만, 다른 종교들을 허용하며 이런 종

---

16 나는 §10에서 이 점을 다시 논할 것이다. 완전히 민주적이고 자유적인 권리들은 인권침해를 방지하기 위해서 필수적이라는 점을 주장하는 일부의 사람들이 있다는 점을 여기에서 유의해야 한다. 이 점은 역사적 경험에 의해 지지되는 경험적인 사실로서 진술된다. 나는 이런 주장에 반대하지 않는다. 그것은 실제로 올바를 수 있다. 그러나 적정수준의 위계적 사회에 대한 나의 언명은 개념적이라고 할 수 있다. 다시 말하면, 나는 우리가 그러한 사회를 상상할 수 있는지; 그리고 그런 사회가 존재한다면, 정치적으로 관용될 수 있는지를 문제 삼고 있다.

교의 의식을 공포 또는 시민권의 상실 없이 행할 수 있다. 다만 정치적 혹은 사법부의 고위 관직들을 차지할 권리가 허용되지 않는다. (이런 배척은 카자니스탄과 자유적 민주정체간의 근본적 차이가 된다. 자유민주정체에서는 모든 관직과 직위가 원칙적으로 모든 시민에게 개방되어 있다.) 다른 종교와 협회들은 그들 자신의 문화적 삶을 번영시키고, 보다 광범위한 사회의 시민문화에 참여하도록 장려된다.[17]

내가 상상하는 것처럼, 이러한 적정수준의 인민은 다양한 비이슬람 종교들과 다른 소수인종들에 대하여 개화된 대우를 하고 있는 데 그 특징이 있다. 이 소수 인종들은 즉 정복이나 혹은 이들 인민이 허용한 이민에 기원하여 여러 세대동안 이들의 영토 내에 살아온 사람들을 말한다. 이들 소수인종들은 사회의 충성스러운 구성원이었으며, 그들은 임의적으로 차별을 받지도 않았으며, 또한 공적 또는 사회적 관계에서 이슬람교도들이 열등한 존재로 취급하지도 않았다. 그들의 충성심을 강화하기 위해서, 정부는 비이슬람교도들도 군부에 속하고 지휘계통의 고위직에도 봉직하도록 허용했다. 대부분의 이슬람 지도자들과는 달리, 카자니스탄의 통치자들은 제국과 영토를 추구하지 않았다. 이것은 부분적으로는, *지하드Jihard*를 군사적인 면이 아니라 정신적이고 도덕적인 면으로 보는 신학적

17 관용으로 연결되는 많은 경로들이 있을 수 있다. 이 점에 대해서는 Michael Walzer의 *On Toleration*(New Haven: Yale University Press, 1997)을 보라. 내가 카자니스탄의 통치자들의 특징으로 간주했던 교리는 몇 세기 전의 이슬람 내에서 찾을 수 있는 것과 유사하다. (오토만 제국은 유대인과 기독교인들을 관용했다. 오토만의 통치자들은 심지어 그들을 콘스탄티노플의 수도에 초대하기도 했다.) 이 교리는 모든 적정수준의 종교의 가치를 확인하고, 현실주의적 유토피아가 요하는 것의 본질적 요소들을 제공해 준다. 이 교리에 따르면, (a) 만민간의 모든 종교적인 차이들은 신에 의해 결정된 것이며, 그리고 신자들이 동일한 사회에 혹은 다른 사회들에 속하든지 하는 문제 역시 신의 의지에 의한 것이다. (b)잘못된 신념에 대한 처벌은 오직 신만이 할 수 있다. (c) 상이한 신념들을 가진 공동체들은 상호간 존중해야 한다. (d) 자연종교에 대한 믿음은 모든 사람들이 타고나는 것이다. 이 원칙들은 Roy Mottahedeh의 "Toward an Islamic Theory of Toleration," in *Islamic Law Reform and Human Rights*(Oslo: Nordic Human Rights Publications, 1993)에서 논의된 것이다.

해석의 결과이다.[18] 이슬람 지도자들은 사회의 모든 성원들이 자연적으로 그들이 태어난 국가의 충성스러운 구성원이 되기를 원한다는 입장을 오랫동안 지녀왔다. 그리고 그들이 불공정하게 대우받지 않고, 차별받지 않는 한, 그들은 그렇게 남아있을 것이라 보았다. 이런 입장은 매우 성공적인 것으로 판명되었다. 카자니스탄의 비이슬람교 성원들과 소수자들은 위기 시에도 충성을 유지하고 정부를 지지하는 구성원으로 남았다.

카자니스탄을 자국민의 필요와 협의위계체제 내의 법적 조직체들이 대표하는 수많은 상이한 집단들의 필요에 부응하여 상황에 따라 좀 더 민감하게 변화해온 조직화된 적정수준의 협의위계체제decent consultation hierarchy로 상상하는 일은 가능하다고 생각된다. 이러한 위계체제는 다음 6가지 지침을 매우 잘 충족시킨다. 첫째, 모든 집단과 반드시 협의해야만 한다. 둘째, 국민의 각 구성원은 특정 집단에 속해야만 한다. 셋째, 각 집단은 반드시 조직체를 통해 대표되어야 한다. 이 대표체는 이 집단의 근본적인 이익이 무엇인지를 알고 있으며 이 근본적 이익을 공유하고 있는 이 집단의 성원의 일부를 최소한 포함하고 있어야 한다. 이러한 처음의 세 조건들은 모든 집단들의 근본적인 이익들이 협의되고 고려되어야 함을 보장한다.[19] 넷째, 최종결정을 내리는 조직—카자니스탄의 통치자들—은 협의를 하고 있는 각 조직체들의 주장과 견해들을 숙고해야만 하며, 만약 필요하다면, 판사와 다른 관료는 그 통치자의 결정을 설명하고 정당화해야만 한다. 절차의 정신에 의해서, 각 집단의 협의체는 결과에 영향을 미칠 수 있다. 다섯째, 의사결정은 카자니스탄의 특별한 우선성의 관점에 따라 이루어져야 한다. 이런 특별한 우선성 중의 하나는 카자니스탄

---

18 *지하드(Jihad)*의 정신적인 해석은 한 때 이슬람 국가들 내에서 공통적이었다. 이 해석에 따르면, 지하드는 모든 개별적인 이슬람교도의 책무인 것으로 이해되었다. Bernard Lewis의 *The Middle East*(new York: Scribner,1995), pp.233 ff.를 보라.

19 이것은 핀니스(John Finnis)의 *Natural Law and Natural Rights*(Oxford: Clarendon Press, 1980), pp.155ff.에 있는 공동선의 첫 번째 의미와 유사한 것으로 보인다.

안에 사는 종교적 소수자들을 존중하는 적정수준의 합리적인 하나의 이슬람 국민a decent and rational Muslim people을 확립하는 것이다. 여기에서 우리는 비이슬람교 소수계들이 이슬람교도들보다 특정 사항의 우선성에 덜 융합되리란 점을 예상할 수 있다. 그러나 우리는 이슬람과 비이슬람교도들이 이러한 우선성들을 중요한 것으로 이해하고 간주할 것이라는 것을 합당하게 추측할 수 있다고 믿는다. 여섯째, 그리고 마지막으로—그러나 매우 중요한—이런 특별한 우선성들은 전체적인 협력의 구조에 부합해야만 한다. 그리고 집단협력의 수행기준이 되는 공정한 조건들을 명백하게 구체화시켜야 한다.[20] 이 관점은 간결하지는 않다. 그러나 이것은 현실상황과 확립된 예상들을 배경으로 하여 의사결정의 지침으로 기능할 수 있다.

마지막으로, 나는 카자니스탄의 기본구조를 협의위계체제에 있는 조직체들이 회합할 수 있는 의회기구들assemblies을 포함한다고 상상한다. 여기에서 대표들은 정부정책에 대한 반대의사를 제기할 수 있으며, 정부의 구성원들은 답변을 할 수 있다. 이러한 답변이야말로 정부가 마땅히 해야 할 일이다. 적절한 답변이 이루어지게 되면 반대의견은 존중된다고 할 수 있다. 답변의 적정성 여부는 정부가 공동선의 정의관에 입각하여 자신의 정책을 합당하게 해석하고 사회의 모든 성원들에게 의무와 책무를 부과하는 방식을 어떻게 표명하느냐에 따라 나타난다. 나아가서, 나는, 반대의견이 허용되고 경청될 때 이것이 어떻게 변화를 촉구할 수 있는지를 보여주는 한 예로서, 카자니스탄이 이견을 허용함을 들고자 한다.

---

20 이러한 공동선관은 핀니스(Finnis)의 세 번째 의미와 유사하다. *Natural Law and Natural Rights*, pp. 155ff.를 또 다시 참조하라. 여기에서 나는 협의위계체제가 공동목적의 달성을 단순히 극대화하려 하지 않는다는 점을 재차 언급하고자 한다. 오히려, 협의위계체제는 협의절차 그 자체에 내재되어 있는 모든 제약사항들을 존중하면서 상기의 공동목적의 성취를 극대화하려 한다. 이 점이 바로 정당한 사회나 적정수준의 사회가 여타 다른 사회들과 구별되는 점이다.

카자니스탄은 이견을 경청함으로써 여성들의 권리와 역할에 대한 중요한 개혁을 하게 하였다. 이 개혁은 현행규범이 사회의 공동선의 정의관과 조화될 수 없다는 사법부의 동의를 얻어 이루어 졌다.

나는 카자니스탄이 완벽하게 정의롭다고 주장하려는 것은 아니다. 그러나 이 사회는 나에게 적정수준의 사회로 보인다. 더욱이 그 사회가 단지 상상된 것임에도, 나는 카자니스탄과 같은 사회가 존재할 수 있다는 가능성이 불합당하다 생각하지 않는다. 특히 (위의 각주 18 상단부분에서 지적한 것처럼) 이런 사회가 현실세계에서 그 선례를 찾아 볼 수 없다고 할 수도 없다. 독자들은 근거 없는 이상주의baseless utopianism라고 나를 비난할 수 있지만, 나는 동의하지 않는다. 오히려 카자니스탄과 같은 사회는 우리가 현실적으로—그리고 일관성 있게—희망할 수 있는 최선이라 여겨진다. 이러한 사회는 종교적 소수파를 다루는 데 있어 아주 계몽된 사회라고 할 수 있다. 나는 자유적 그리고 비자유적 국가가 함께 지지할 수 있는 합당하게 정의로운 만민법을 고안하도록 권유하는 일이 자유주의의 한계에 대한 계몽이라 생각한다. 이에 대한 반대적 대안은 인생의 가치를 오로지 권력의 측면에서만 고려하는 숙명론적 냉소주의fatalistic cynicism이다.

§10. 인권

10.1. 충분히 자유적인 만민법

만민법이 충분히 자유적이지 않다는 이의가 있을 수 있다. 이런 이의제기는 두 가지 형태가 있을 수 있다. 그 중 하나로, 어떤 이들은 인권을 시민들이 합당한 입헌민주정체 내에서 가지는 것과 대체적으로 동일한 권리로 생각한다. 이 견해는 일련의 인권을 단지 자유정부가 보장하는 모든 권리를 포함하는 것으로 확장하고 있다. 이와 대조적으로 만민법에서의 인권은 특별한 종류의 긴급한 권리들을 명시한다. 긴급한 권리로 노예와 농노신분으로부터의 자유, 양심의 자유(그러나 평등한 자유는 아니다), 집단학살과 인종청소로부터 인종집단의 보호 등을 들 수 있다. 합당한 자유만민과 적정수준의 위계적 만민 모두 이런 부류의 권리 침해를 똑같이 비난한다.

만민법이 충분히 자유적이지 않다고 주장하는 두 번째 유형에 의하면, 단지 자유적 민주정부만이 만민법이 명시하는 인권들을 보호하는데 효과적이라는 것이다. 이러한 입장에 서있는 비판자들은 이것이 세계도처의 수많은 다양한 국가들의 역사를 통해 확인되는 사실이라고 주장한다. 이런 주장은 정치적 및 사회적 사상의 추론을 근거로 지지되고 있는데, 역사적 사실을 보면 위계적 질서의 정체들은 거의 언제나 압제적이며 인권을 거부하기 때문에 자유민주적 정부가 대두되었다는 것이다.[21] 그렇지만 만민법은 적정수준의 위계적 질서의 만민이 존재하며 또한 존재할 수 있다고 가정한다. 그리고 왜 그런 만민을 자유적 만민들이 선의관계의 만민으로 용인하고 관용해야 하는지를 고찰한다.

10.2. 만민법에서 인권의 역할

인권은 합당한 만민법 내에서 특별한 역할을 수행하는 권리들이다. 인권은 전쟁과 전쟁행위들을 정당화시키는 이유들을 제한한다. 그리고 그것들은 한 정체의 국내적 자율성에 대한 한계를 구체화한다. 이런 방식으로, 인권은 제2차 세계대전 이후 주권이 어떻게 이해되고 있는지에 대한 두 가지의 기본적이고 역사적으로 심원한 변화들을 반영하고 있다. 첫째, 전쟁은 더 이상 용인될 수 있는 정부정책의 수단이 아니다. 전쟁은 단지 자국방어 혹은 인권보호를 위한 개입이라는 중대한 경우에만 정당화된다. 둘째, 한 정부의 국내적 자율성은 이제 제한되고 있다.

21 1990년의 코펜하겐 협약은 이런 방식으로 민주적인 권리를 도구적인 것으로 옹호한다.

인권은 입헌적 기본권 또는 자유민주적 시민의 권리와 구분된다.[22] 또는 개인주의적이든 결사체적이든 간에 어떤 특정한 정치제도에 속하는 여타의 권리들과도 다르다. 인권은 국내의 정치적 및 사회적 제도들의 적정성에 대하여, 충분하진 않을지라도, 필수적인 기준들을 설정한다. 그렇게 함으로써, 인권은 합당하게 정의로운 만민의 사회의 훌륭한 성원이 될 수 있는 사회들의 국내법이 만민들의 사회에서도 용인될 수 있는 한계를 설정한다.[23] 따라서 특별한 일군의 인권은 다음과 같은 세 가지 역할을 한다:

1. 인권의 구현은 한 사회의 정치제도와 법질서의 적정성decency에 대한 필수조건이다(§§8–9).
2. 인권의 구현은 타국민에 의한 정당화된 강제적인 간섭, 가령 외교적 및 경제적 제재, 혹은 중대한 경우에 군사력을 통한 간섭을 배제하는 충분조건이 된다.
3. 인권은 만민간의 다원주의에 대한 한계를 설정한다.[24]

---

22 노예제도의 역사적 의의를 강조하고 있는 Judith Shklar의 책 *American Citizenship* (Cambridge, Mass: Harvard University Press, 1991)에 있는, 슈클라의 민주적 시민의 권리에 대한 명쾌한 논의를 참조하라.

23 이 설명은 다양한 국제선언에서 인권으로 규정된 권리들 서로를 구별함으로써 명료해질 수 있다. 1948년의 국제인권선언(Universal Declaration of Human Rights)을 살펴보자. 첫째, 제3조에 의해 예시되는 고유한 인권들(human rights proper)이 있다: "모든 사람은 생명과 자유, 개인의 안전에 대한 권리를 갖는다." 그리고 제5조: "어느 누구도 고문 또는 잔혹함, 비인간적 대우와 처벌을 받아서는 안된다. 제3조에서 18조까지의 사항은 모두, 특정한 해석의 문제가 있긴 하지만, 이러한 고유 인권의 표제 하에 놓을 수 있다. 둘째, 권리의 첫 번째 부류의 권리들에 해당하는 함의를 명백하게 지니고 있는 인권들이 있다. 권리의 두 번째 부류는 대량학살(1948), 인종차별(1973)에 대한 특별한 협약에 의해 기술된 극단적인 경우들에 해당된다. 이러한 두 가지 부류는 위의 본문에서 설명된 것처럼, 공동선과 결부된 인권을 구성한다.

다른 선언들 중에서, 1948년의 국제인권헌장의 제1조와 같은 일부의 것들은 자유주의적 열망을 진술하는 것으로 이해하는 것이 좀더 적절하게 여겨질 수 있다: "모든 인간은 존엄성과 권리에 있어서 자유롭고 평등하게 태어난다. 그들은 이성과 양심을 부여받으며, 상호간에 형제애의 정신으로 행동해야 한다." 제22조의 사회안보와 제23조의 동등한 일에 대한 동등한 임금의 권리와 같은 다른 것들은 특정한 종류의 제도들을 가정하는 것으로 보인다.

24 Terry Nardin, *Law, Morality, and the Relations of States*(Princeton: Princeton University Press, 1983), p. 240을 보라. 거기에는 Luban의 "The Romans of the Nation-State," PAPA,

10.3. 무법국가들(Outlaw States)내의 인권

자유정체와 적정수준의 위계정체 모두가 존중하는 인권항목들은 다음과 같은 의미에서 보편적 권리로 이해되어야 한다. 이런 인권의 항목은 만민법에 본질적이며, 그것들이 특정 지역에서 지지되건 아니건 간에 정치적(도덕적) 영향력을 지닌다. 이 인권들의 정치적(도덕적) 힘은 모든 사회들에 확대되며, 이것들은 무법국가를 포함한 모든 만민과 사회들에 구속력을 발휘한다.[25] 인권을 침해하는 무법국가는 비난받아야 하며, 중대한 경우에는 강제적 제재와 심지어 내정간섭을 받을 수도 있다. 만민법을 시행할 타당성은 이미 주권의 두 가지 전통적 권력에 대해 우리가 숙고할 때 명백해졌다(§2.2). 한편 내가 뒤에 말하고자 하는 원조의 의무는 내정간섭의 권리를 확인해 줄 것이다.

질서정연한 자유적 및 적정수준의 만민이 무법국가가 인권을 침해한다는 이유로 그 국가에 간섭하는 것이 정당화되는 것은 무슨 권리에 근거한 것인지 질문할 수 있다. 종교적 또는 비종교적인 포괄적 교리들은 인권개념의 기초를 인간본성에 대한 신학적, 철학적, 도덕적 관점에 근거해 찾을 수 있다. 만민법은 이런 입장을 따르지 않는다. 이미 앞에서 말한 것처럼, 내가 인권이라고 부른 것들은 자유적 입헌민주정체의 시민들이 가지는 권리들 또는 적정한 위계적 사회의 구성원들이 가지는 권리들의 적정한 부분집합이다. 우리가 자유적이며 적정수준의 만민을 위한 만민법을 개진해온 것처럼, 이러한 만민은 단순히 무법국가들을 관용하지 않을 것

---

vol.9(1980): p.306이 인용되어 있다.

25 Peter Jones, "Human Rights: Philosophical or Political," in *Natural Right, International Obligation*, ed. Simon Caney, David George, and Peter Jones(Boulder: Westview Press, 1996)을 보라. 그는 *On Human Rights: The Oxford Amnesty Lectures*(New York: Basic Books, 1993)에 발표된 "The Law of Peoples"의 인권에 대한 나의 설명을, 내가 생각하기에, 잘못된 방식으로 해석하고 있다. 내가 인권을 자유적 만민과 적정수준의 위계적 만민 모두가 시행해야 하고 인정해야 하는 일군의 권리로 해석하고 있다고 본 점에서 그는 옳다. 그러나 그것들이 보편적이어서 무법국가에게도 적용해야 한다고 그가 생각하는 지는 명확하지 않다.

이다. 이들 무법국가에 대한 관용의 거부는 자유주의와 적정성의 결과이다. 만약 정치적 자유주의의 정치관이 건전하다면, 우리가 만민법을 개진해온 단계들이 건전하다면, 만민법하에서 자유적이고 적정수준의 만민은 무법국가들을 관용하지 않을 권리를 가진다. 자유적 및 적정수준의 만민은 자기들의 태도에 대한 아주 적절한 이유를 지니고 있다. 무법국가들은 공격적이며 위험하다. 따라서 만약 이런 국가들이 자신들의 방식을 변화하거나 혹은 변화하도록 강제된다면, 모든 국가들은 보다 안전하고 좀 더 안정적이 될 것이다. 그렇지 않으면, 이들은 힘과 폭력의 국제적 분위기에 심대한 영향을 줄 것이다. 나는 제3부 비이상론에서 이 문제를 다시 다루겠다.[26]

§11. 만민법의 절차에 관한 논평

11.1. 세계시민적 정의(Cosmopolitan Justice)의 위치

나는 이상적 이론의 두 부분을 완결시키기 위해서, 자유적이며 사회계약적인 정치적 정의관을 사용하여 만민법을 설명해온 방식에 관한 몇 가지 논평을 잠시 하고자 한다.

어떤 자유주의적 만민법 즉 특별한 어떤 사회계약론적인 법은 먼저 모든 개인들을 위한 자유적인 세계시민주의 혹은 지구적 정의에 대한 문제를 먼저 다루는 일로 시작되어야 한다고 생각하는 사람들이 있을 수 있다. 그들은 이런 견해들 속에서 모든 개인들이 합당하고 합리적인 존재로 고려되며, 칸트와 밀에게서 찾아볼 수 있는 포괄적인 자유주의 뿐만 아니라 정치적 자유주의 양자 모두에게 정치적 평등이 되는, 내가 "두 가지

---

26 우리는 어떤 점에서, 무법국가들이 위험하지도 공격적이지도 않고 실제로 매우 약소국인 경우에도, 그러한 국가들이 인권을 단지 침해하기 때문에 간섭해야 하는가라는 문제에 틀림없이 봉착하게 될 것이다. 나는 비이상론에 대해 논의하는 §§14–15에서 이 문제로 돌아갈 것이다.

도덕적 능력"이라고 부르는—정의감의 능력 a capacity for a sense of justice과 가치관(선관) a capacity for a conception of the good의 능력—것을 지니고 있는 존재로 간주된다고 주장한다. 그들은 이렇게 시작하여 모든 당사자들이 대칭적으로 위치되어 있는 이면에 무지의 베일을 가진 지구적인 원초적 입장을 상상한다. 국내 경우에 적용되는 원초적 입장에서와 같은 유사한 추론을 따라,[27] 계약당사자들은 모든 개인들이 평등한 기본권과 자유들을 가지는 첫 번째 원칙을 채택하게 된다. 이런 절차는 직접적으로 인권을 근거로 하여 자유적 세계시민주의 정치관(도덕관) *a political(moral) conception of liberal cosmopolitan justice*을 확립하는 방식이다.[28]

그렇지만, 이런 방식으로 논의를 진행한다면, 우리는 §7.2에서 취했던 입장(내가 비자유주의적 사회들은 언제나 특정 형태의 제재를 받아야 한다는 주장을 논의하고 이를 거부했던 부분)으로 되돌아가게 된다. 그 이유는 결국 모든 개인들이 입헌민주정체에서 시민들이 갖는 평등한 자유적 권리들을 가진다고 말하는 것에 해당되기 때문이다. 이 입장에 따르면, 자유적 만민의 외교정책—이것을 정교화는 우리의 관심이다—은 궁극적으로(이상적인 경우에) 모든 사회들이 자유적인 사회가 될 때까지, 아직 비자유적인 모든 사회들을 자유주의적 방향으로 점진적으로 변화시킬 수 있도록 하는 것이다. 그러나 이 외교정책은 단순히 자유민주사회만이 수용될 수 있음을 가정하고 있는 셈이다. 합당한 자유적 만민법을 고안해 내려는 노력을 기울이지도 않는다면, 우리는 비자유적 사회들을 수용할 수 있을지의 여부를 알 수 없다. 지구적 원초적 입장의 가능성은

---

27 *A Theory of Justice*, §§4, 24를 보라.

28 베리(Brian Barry)는 그의 저서 *Theories of Justice*(Berkeley: University of California Press, 1989)에서 이 절차의 장점을 논의하고 있다. 역시 Charles Beitz의 *Political Theory and International Relations*(Princeton: Princeton University Press,1979), part Ⅲ; Thomas Pogge, *Realizing Rawls*(Ithaca, N.Y.: Cornell University Press, 1990), part 3, Chaps.5–6; 그리고 David Richards, "International Distributive Justice," *Nomos*, vol. 24(1982)를 보라. 이들 모두가 이 경로를 취하는 것으로 보인다.

이 점을 보여주지 않고 있으며, 우리는 그것을 단순하게 그렇다고 가정할 수도 없다.

만민법은 우리가 보듯이, 국제정치세계로부터 진행되고, 합당하게 정의로운 자유적 만민의 외교정책이 어떤 모습이어야 하는지에 관심을 가진다. 이런 외교정책을 정교하게 하기 위해서, 만민법은 두 종류의 질서정연한 만민, 즉 자유민주적 만민과 적정수준의 위계적 만민을 논의한다. 이 법은 또한 무법국가와 불리한 여건으로 인해 고통 받고 있는 국가들을 논의한다. 그럼에도 이 법은 자유민주 만민의 외교정책의 목적이 무엇이어야 하는지를 우리가 합당하게 현실주의적 방식으로 검토할 수 있도록 해준다.

11.2. 적정수준의 사회들에 대한 상세한 설명

반복하자면, 나는 적정수준의 위계적 사회가 자유적 사회만큼 합당하고 정의롭다고 말하는 것이 아니다. 그 이유는 자유민주사회의 원칙에 따라 판단해보면, 적정수준의 위계적 사회는 자국의 구성원을 평등하게 대우하지 않는 것이 분명하기 때문이다. 그렇지만, 적정수준의 사회는 공동선의 정치적 정의관을 가지고 있다(§8.2). 이 정의관은 적정수준의 협의 위계체제에서 존중된다(§9.1). 더욱이 이 정의관은 자유주의 국가들이 존중하는 동일한 법 즉 합당하고 정의로운 만민법을 존중한다. 이 법은 어떻게 만민이 상호간에 *만민으로*as peoples서 대우할 것인가 하는 문제에 적용된다. 만민이 상호간에 대우하는 방식과 그 만민이 자국의 구성원을 대우하는 방식은 서로 다른 두 가지 문제라는 점을 인식해야 한다. 적정수준의 위계적 사회는 사회 내에 자유적 시민관이 결여 되어 있는 탓에 심지어 자신의 구성원을 자유롭고 평등한 시민들로서 합당하거나 정의롭게 대우하지 않을지라도 합당하고 정의로운 만민법을 존중한다.

적정수준의 위계적 사회는 일정한 도덕적 및 법적인 요건들을 충족시킨다. 이 점은 우리가 이 사회의 인민과 제도 및 문화에 제재를 부여하거나 강제적인 간섭을 할 수 있도록 하여 주는 정치적 이유들을 무력화하기에 충분한 것이다. 제재를 부여하지 않은 것이 단순히 외국의 한 인민을 다루는데 있어서 가능한 실수와 오산을 예방하려는 이유에서만이 아님을 강조하는 일은 매우 중요하다. 물론 제재를 부과하려는 측에서의 실수, 오산, 오만의 위험을 틀림없이 고려해야만 한다. 그렇지만, 적정수준의 위계적 사회들은, 심지어 그들의 제도 전체가 정치적 자유주의 또는 자유주의의 견지에서 볼 때 일반적으로 충분하게 합당하지는 않을지라도, 마땅히 존중받을 만한 어떤 제도적 특징들을 가지고 있다. 자유적 사회들은 수많은 방식에서 서로 크게 다를지 모른다. 가령, 어떤 사회들은 다른 사회들보다 훨씬 평등주의적일 수 있다.[29] 그러나 자유적 만민들의 사회는 이런 상이함을 관용한다. 특정 형태의 위계적 사회들의 제도들 역시 유사하게 관용할 수 없는가? 나는 관용할 수 있다고 믿는다.

그러므로 만약 적정수준의 위계적 사회들이 §§8–9에 명시된 조건들을 존중한다면, 이 사회들은 자유적 만민의 숙고를 통해 합당한 만민들의 사회의 *선의*bona fide의 구성원으로서 여겨질 것이라는 점을 나는 이미 확립된 것으로 간주한다. 이것은 바로 내가 의미하는 관용이다. 정치적 자유주의에 근거하든, 혹은 종교적 포괄적인 교리와 비종교적인 포괄적 교리들에 근거하든 간에, 비판적 반대는 이 문제와 다른 모든 문제들에 대하여 계속될 것이다. 이러한 반대의 제기는 자유적 만민의 권리이며, 적정수준의 위계적 만민의 자유들 및 통합성과 충분히 부합할 수 있다. 정치적 자유주의에서, 우리는 다음 두 가지, 첫째 만민법의 공적 이성에 근거한 내정간섭이라는 정치적 사안, 둘째 시민들의 포괄적인 교리들에

29 *Political Liberalism*, pp.6–7에서 언급된 평등주의(egalitarianism)의 세 가지 특징을 보라.

근거하는 도덕적, 종교적 사안이란 양자의 차이를 분명하게 구분해야 한다. 내가 보건대, 만약 안정적인 평화가 사회들간의 다원성 속에서 유지되려면, 전자가 우선성을 지녀야만 할 것이다.

11.3. 장려요인들(incentives)을 제공하는 것에 대한 질문

그럼에도 여전히 중요한 질문이 제기될 수 있다. 적정수준의 비자유적 사회가 좀 더 자유민주적 헌법을 발전시킬 수 있도록 유인을 제공해야 하는가? 이 문제는 많은 곤란한 쟁점들을 제기한다. 나는 몇 가지 예비적 제안을 하고자 한다. 첫째, 유엔 같은 합당하고 적정한 만민의 기구가 그 회원 만민이 좀 더 자유주의적이 되도록 하는 장려요인들을 제공해서는 안된다는 것은 명백하다. 이런 행위가 그 회원 만민간의 심각한 충돌을 유도하기 때문이다. 그렇지만, 이러한 적정수준의 비자유주의적 만민들 자신은 이런 목적을 위한 자금을 IMF(국제통화기금)와 유사한 기관에 자발적으로 요청할 수 있다. 이러한 기관은 그러한 자금을 다른 차관들과 마찬가지로 동일한 근거에서 취급해야 한다. 만약 그러한 차관에 특별한 우선성이 주어진다면, 또다시 자유적 만민과 적정수준의 만민 간에 갈등이 발생할 수 있다.[30]

나는 또한 자유적 국민이 다른 만민들이 좀 더 자유주의적이 되도록 유인하는 보조금의 승인을 자국의 외교정책의 일부로 채택하는 일은 합당하지 않다고 제안한다. 그렇지만, 시민사회에 사는 개인들이 이런 목적을 위해 사적 자금을 모금할 수는 있을 것이다. 자유적 민주정부가 원조의 의무로 고려하는 대상은 불리한 여건으로 인해 고통을 겪고 있는 만민이라는 점이 훨씬 더 중요하다. 나는 또한, 적절한 조건을 통해 정당하게 제약된duly constrained 민족자결권self-determination은 한 인민에게 중요

---

30 실제로, 오늘날의 국제통화기금(IMF)은 정치적 조건들을 차관과 종종 결부시켜 좀 더 개방적인 자유민주적 제도들을 지향하게 하는 조치를 요구하는 조건들을 포함하는 경우가 종종 있다.

한 가치good라는 것과, 자유적 국민의 외교정책은 그러한 가치를 인정해야 하며 외견상 강제적인 형태를 취하지 말아야 한다는 것을 뒤(§16)에서 주장할 것이다. 적정수준의 사회들은 그들의 미래를 스스로 결정할 기회를 가져야 한다.

§12. 결론적 의견

12.1. 범위에 있어서 보편적인 만민법

우리는 이제 만민법의 이상적 이론의 두 번째 부분, 즉 적정수준의 위계적 만민으로 확장하는 것에 관한 논의(§§8–9)를 마무리 지었다. 나는 합당하게 정의로운 자유적 만민과 적정한 위계적 만민 모두 동일한 만민법을 수용하리라는 것을 주장했다. 이러한 이유로, 만민들 상호관계에 관련된 만민간의 정치적 논쟁은 만민법의 내용과 원칙들에 입각해서 표현되어야 한다.

국내 경우에 있어서, 원초적 입장의 당사자들이 정의의 원칙들을 형성할 때, 고전적(혹은 평균) 공리주의, 일군의 합리적인 직관주의적 원칙들 또는 도덕적 완전주의의 형태로부터 정의의 원칙들을 선택하는 것으로 묘사될 수 있다. 그렇지만, 정치적 자유주의는 도덕적이며 정치적인 삶의 모든 부분에 타당성을 가지는 보편적인 제1원칙들에 동의하지 않는다. 다시 말하면 자유민주사회의 기본구조를 위한 정의의 원칙들은 완전히 일반적인 원칙들이 아니다. 그것들은 모든 주체subjects에 적용되지 않는다. 교회와 대학 또는 심지어 모든 사회들의 기본구조에 적용되는 것은 아니다. 그리고 자유민주사회의 기본구조를 위한 정의원칙들은 만민법에도 적용되지 않는다. 만민법은 자율적인 것이다. 만민법의 8가지의 원칙들(§4)은 자유롭고 평등하다고 간주되는 질서정연한 만민에게 적용된다.

여기에서, 우리는 합의당사자들이 이런 8가지 원칙들에 대한 상이한 해석 중에서 선택하는 것으로 기술할 수 있다.

우리가 만민법을 구상할 때, 하나의 폐쇄적이고 독립적인 자유민주 사회의 기본구조에 적용되는 정치적 정의의 원칙들principles of political justice에서 시작한다.[31] 그 다음에 두 번째 적절한 원초적 입장에 처한 합의당사자들을 모델화한다. 제2단계의 원초적 입장의 당사자들은 평등한 만민의 대표로서 질서정연한 만민들의 사회에 적용되는 만민법의 원칙들을 선정한다. 원초적 입장의 개념의 유연성은 절차의 각 단계에서 나타난다. 즉 해당 주제에 적합하도록 이를 수정하는 것이다. 만민법이 합당하게 완결적이어야 한다면, 모든 정치적으로 유관한 주체들에 적용되는 합당한 정치적 원칙들을 포함해야 한다. 즉 자유롭고 평등한 시민들과 그들의 정부, 자유롭고 평등한 만민에 적용되는 합당한 정치적 원칙들을 포함해야 하는 것이다. 만민법은 또한 만민 간 협조를 위한 조직을 형성시킬 수 있고 다양한 의무와 책무들을 구체화하는 지침들을 포함해야 한다. 이렇게 하여 만약 만민법이 합당하게 완결된다면, 우리는 만민법이 정치적으로 유관한 모든 주체들을 위해 원칙들을 제시할 수 있을 정도로 확대된다는 점에서 "범위에 있어서 보편적"universal in reach이라고 말할 수 있다(만민법은 가장 포괄적인 정치적 주체 즉 만민의 정치사회the political Society of Peoples를 규제한다). 정치적으로 말하자면, 적절한 주체에 해당될 수 있는 판단의 원칙 및 기준을 찾을 수 없는 경우는 없다. 제1부와 2부에서 두 단계의 연결이 합당한지의 여부는 그것의 결과가 적절한 숙고 후에도 지지될 수 있는지의 여부에 따라 결정된다.[32]

---

31 *Political Liberalism*, lecture I, "Fundamental Ideas."를 참조하라.

32 나는 이 구절을 *A Theory of Justice*, §§3–4, 9에서 설명한 "반성적 평형"(reflective equilibrium)과 동일한 의미로 사용한다.

12.2. 실천이성으로부터 연역되지 않음

만민법에 대한 나의 제안이 칸트의 *평화적 연합*foedus pacificum이란 발상과 그의 사상에 상당히 많은 부분을 빚지고 있기 때문에, 나는 다음과 같은 점을 분명히 해야 한다. 우리는 어떠한 점에서도 옳음과 정의의 원칙들 또는 적정성, 혹은 합리성의 원칙들을 실천이성관을 배경으로 하여 연역하지 않는다.[33] 오히려, 우리는 실천이성의 개념에 세 가지 구성요소들 즉 합당성reasonableness, 적정성decency, 그리고 합리성rationality의 개념들을 제공하고 있다. 이러한 세 가지 규범적 개념들에 대한 기준은 연역되는 것이 아니고, 각각의 경우로 열거되어 그 특징이 부여될 뿐이다. 실천이성 자체는 무엇을 해야 하는가에 대한 단순한 추론 또는 제도들과 정책들이 합당하고 적정하며 합리적인지, 왜 그러한지에 대한 추론일 뿐이다. 이들 세 가지 개념들 각각에 대한 필요충분조건의 목록은 존재하지 않는다. 따라서 이에 대한 의견차이가 예상된다. 그렇지만, 우리가 만약 합당성, 적정성 및 합리성의 내용을 적절하게 구상한다면, 결과적으로 나오는 옳음과 정의의 원칙들 및 기준들은 조리가 서로 맞게 될 것이고, 우리의 적절한 숙고를 통해 확인될 것이다. 그렇지만 아직까지는 어떤 보장도 할 수 없다.

실천이성의 개념이 칸트와 결부되어 있다 할지라도, 정치적 자유주의는 칸트의 초월적 관념주의transcendental idealism와 완전히 구분된다. 정치적 자유주의는 합당한 것의 개념the idea of the reasonable을 구체화한다.[34] "합당한"reasonable이라는 용어는 『정의론』에서 자주 사용되었지만, 개념을 구체화한 적은 없었다. 이 개념의 구체화는 『정치적 자유주의』에서 각

---

33 *Political Liberalism*의 강의 III(Lecture III)은 이 점에서 잘못되었다. 그 책에서, 합당한 것과 합리적인 것의 내용이 실천이성의 원칙으로부터 도출된다는 인상을 주는 부분들이 많이 있다.

34 나는 여기에서 *Political Liberalism*과 "The Idea of Public Reason Revisited." 모두를 언급하고 있다.

주제들[35]에 해당되는 적절한 기준을 제공하면서 이루어졌다. 즉 "합당한"이라는 용어가 적용되는 사안에 대해 적절한 기준을 제공하였다. 이렇게 하여, 합당한 시민들은 평등한 가운데 사회협력의 공정한 조건을 제안하는 자신들의 자발성과 함께, 판단의 부담the burden of judgment을 자신들이 인정하는 것에 그 특징이 있다.[36] 게다가 그들은 단지 합당한 포괄적 교리들만 지지한다.[37] 이에 부응하여, 이런 교리들이 자유민주정체의 본질요소들을 인정하고,[38] 일관되고 일치된 방식으로 (종교적이든 비종교적이든 간에) 많은 인생의 가치들에 대하여 근거 있게 우선순위를 부여한다는 것이 가정된다면, 결국 이런 교리들은 합당하다. 이러한 교리들이 상대적으로 안정적임에도, 이 교리들의 전통이 발전되었다는 것을 전제하여, 선하고 충분한 근거들로 인정되었다는 점에 비추어 보면, 이들 교리들은 여전히 진화할 수 있다.[39] 또한 일반적으로 정치적 판단에 있어 의견의 다양성을 기대하는 것 역시 합당하다. 따라서 모든 다수결 투표규칙들을 거부하는 것은 합당하지 않다. 만약 거부한다면, 자유민주주의는 불가능하다.[40] 정치적 자유주의는 이런 구체화가 그 자체로 합당함을 증명하는 어떤 방법도 제시하지 않고 있다. 그러나 아무것도 필요하지 않다. 다른 자유롭고 평등한 시민들에게 공정한 협력의 조건을 제공하는 것은 단지 정치적으로 합당하며, 이런 일에 대한 거부는 단지 정치적으로 합당하지 않을 뿐이다.

적정성의 개념the idea of decency의 의미도 동일한 방식으로 찾을 수 있다. 내가 이미 말한 것처럼, 적정수준의 사회는 공격적이지 않으며 단지

35 *Political Liberalism*, p.94를 보라
36 Ibid., pp.48–64.
37 Ibid., p.59.
38 Ibid., p.xviii.
39 Ibid., p.59.
40 Ibid., p.393.

자기방어를 위한 전쟁만을 수행한다. 인권을 그 사회의 모든 구성원들에게 보장하는 것은 공동선의 정의관이다. 이 사회의 기본구조는 이런저런 권리들을 보호해주는 적정한 협의위계체계decent consultation hierarchy를 포함하며 사회 내에 있는 모든 집단들이 협의체계 내에서 선출된 조직체들을 통해 적정하게 대표될 수 있도록 보장한다. 마지막으로 법체계를 담당하고 있는 판사 및 공무원은 법은 진정 공동선의 정의관에 근거해 운영되고 있다는 성실하고 불합당하지 않은 신념을 지니고 있어야 한다. 단지 힘을 통해 지지되는 법은 반란과 저항의 근거가 된다. 이는 노예사회에서 일상적인 것이지만, 적정수준의 사회에선 그럴 수 없다.

합리성의 원칙들the principles of rationality은 『정의론』에서 구체적으로 설명되었다. 『정의론』에서 인생계획에 대한 결정을 내리기 위한 합리성의 계산원칙, 숙고적 합리성deliberative rationality, 그리고 아리스토텔레스적 원칙Aristotelian Principle에 대하여 구체화하였다.[41] 계산원칙은 가장 단순하며 혹은 가장 기본적인 원칙들이다. 이 원칙은 다른 사정이 같다면, 자신의 목적들에 대한 가장 효과적인 수단을 선택하는 것이 합리적이라고 말한다. 또는 다른 사정이 같다면, 좀 더 포괄적인 대안 즉 몇몇 부수적인 목적들뿐만 아니라, 다른 사람들이 추구하는 모든 목적들을 실현시킬 수 있는 대안을 선택하는 것이 합리적이다라고 말한다. 다시 말해 방금 예증한 것처럼 합리성의 이러한 원칙들은 단순히 구체화되었거나 만들어진 것이지 연역되거나 파생된 것이 아니다.

---

41 나는 *A Theory of Justice*, sec. 63, p.411에서 다음과 같이 기록했다.: "이러한 [합리적 선택의] 원칙들은 열거에 의해서 주어진 것이다. 결국 그것들은 합리성의 개념(the concept of rationality)을 대치한다." 계산원칙에 대해서는 sec. 63, pp.411-415를 참조하라.

제3부

비이상적 이론

제3부 비이상적 이론

§13. 정의전쟁 원칙: 전쟁의 권리

13.1. 비이상적 이론(Nonideal Theory)의 역할

지금까지 우리는 이상적 이론ideal theory을 다루어왔다. 자유주의적 정의관을 확장함에 있어서 우리는 질서정연한 만민들의 사회Society of well-ordered Peoples, 즉 자유적 만민과 적정수준의 만민을 위한 이상적 관점의 만민법을 발전시켜왔다. 이 관점은 질서정연한 만민 상호간의 행위뿐만 아니라, 이들 간의 상호이익을 위한 공통적인 제도를 구상하는데 지침 역할을 한다. 이 관점은 또한 질서정연한 만민이 비질서정연한 만민non-well-ordered peoples을 어떻게 다루어야 하는지에 대한 지침을 제시한다. 그러므로 우리는 만민법에 대한 논의를 완결하기 전에, 비록 전체를 충분히 숙고하지 못할지라도 중대한 부정의와 광범위한 사회악이라는 극도의 비이상적인 조건들로 인해 발생하는 문제들에 대해 반드시 숙고해야만 한다. 이 세상에 상대적으로 질서정연한 만민이 일부 존재한다고 가정하고, 우리는 이러한 만민이 비질서정연한 만민에 대해 어떻게 행동해야하는지를 비이상적 이론에서 묻는다. 우리는 질서정연한 만민이 세상의 모든 만민이 만민법(의 이상)을 수용하고 따르는 세계에서 살기를 원한다고 생각하는 것이 질서정연한 만민의 특징이라 생각한다.

비이상적 이론은 이러한 장기적인 목적이 어떻게 성취될 수 있는지, 또는 점진적인 단계로 어떻게 작동될 수 있는지에 대해 질문한다. 비이상적 이론은 효과적일뿐만 아니라 도덕적으로 허용할 수 있고 정치적으로 달성 가능한 정책들과 행위경로를 모색한다. 이런 인식을 바탕으로, 비이상적 이론은 우리가 이미 이상적 이론을 갖추고 있다고 가정하는데, 이상적 이론의 최소한의 대략적 윤곽—이것은 우리가 기대할 수 있는 모든 것이다—이라도 확인할 수 없다면, 비이상적 이론이 답변하고자하는 질문의 목적 또는 목표를 결여하게 된다. 그 어느 시대라 할지라도 우리 세계의 특정 조건들—현상유지—이 이상적 만민의 사회관을 결정하지는 않는다 하더라도, 이런 조건들은 비이상적 이론의 문제에 대한 구체적인 답변에 영향을 미친다. 이유를 들자면, 이것들은 과도기적 이행의 문제로, 무법국가와 불리한 여건으로 고통 받는 모든 사회들이 만민법을 수용하고 준수하게 되는 세계로 어떻게 이행할 수 있는지에 관한 문제를 다루기 때문이다.

우리가 서론에서 살펴본 것처럼, 두 종류의 비이상적 이론이 있다. 첫째는 불순응의 조건들conditions of noncompliance로, 합당한 만민법을 준수하기를 거부하는 특정한 정체의 조건들을 다룬다. 이러한 정체들은 자기 체제의 합리적인(합당하지 않은) 이익을 증진시키거나 증진시킬 수 있다는 것이 자신들이 원하는 전쟁을 수행할 수 있는 충분한 이유가 된다고 생각한다. 이런 정체들을 나는 *무법국가*outlaw states라고 부른다. 비이상적 이론의 두 번째 부분은 불리한 여건들unfavorable conditions의 문제로, 해당 사회들의 역사적, 사회적, 경제적 상황들로 인해 자유적 혹은 적정수준의 질서정연한 정체에 이르는 것이 불가능하지는 않아도 어려움을 겪는 사회들의 조건들을 다룬다. 나는 이러한 사회를 불리한 여건으로 고통받는 사회*burdened societies*라고 부른다.[1]

이제 나는 비이상적 이론을 시작하고자 한다. 우선 만민법의 5번째 원초적 평등의 원칙initial principle of equality(§4.1)이 질서정연한 만민에게 자기방어를 위한 전쟁의 권리를 부여하지만, 주권에 대한 전통적인 설명처럼 한 국가state의 합리적 이익을 합리적으로 추구하기 위한 전쟁의 권리는 부여하지 않는다고 했음을 상기해 보라. 그러나 이런 설명만으로는 충분한 이유가 될 수 없다. 질서정연한 만민 즉 자유적 만민과 적정수준의 만민은 모두 상호간에 전쟁을 도발하지 않는다. 이들은 단지 그들의 안전과 안위가 무법국가의 팽창주의적 정책으로 인해 심각한 위험에 직면하였다고 진정으로 합당하게 믿을 때에만 전쟁을 수행한다. 다음에서, 나는 전쟁에서 지켜야할 행위에 관한 만민법의 원칙들의 내용을 입안할 것이다.

13.2. 질서정연한 만민의 전쟁권리

어떤 국가state도 그 국가의 *합당한reasonable* 이익에 반대되는 *합리적인rational* 이익을 추구하기 위한 전쟁의 권리는 없다. 그렇지만 만민법은 모든 질서정연한 만민(자유적 만민과 적정수준의 만민 모두)뿐만 아니라 정말로 합당하게 정의로운 만민법을 준수하고 존중하는 사회에도 자기방어를 위한 전쟁의 권리를 부여한다.[2] 모든 질서정연한 사회들이 자기방어

---

1 역시 다른 가능성들이 있다. 어떤 국가들은 질서정연하지 않으며 인권을 침해한다. 그러나 주변국들에 대해 공격적이지 않으며 침략할 계획을 품고 있지도 않는다. 이들은 불리한 여건으로 인해 고통받지 않지만, 단지 그 국가 내에 있는 특정소수파의 인권을 침해하는 국가정책(state policy)을 가질 뿐이다. 그러므로 그들은 합당하게 정의로우며 적정수준의 만민의 사회에서 권리로 인정된 것을 침해하기 때문에 무법국가로 간주된다. 그 국가들은 중대한 경우 특정의 제재를 받을 수도 있다. 나는 이 문제를 아래의 각주 6과 본문의 뒷부분에서 좀 더 상세히 다루겠다.

2 통상적으로 전쟁의 권리는 동맹국의 방어를 도울 권리를 포함한다.

를 위한 전쟁권리를 가지고 있지만, 이들은 자신들의 목적과 의도를 이해하는 방식에 따라 상이하게 자신들의 행위를 해석할 수도 있을 것이다. 나는 일부 이런 차이점에도 주목할 것이다.

자유적 사회가 자기방어를 위한 전쟁을 수행할 때, 그것은 자국 시민의 기본적 자유와 자국의 입헌민주정치 제도들을 수호하고 보존하기 위한 것이다. 실제로, 자유적 사회는 경제적 부를 획득하거나 자연자원을 확보하기 위해서 자국의 시민들을 전쟁에 참여하도록 정당하게 요구할 수 없다. 물론 권력과 제국을 획득하기 위한 전쟁은 말할 것도 없다[3](어떤 사회가 이러한 이익을 추구할 때, 그 사회는 더 이상 만민법을 존중하는 것이 아니다. 그 순간 그 사회는 무법국가가 된다). 강제징집 또는 군사력을 증강하려는 다른 사회적 관행을 통해 시민들의 자유를 침해하는 일은, 단지 자유 그 자체를 위해 즉 자유민주제도들과 시민사회의 수많은 종교적, 비종교적인 전통들과 삶의 형태를 보호하기 위해 반드시 필요한 경우에만, 자유적 정치관에 입각해서 이루어질 수 있다.[4]

자유적 입헌정부의 특별한 중요성은, 시민들이 입헌정체의 민주정치를 통하여 그리고 공적 이성의 개념을 따름으로써, 자신들의 사회관을 표명하고 그것을 방어하기 위해 적절한 행위를 취할 수 있다는 데 있다. 이상적으로 말해본다면, 시민들이 시민사회의 성원으로서 *진실하게truly* 정치적 의견을 개진한다는 것으로, 이 견해는 단순히 무엇이 그들 자신의 특수한 이익—그 이익이 무엇이든 간에—을 최고로 증진시킬 수 있는가에 대한 것이 아니다. 이런 (진실하게 정치적인) 시민들은 정치적 옳음과 정의의 시비是非에 대한 견해와 사회의 다른 당사자에 해당하는 복지의 필요성에 대한 견해를 발전시킨다. 『정치적 자유주의』*Political Liberalism*에서

---

3 물론, 이른바 자유적 사회들도 때로는 이렇게 하지만 그것은 단지 그들이 잘못 행위하고 있다는 것을 보여줄 뿐이다.

4 *A Theory of Justice, sec.*58, pp.380ff.를 보라.

처럼, 각 시민은 내가 명명한 "두 가지 도덕적 능력"—정의감의 능력과 가치관의 능력—을 지니고 있다고 여겨진다. 또한 각 시민들은 언제나 포괄적인 종교적, 철학적 혹은 도덕적 교리들과 양립할 수 있는 가치관을 지니고 있다고 가정된다. 이런 능력들에 근거해 시민들은 시민으로서 자신들의 역할을 수행하며, 그들의 정치적 및 시민적 자율성을 중시한다. 자유적 헌법과 사회의 구본구조의 틀 내에서 보장되는 정의의 원칙들은 시민들의 고차적인 관심들을 보호한다. 이런 제도들은 시민사회의 배경문화[5]가 번영할 수 있는 합당하게 정의로운 환경을 확립한다.

적정수준의 만민은 또한 자기방어를 위한 전쟁의 권리를 가지고 있다. 이 만민은 자유적 만민의 방식과는 다르게 그들이 방어하는 것이 무엇인지를 기술해야 할 것이다. 그렇지만, 적정수준의 만민 역시 수호할 만한 가치가 있는 어떤 것을 가지고 있다. 예를 들어, 상상 속의 적정수준의 인민 즉 카자니스탄의 통치자들은 적정수준의 이슬람 사회를 올바르게 지킬 수 있을 것이다. 이들은 자기 사회 내의 상이한 신앙을 지닌 구성원들을 인정하고 존중하며, 비이슬람권과 자유적 사회를 포함한 다른 사회의 정치제도를 존중한다. 이들은 또한 인권을 존경하며 존중한다. 이들의 기본구조는 적정수준의 협의위계체계를 포함한다. 그리고 이들은 (합당한) 만민법을 수용하고 준수한다.

앞에서 언급된 5번째 종류의 사회—*자애적 절대주의* *a benevolent absolutism*—또한 자기방어를 위한 전쟁의 권리를 가지고 있는 것으로 보인다. 자애적 절대주의는 인권을 존경하고 존중하지만, 그것은 질서정연한 사회는 아니다. 왜냐하면, 그 구성원들에게 정치적 의사결정에 있어서 의미 있는 역할을 할 기회를 주지 않기 때문이다. 그러나 비공격적이며 인권을 존중하는 사회라면, 어떠한 사회도 자기방어를 위한 전쟁의 권리

5 *Political Liberalism*, p.14를 보라.

를 갖는다. 우리의 입장에서 볼 때 그 사회의 정신적 생활과 문화의 차원이 높지 않을 수도 있으나 그 사회는 자신의 영토침략에 대항하여 스스로를 방어할 권리를 항상 갖고 있다.

13.3. 외교정책의 지침으로서의 만민법

합당한 만민법은 무법적 정치체제에 대항함에 있어 질서정연한 사회들이 명심해야 할 목적을 구체화하고 그 사회들이 사용할 수 있거나 사용을 피해야 하는 수단들을 지적해 줌으로써 질서정연한 사회들에 지침을 제공한다. 그렇지만, 이들에게 방위는 단지 가장 우선시되고 긴급한 과제일 뿐이다. 이들의 장기적인 목적은 모든 사회들이 결과적으로 만민법을 존중하고, 질서정연한 만민들의 사회의 완전한 성원이 되도록 유도하는 것이다. 이렇게 되면, 인권은 모든 지역에서 보호될 것이다. 모든 사회를 이런 목적에 이르도록 어떻게 유도할 것인가는 외교정책의 문제이다. 이런 일에는 정치적 지혜가 필요하며, 그 성공은 어느 정도 행운에 달려 있다. 이러한 것들은 정치철학이 부언해야 할 문제들이 아니다. 나는 단지 몇 가지 익숙한 사항들을 다시 상기시켜보려 한다.

질서정연한 만민이 이러한 장기적인 목적을 성취하려면, 비질서정연한 정체들을 대상으로 하는 자신들의 공통된 의견과 정책을 위한 연방센터와 공적 포럼 같은 유형으로 기능할 수 있는 새로운 제도 및 관행을 확립해야만 한다. 이들은 국제연합과 같은 제도 내에서 또는 특정한 쟁점에 따라 각각 분리되어 형성되는 질서정연한 만민간의 동맹을 형성함으로써 이런 일을 할 수 있다. 이런 연방센터를 질서정연한 사회들의 의견을 공식화하고 표명하기 위해 이용할 수 있다. 거기에서 이들은 공격적이고 팽창주의적 정권들의 부당하고 잔인한 제도들과 그들의 인권침해에 대해 공적인 견해를 드러낼 수 있다.

심지어 무법정체들조차도 이런 종류의 비판에 전혀 무관심할 수 없다. 특별히 비판의 근거나 단지 자유주의적이거나 서구적인 개념으로 쉽게 결론지을 수 없는, 합당하고 충분한 근거를 가진 만민법일 때에는 더욱 그렇다. 그래서 질서정연한 만민은 장기간에 걸쳐 점진적으로, 무법정체들이 자신들의 방식을 변화시키도록 압력을 행사할 수 있다. 그러나 이런 압력 자체만으로는 그리 효과적일 것 같지 않다. 이런 압력은 경제적 및 다른 원조들을 확실하게 거부함으로써, 혹은 무법정체를 상호이익이 되는 협력적 관행의 훌륭한 성원으로 인정하지 않음으로써 강화될 필요가 있다. 그렇지만, 이런 질문들에 대해 무엇을 할 것인지는 본질적으로 정치적 판단의 문제이며, 다양한 정책이 빚어내는 가능한 결과들에 대한 정치적 평가에 의존한다.[6]

---

6 앞에서 내가 말한 것은 다음과 같다: 우리는 단지 무법국가가 인권을 침해하기 때문에, 그 국가들에 간섭하는 것이 어떤 점에서 정당한지의 여부에 대해 질문할 수 있다. 심지어 무법국가들이 다른 국가들에 대해 위험하지도 않고 공격적이지도 않으며, 실제로는 매우 약한 경우에도 그렇게 하여야 하는가 하는 문제가 대두될 수 있다. 확실히, 그러한 경우들에 있어서 어떤 종류의 제재를 받아야 되는 명백한 경우들이 있다. 그러한 제재는 원시사회들보다는 진보된 문명국에서는 상이하게 진행되어야만 한다. 자유적이거나 적정수준의 사회들과 전혀 접촉되지 않는 원시적이고 고립된 사회들이라면, 우리에겐 영향력을 행사할 어떤 방법도 없다. 그러나 그들이 자유적 혹은 적정수준의 사회들과 무역을 추구하거나 다른 협력적인 제도들을 추구하는 좀 더 발전된 국가들이라면, 다른 이야기가 된다. 아즈텍족(Astecs: 멕시코의 원주민)과 유사한 발전된 사회를 생각해 보라. 그 부족은 모든 법을 준수하는 국제사회의 구성원들에게 무해하지만, 그들의 낮은 계급을 노예로 부리며, 그 부족의 신전에서 어린 성원들을 인간 제물로 바칠 수 있다. 이들이 이런 종교적 관행을 그만두게 할 적절한 방법이 있는가? 내 생각으로는, 그들은 인권을 존중하지 않고서는 사회적 협력체제에 그들이 참여하는 것이 전혀 불가능하다는 것 그리고 사회적 협력체제가 그들의 이익이 될 수 있다는 것을 그들이 깨달아야만 한다. 노예제도와 인간제물의 위협이 존재하는 사회는 협력체제가 아니며, 국제협력체제의 일부가 될 수 없다. (역시 §17.1을 보라.) 강제적 간섭이 요청될 만한 때가 있을 수 있겠는가? 만약 인권을 침해하는 범죄들이 터무니없이 엄청나고, 그 사회가 제재의 부과에 반응하지 않는다면, 인권을 옹호하는 그러한 간섭은 수용될 수 있고 요청될 수 있다. 나중에 §15.4에서, 나는 만민들이 자유주의적 문명과 문화의 기본원칙들과 이상을 긍정적인 방식으로 접한다면, 머지않아 이들은 인권을 수용할 준비를 갖추게 되고 그것들에 따라 행위 할 것이며, 인권침해는 사라지게 될 것이라는 그러한 명제를 계속해서 논의할 것이다. 이러한 방식으로, 만민들을 상호적으로 돌보는 순환관계가 시간이 지나면서 확장될 수 있을 것이다.

§14. 정의전쟁 원칙: 전쟁의 행위

14.1. 전쟁행위를 제한하는 원칙들

정의로운 전쟁의 목적에 대한 위의 설명을 따라, 전쟁행위를 제한시키는 원칙들—전쟁수행법Jus in bello—을 논해 보자. 나는 이 주제와 관련되어 내려오는 전통적인 사상을 통해 우리가 익히 알고 있는 6개의 원칙들과 가정을 설명하는 것으로 시작하려 한다.

(i) 정의롭고 질서정연한 국가가 수행하는 정의전쟁의 목적은 만민간의 정당하고 지속적인 평화를 유지하는 것이다. 특히 만민의 현존하는 적과의 관계에서 정의롭고 지속적인 평화를 유지하는 것이다.

(ii) 질서정연한 만민은 상호간에 전쟁을 수행하지 않는다(§§5,8). 그러나 질서정연한 정체들의 안보와 자유로운 제도들을 위협하는 팽창주의적 목적들을 가진 비질서정연한 국가들에 맞서는 경우에는 전쟁을 할 수 있다.[7]

(iii) 전쟁행위에 있어서 질서정연한 만민은 무법국가의 지도자들 및 관료들, 그 국가의 군인들, 그리고 그 국가의 민간인이란 세 종류의 집단을 신중하게 구분해야 한다. 그 이유는 무법국가는 질서정연하지 않기 때문에 그 사회의 민간인 성원civilian members들은 전쟁을 준비하거나 일으키는 사람들일 수 없기 때문이다.[8] 전쟁은 지도자들과 관료들이 일

---

7 전쟁에 대한 책임이 한편에만 있는 경우는 드물다. 그렇지만, 책임은 정도의 차이(degrees)를 인정한다. 그래서 한 편이 다른 편보다 더 무거운 책임을 가진다고 주장하는 것은 틀림없이 정당하다. 이것을 다른 방식으로 표현하면 다음과 같다. 어떤 손은 다른 손보다 더 더럽다. 때로는 다소 더러운 손을 가진 질서정연한 만민이 전쟁을 수행할 권리와 심지어 자국방어의 의무를 여전히 가질 수 있다는 점을 인정하는 것 역시 중요하다. 이것은 제2차 세계대전의 역사를 통해보면 분명하게 알 수 있는 문제이다.

8 나는 여기에서 왈쩌(Micael Walzer)의 *Just and Unjust Wars*(New York: Basic Books, 1977)의 입장을 따른다. 이 책은 인상적인 저서이다. 그리고 내가 말하는 내용은 중요한 점에서도

으킨다. 이들은 국가state 기관을 통제하는 다른 엘리트들의 지원을 받는다. 이들에게 바로 전쟁에 대한 책임이 있다. 왜냐하면 이들이 전쟁을 의도했기 때문이다. 그렇게 했기 때문에 이들은 범죄자이다. 그러나 종종 무지에 사로잡혀 있고, 국가의 선동에 동요하는 민간인들은 책임이 없다. 심지어 설령 일부의 민간인들이 보다 많이 알고 있었고, 전쟁에 열광적이었다고 할지라도 전쟁에 대한 책임은 없다. 전쟁의 초기상황이 무엇이든지 간에(가령, 1914년 6월 사라예보에서 세르비아의 한 민족주의자가 행한 오스트리아-헝가리의 왕위의 후계자인 페르디난드*Archduke Ferinand*의 암살; 혹은 오늘날 발칸 반도와 여러 곳에서의 인종적 증오), 최종적으로 전쟁을 도발하는 것은 그 국가의 일반 시민들이 아니라 지도자들이다. 이런 원칙의 견지에서 보면, 1945년 봄 도쿄와 일본의 다른 도시들에 대한 폭격과 히로시마와 나가사키의 원자탄 폭격은 모두 일차적으로 민간인 집단을 공격한 것으로 매우 중대한 잘못이었다. 이러한 행위들은 일반적으로 잘못된 것이라고 할 수는 없을지라도 널리 잘못된 행위로 간주되고 있다.

관료계급의 상층부를 제외하고서, 무법국가의 군인들은 민간인들과 마찬가지로 그들의 국가state의 전쟁에 대해 책임이 없다. 군인들은 종종 징집되며, 다른 방식들로 전쟁에 임하도록 강요되는 입장에 있기 때문이다. 이들은 강제적으로 군인의 덕목을 주입 받는다. 이들의 애국주의는 종종 잔인하게 이용당한다.[9] 그들이 직접적으로 공격의 대상이 되어야 하

이 책의 입장과 차이가 나지 않는다고 생각한다.

9 제2차 세계대전 동안 일본 최고사령부는 사무라이 전사의 명예율(code of honor)인 "부시도(bushido)" 정신으로 싸웠다. 이 무사도는 제국주의 일본군대의 장교들을 통해 보존되었다. 이들 장교들은 이 무사도를 또 다시 정규 일본군에 주입시켰다. 무사도는 군인들에게 체포되기 보다는 오히려 죽을 준비를 하라고 요구한다. 항복은 곧 죽음으로 처벌될 수 있는 것이었다. 그래서 항복은 전혀 불가능했다. 모든 전투는 죽음의 전투가 되었다. 일본 군인들은 자신들의 임무를 수행할 모든 가능한 방법을 다 동원한 이후에는 곧 소위 "반자이(Banzai)" 공격(이 명칭은 천왕폐하만세 "*Tenno heika banzai*"라는 전투함성으로부터 나왔다)으로 최후의 일

는 이유는, 그들이 전쟁에 대한 책임이 있어서가 아니라, 질서정연한 만민에게 (방어를 위한) 다른 선택의 여지가 없기 때문이다. 질서정연한 만민들은 다른 어떤 방식으로는 스스로를 방어할 수 없는 상황에 있으며, 자신들을 방어하기 위해서는 그렇게 하는 수밖에 없기 때문이다.

(iv) 질서정연한 만민은 가능한 한 전쟁을 수행하는 적대국의 구성원 즉 민간인들 및 군인들의 인권을 존중해야만 한다. 그 이유는 두 가지이다. 하나는 단지, 다른 모든 사람들처럼, 적enemy도 만민법에 따라 이러한 권리를 가지기 때문이다(§10.3.). 다른 이유는 적대국의 군인과 민간인들에게 이러한 인권의 내용을 가르쳐야 하기 때문이다. 이런 가르침은 이들에게 실제적으로 이러한 처우를 실천함으로써 이루어질 수 있을 것이다. 이런 방식으로 인권의 의미와 중요성을 뼈저리게 느끼게 하는 것이 최선이다.

(v) 인권의 내용을 교육하는 사상에 관한 논의에 이어지는 다음의 원칙은 질서정연한 만민은, 실행 가능할 때, 자신들의 행위와 선언을 통해 전쟁 기간 동안 자신들이 지향하는 평화의 종류와 자신들이 추구하는 관계의 종류를 예시해야 한다는 것이다. 그렇게 함으로써 이들은 자신들의

각까지 싸웠다. 가령, 1944년 3월 트로키나(Trokina) 강 호반에 있는 부겐빌(Bougainville)에 대한 일본의 공격에서, 미군의 전사자는 78명이었지만 일본군의 전사자는 5500명이었다. 유사한 무의미한 공격들 중에 가장 유명한 것은 1944년 6월 사이판 공격이었다. 투항자에 대한 제네바 협정은 이와 같은 것을 보호할 수 있도록 입안되었다. 그러나 남태평양에서 미군들은 자기방어를 위해, 같은 방법으로 싸우는 것 이외에는 다른 대안이 없었다. 통상적으로 보병전(소위 작은 단위, 분대, 소대, 중대간의 "육박전")에서 양쪽의 어느 쪽도 포로를 나포하지도 못했고 항복하지도 않았다. 만약 천왕이 자기 역할에 대한 어떤 지각이라도 가지고 있다면, 천왕의 의무는 바로 자국 백성의 입장에 들어가서 이들의 미래를 보살피는 것이다. 그리고 결국에는 천왕은 이것을 했다. 태평양에서 행해진 보병전의 특징은 프랑스와 독일(the Waffen SS는 차지하고)에서의 미국군의 전투와는 매우 상이하다. Eric Bergerud의 *Touched with Fire*(New York: Viking, Penguin Books,1996), pp.124–145, 403–425을 보라. 그리고 Gerald Linderman의 *The World within War*(New York: Free Press,1997), chap.4 를 보라. 부시도와 반자이에 대한 나의 설명은 *Oxford Companion to World War II*(New York: Oxford University Press,1995), ed. I. C. B. Dear and M. R. D. Foot.에 나오는 각 항목을 따랐다.

목적과 자신들이 어떤 종류의 국가인지를 개방된 방식으로 보여줄 수 있다. 이 마지막 의무들은 대개 질서정연한 만민의 지도자들과 관료들에게 해당된다. 그 이유는 단지 이들만이 전체 만민에게 요구할 수 있고, 이 원칙이 요구하는 것을 실천할 수 있는 위치에 있기 때문이다. 앞의 모든 원칙들이 역시 정치가의 의무들duties of statesmanship을 구체화하고 있지만, 특별히 (iv)항과 지금의 (v)항이 정치가의 의무에 해당된다. 전쟁을 수행했던 방식과 전쟁종결 과정에서 이뤄진 행위는 사회의 역사적 기억에서 계속 살아 있게 된다. 그래서 이것들은 미래의 전쟁을 위한 무대를 설치할 수도 있고 그렇지 않을 수도 있다. 이런 보다 장기적인 견해를 취하는 것은 항상 정치가의 의무이다.

(vi) 마지막으로, 실제적인 수단–목적 추론은 항상 어떤 조처와 정책의 적절성을 평가하는 데 있어 제한된 역할을 해야만 한다. 이러한 사상의 양태—공리주의적 추론 또는 비용–이익분석, 국익의 평가 또는 다른 가능한 방식으로 수행되든지 간에—는 앞의 원칙들과 가정들 내에서 형성되어야 하고 또한 이 원칙들과 가정들에 근거해 엄격하게 제한되어야 한다. 전쟁행위의 규범들은 우리가 어겨서는 안 되는 특정한 한계선들을 설정하며, 그래서 전쟁계획과 전략과 교전행위는 그것들이 규정하는 한도 내에서 이루어져야만 한다. 유일한 예외는 최고의 비상상황situation of supreme emergency이다. 이것은 아래에서 논의할 것이다.

14.2. 정치가(Statesman)의 이상

나는 네 번째와 다섯 번째의 전쟁행위의 원칙들이 특별히 국가들의 위대한 지도자들인 정치가들을 구속한다고 말한 바 있다. 그 이유를 말하자면, 이들이야말로 자신들 국가의 목적과 책무를 대변하는 가장 결정적인 지위에 있기 때문이다. 그러나 누가 정치가인가? 대통령, 연방수상 혹은 수상의 공직은 있지만, 정치가라는 공직은 없다. 오히려 정치가는 진실하고 고결한 개인의 이상과 같은 하나의 이상an ideal이다. 정치가들이란 그들의 공직에서 모범적인 직무수행과 지도력을 통하여, 힘, 지혜 및 용기를 명백하게 보여주는 대통령들, 수상들 또는 다른 고위관료들이다.[10] 그들은 혼란하고 위험스러운 시대에 그들의 국민을 인도해 간다.

정치가의 이상은 다음과 같은 격언을 통해 짐작할 수 있다. 정치인the politician은 다음 선거를 준비하지만 정치가the statesman는 다음 세대를 준비한다. 질서정연한 사회가 영속할 수 있는 조건들과 진정한 이익을 분명하게 표명하는 것은 철학자들의 임무이다. 그렇지만, 실천에서 이러한 조건들과 이익들을 식별하는 것은 정치가의 임무이다. 정치가는 대부분의 타인들보다 더 심층적이고 멀리 바라보며, 무엇을 해야 할 필요가 있는지를 파악한다. 정치가는 이를 정확하게 또는 거의 정확하게 포착해야만 하며, 포착된 관점을 확고히 유지해야 한다. 워싱턴Washington과 링컨Lincoln은 정치가였다.[11] 그러나 비스마르크Bismarck는 아니었다.[12] 정치가들은 공직에 있을 때 자신의 이익을 지닐 수도 있지만, 자신들 사회의 근본적인 이익이 무엇인가를 판단하고 평가함에 있어서는 이기적이지 않아야 하며 특히 전쟁 중에 복수의 격정으로 동요되어서는 안된다.[13]

무엇보다도 정치가들은 정의로운 평화를 달성할 수 있는 목적을 확고히 견지해야 하며, 그러한 평화의 달성을 좀 더 어렵게 하는 일들을

---

10 칸트는 『판단력비판』(*Critique of Judgment*), AK. 262ff.에서 장군(*Feldherr*)들의 용기는 그를 정치가들보다 더 숭고하게 만든다고 말한다. 그렇지만, 나는 여기에서 칸트가 판단의 오류를 범했다고 생각한다. 왜냐하면 정치가도 장군만큼 용기를 보일 수 있기 때문이다.

11 워싱턴(Washington)에 관해서는, Stanley Elkins and Eric McKittrick, *The Age of Federalism*(New York: Oxford University Press, 1993), pp.58–75을 보라. 링컨(Lincoln)에 관해서는 *Frederick Douglass: Autobiographies*, ed. H. L. Gates(New York: Library of America, 1994)를 참고하라. 워싱턴 D. C.의 링컨 공원에 있는 해방노예들의 링컨 기념비 제막식에서 행해진 1876년의 연설은 이 책의 부록 pp.915–925에 포함되어 있다.

12 이 책의 제1부(Part I), §5.5, 각주 67에 있는 나의 논평을 보라.

13 링컨의 주목할 만한 측면은 정치가로서 그의 무욕(selflessness)에 있다.

피해야만 한다. 이 점에서, 이들은 자신들의 국민을 대표해서 만들어진 포고에, 일단 평화가 확실하게 재확립되면, 적국의 사회도 자체의 자율적인 질서정연한 정체로 허용된다는 내용이 담겨있음을 확실히 해야만 한다(그렇지만, 외교정책에 있어서 패전한 사회의 자유에 대한 제한은 일정 기간 동안 적합하게 부여될 수 있다).

적국의 국민을 항복 이후에 노예 또는 농노로 소유할 수 없으며,[14] 또는 일정 기간이 경과하면 이들의 완전한 자유를 거부해서도 안된다. 그래서 정치가의 이상은 도덕적인 요소를 포함한다. 소위 세계사에 남을 방식들로 행동한다고 해서 이것이 누군가를 정치가로 만드는 것은 아니다. 나폴레옹과 히틀러는 헤아릴 수 없을 정도로 역사와 인간의 삶을 변경시켰다. 그러나 명백하게 말하건대 그들은 결코 정치가들이 아니었다.

14.3. 최고 비상상황으로 인한 면제(Supreme Emergency Exemption)

최고 비상상황으로 인한 면제[15]에 근거해—어떤 특수한 상황에서—우리는 통상 전쟁에서 시민들이 직접 공격의 대상이 되는 것을 방지하는 엄격한 민간인의 지위를 무시할 수 있다. 여기에서 이것에 관한 논의는 조심스럽게 진행해야 한다. 제2차 세계대전 동안 영국이 민간인의 엄격한 지위가 정지된다는 것을 적절하게 주장할 수도 있었던 그러한 경우, 그래서 함부르크나 베를린을 폭격할 수도 있었을 그러한 경우들이 있었는가? 아마도 있었을지 모르겠다. 그러나 단지 폭격이 어떤 실질적인 이익을 낼 수 있음을 확신할 수 있는 경우에만 가능할 것이다. 이런 행위를 불확실한 한계이익marginal gain으로는 정당화할 수 없다.[16] 영국이 고립되었고,

14 처칠의 언명은 "무조건 항복"의 의미를 설명하고 있다. *The Hinge of Fate*(boston: Houghton Mifflin, 1950), pp.685–688을 보라.

15 "최고비상"이라는 명칭은 왈쩌의 *Just and Unjust Wars*, chap.16, pp.255–265에서 기인한다.

16 이와 관련해선 포거(Thomas Pogge)와의 논의가 도움이 되었다.

독일의 우월한 전력을 격퇴할 다른 어떤 수단도 없었을 경우에는 독일 도시들에 대한 폭격을 정당화할 수 있다고 주장할 수 있다.[17] 적어도, 이러한 면제기간은 1940년 6월 프랑스의 함락으로부터 러시아가 1941년 여름과 가을에 최초로 독일의 공격을 분명히 격퇴하고 최후까지 독일과 싸울 수 있다는 것을 보여주었을 때까지 해당된다. 이 면제기간이 1942년 여름과 가을까지 또는 심지어 스탈린그라드Stalingrad전투(이 전투는 1943년 독일의 항복으로 종결된다)까지 더 확대될 수 있다고도 주장할 수 있다. 그러나 1945년 2월 드레스덴Dresden의 폭격은 명백하게도 너무 늦은 것이었다.

최고 비상상황시의 면제supreme emergency exemption를 적용할 것인지의 여부는 특정한 상황에 달려있으며, 이에 대한 판단은 때로 다를 것이다. 1941년 말 또는 1942년까지 영국의 독일 폭격은 독일이 승전하는 것을 용인할 수 없었기 때문에 정당화될 수 있다. 이에는 두 가지 기본적인 이유가 있다. 첫째, 나치즘은 모든 지역의 시민생활에 대해 무수한 도덕적 및 정치적 악행의 전조가 되었다. 둘째, 입헌민주주의의 특성 및 역사는 물론, 유럽 역사에 있어서 입헌민주주의의 위치가 절체 절명의 순간에 있었다. 처칠Churchill이 프랑스가 항복하던 날 하원에서, "만약 우리가 (히틀러와 맞서는데) 실패한다면, 미국을 포함한 전 세계는 새로운 암흑기로 빠져들 것이다"이라 한 연설은 절대로 과장된 말이 아니었다. 요컨대 이런 종류의 위협 앞에선 입헌민주주의 뿐만 아니라 모든 질서정연한 사회들이 최고 비상상황의 면제에 호소하는 일이 정당화될 수 있다.

나치즘이 저지른 죄악의 특수성을 잘 이해할 필요가 있다. 이러한 특성은 바로 히틀러가 그의 적대국들과의 정치적 관계를 전혀 인정하지 않았던 것에 잘 나타난다. 히틀러의 적대국가들은 항상 공포와 야만적

17 전쟁포로에 대한 고문 반대와 같은 금지조항은 여전히 적용된다.

행위에 위협받았으며, 강제적으로 지배되었다.[18] 처음부터, 러시아에 대한 군사행동은 파괴 전쟁이었다. 나아가서 심지어 슬라브 민족을 말살하려 했던 때도 있었다. 단지 원주민을 남겨둔다면, 농노로서 남겨두려 했을 정도였다. 괴벨Goebbels과 다른 사람들이 이런 방식으로는 전쟁을 이길 수 없다는 이의를 제기했을 때조차, 히틀러는 들으려 하지 않았다.[19]

14.4. 정치가 정신(Statesmanship)의 실패

그렇지만, 미국이 일본과 전쟁하던 동안에는 최고 비상상황시의 면제를 결코 주장할 수 없었음은 명백하다. 미국이 일본 도시들을 폭격한 것은 정당화되지 않는다. 히로시마와 나가사키에 원자폭탄을 사용하기 바로 전, 1945년 6월과 7월 동맹국 지도자들 간의 논의 기간 중에 실제적인 수단–목적 추론의 중요성이 논의를 압도하였다. 이런 입장이 어떤 한계선들이 무너지고 있다고 느끼는 사람들의 불안감을 압도하였던 것이다.

이 기간 중 원자탄의 투하가 종전終戰을 재촉하기 위해서 정당화될 수 있다고 주장되었다. 트루만Truman과 다른 동맹국 지도자들이 원폭투하가 종전을 앞당길 것이며 그럼으로써 미군들의 생명을 구할 수 있다고 생각했음은 명백하다. 일본 군인과 민간인의 생명들은 아마도 덜 중요하게 여겨졌던 것 같다. 더욱이, 이들은 원자탄의 투하가 일본 황제emperor와 일본 지도자들에게 사무라이 무사문화에서 중요한 체면을 살려주는 방법이 된다고 판단했다. 한편 일부 학자들은 원자폭탄이 러시아에게 미국의 힘을 인식시켜, 러시아의 지도자들이 미국의 요구에 보다 많이 동의

---

18 이것에 대한 Stuart Hampshire의 유익한 논의를 보라. 이것은 *Innocence and Experience*(Cambridge, Mass.: Harvard University Press, 1989), pp.67–78에 있다.

19 괴벨과 다른 이들의 반대에 대해서는 Alan Bullock, *Hitler: A Study in Tyranny*(London: Oldham's Press, 1952), pp.633–644를 참조하라. 또한 Omar Bartov, *Hitler's Army*(New York: Oxford University Press, 1991)을 보라. 이 저서는 베르마흐트(Wehrmacht)가 패배한 동부전선에서의 전쟁의 잔인함과 만행으로 치닫는 타락의 과정을 연구하고 있다.

하도록 만들기 위해 투하되었다고 믿고 있다.[20]

전쟁행위의 원칙들을 위반한 것을 정당화하려는 이런 모든 논거들이 실패했음은 명백하다. 무엇이 동맹국 지도자들 측에서 나타났던 정치가정신의 실패를 유발했을까? 트루만은 한때 일본을 짐승으로 표현했으며, 그들을 짐승처럼 다루어야 한다고 말했다.[21] 지금 독일인과 일본인들 전체를 야만인과 짐승들로 부른다면 얼마나 어리석게 들리겠는가.[22] 나치Nazis와 도조Tojo군부에게는 맞는 말이지만, 그들은 독일국민과 일본국민이 아니다. 처칠은 드레스덴Dresden 폭격이란 판단의 실패를 전투의 격정과 강도 탓으로 돌렸다.[23] 그러나 아마도 불가피하고 자연스러워 보이는 그러한 감정들이 하나의 질서정연한 국가가 평화를 얻기 위해 애쓰며 따라야 하는 경로를 변경시키지 못하도록 방지하는 것이 정치가의 의무다. 정치가는 현존하는 적국과의 관계가 특별한 중요성을 갖는다는 것을

---

20 이 마지막 이유에 대한 논의에 관해서, Gar Alperovitz, *Atomic Diplomacy: Hiroshima and Potsdam*(New York: Penguin Books, 1985)을 참조하라. 만약 사실이라면, 그것은 특히 비난받을 만하다. 나는 이런 이유들에 대한 상대적인 중요성을 평가할 생각은 없다.

21 1945년 8월 트루만과 조지아의 상원의원 러셀(Russell)간의 의견교환에 대해서는 David McCullough의 저서 *Truman*(New York: Simon and Schuster, 1992), p.458을 보라.

22 내 생각에는, Daniel Goldhagen의 *Hitler's Willing Executioners: Ordinary Germans and the Holocaust*(New York: Knoph, 1996)은 유태인 대학살에 대한 잘못된 견해를 제시하고 있다. 유태인 학살은, 그가 주장한 것처럼, 수세기 동안 존재해왔고 나찌가 단지 표현한 독일의 정치문화의 독특한 인식론적 정신자세(mind-set)에서 기인하지 않는다. 반유태주의가 독일에 존재하긴 하였지만, 그것은 역시 유럽 대부분-폴란드와 러시아의 정강으로 뿐만 아니라 프랑스에서(19세기 말엽의 드레퓨스 사건을 들 수 있다)-에 걸쳐 나타났다. 그리고 그것은 16세기 후반 반종교개혁(Counter Reformation) 기간 동안에 강제수용소에 유태인을 격리시키기 위한 교회의 정책이 되었다. 오히려 유태인 대학살이 주는 교훈은 끊임없이 열광적인 선전을 하는 강력한 전체주의와 군국주의 국가의 카리스마적 지도자가 심지어 엄청나게 가증스러운 악한 계획을 실행할 수 있는 충분한 숫자의 인구를 선동할 수 있다는 점이다. 유태인 대학살은 그러한 국가가 있는 곳에서는 어디든지 발생할 수 있었을 것이다. 더욱이 모든 독일인들이 히틀러의 독설에 굴복한 것은 아니다. 그리고 일부 사람들이 저지른 이유는 자연적인 반유태주의로 설명될 수 없다. 수많은 현대 독일 작가들이 행한 골드하겐의 저서에 대한 검토와 논의는 역시 *Unwilling Germans? The Goldhagen Debate*, ed. Robert R. Shandley을 보라. 이 책의 번역본은 Jeremiah Riemer, (Minneapolis: University of Minnesota Press, 1998)을 참고하라.

23 Martin Gilbert, *Winston Churchill: Never Despair*, vol.8(Boston: Houghton Mifflin, 1988), p.259를 보라.

알고 있다. 전쟁은 적국 국민에게 그들이 어떤 처우를 받게 될지 알려주고, 지속적이며 우호적인 평화를 가능하게 하는 방식들을 통해 개방적이며 공개적으로 진행되어야 한다. 적국 국민의 입장에서 보복과 복수를 받을 수 있다는 공포 또는 공상을 틀림없이 진정시켜야 한다. 어려운 일이 될 테지만 그래도 현재의 적국은 하나의 공유되고 정의로운 평화체제에서 미래의 동료로 분명하게 여겨져야만 한다.

정치가 정신의 또 다른 실패는, 1945년 봄 일본 도시들에 대한 폭격과 히로시마와 나가사키의 원폭 투하 같은 어떤 극적인 조치를 취하기 전에, 일본과의 협상을 고려하지 않았다는 데 있다. 나는 이 방법이 효과적일 수 있었고, 더욱이 사상자들을 줄일 수도 있었다고 생각한다. 실제적인 전쟁이 거의 끝났을 때인 8월 6일의 침략은 불가피하지 않았다.[24] 그러나 정말 그러한지의 여부는 문제가 아니다. 자유민주 국민으로서 미국은 일본 국민들에게 전쟁을 종결시키기 위해 협상제안을 했어야만 했다. 일본 정부와 군부는 6월 26일, 아마도 좀 더 일찍, 전쟁을 종결시키는 방법을 모색하라는 일왕의 지시를 받았다.[25] 그리고 일본 해군이 궤멸되고 국내외 섬들이 점령당했을 때, 그들이 전쟁에서 졌음을 깨닫고 있었음에 틀림없다. 사무라이의 명예율code of honor에 사로잡힌 이 정권의 지도자들은 스스로 협상을 생각하지 못했을 것이지만, 일왕의 명령하에서라면 미국과의 교섭에 적극적으로 반응했을 것이다. 그러나 이런 일은 실현되지 못했다.

---

24 Barton Bernstein, "The Atomic Bombings Reconsidered," *Foreign Affairs*, 74:1, January–February 1995을 보라.

25 Gerhard Weinberg, *A World at Arms*(Cambridge: Cambridge University Press, 1994), pp.886–889를 보라.

14.5. 정치문화의 중요성

히로시마와 나가사키에 대한 원폭과 일본 도시들에 대한 소이탄 폭격은 커다란 잘못이었다. 정치가정신statesmanship의 의무는 정치지도자들에게 이런 종류의 잘못을 피하라고 명백하게 요구한다. 그러나 정의로운 전쟁의 원칙들이 명백하게 표현되어 그 당시에 도입되었다 하더라도, 그 결과를 바꿔놓지 못했을 것이라는 것 역시 마찬가지로 명백하다. 그 이유는 단순히 너무 늦었기 때문이었다. 그 당시 민간인들에 대한 폭격은 이미 전쟁의 관행으로 용인되어 있어서 정의로운 전쟁에 대한 숙고를 전혀 받아들이지 않았을 것이다. 이런 이유로 이런 문제들을 갈등이 일어나기 전에 신중하게 고려해야만 한다.

유사하게, 입헌민주주의의 근거와 이런 사회에서의 권리와 의무의 기초는 정치적 생활에 참여하기 이전 시민들의 지성과 교육의 한 부분으로서 모든 수많은 시민사회의 협회들에서 지속적으로 논의될 필요가 있다. 이런 문제들은 정치문화의 일부분이 되어야 할 필요가 있다. 이러한 문제들이 일반 정치ordinary politics의 일상적인 내용을 지배해서는 안 되지만, 그 배경으로 전제되고 작동되어야 한다. 제2차 세계대전 중 폭격이 행해질 당시, 정의전쟁 원칙의 중요성에 대한 충분한 사전적 이해가 없었다. 만약 정의전쟁 원칙이 표명되었더라면 실질적인 수단–목적의 추론에 호소하는 것과 같은 임의적인 행위를 차단할 수 있었을 것이다. 이러한 수단–목적의 추론은 역시 너무 많은 것을, 너무 빨리 정당화하고, 정부 내의 지배적인 힘이 귀찮은 도덕관념들을 잠재울 방법을 제공한다. 만약 전쟁의 원칙들이 전쟁 이전에 제시되지 않는다면, 이 원칙들은 단순히 전쟁의 수행을 주저하게 하는 고려사항이 될 것이다. 이러한 원칙들을 전쟁 이전에 적절하게 잘 확립해야 하며, 일반적으로 시민들이 폭넓게 이해하고 있어야 한다. 정치가정신의 실패는 정의전쟁의 원칙들을 존중하는 공공정치문화—그것의 군사문화와 전쟁교리들을 포함하여[26]—의 실패에 부분적으로 달려있다.

우리는 전쟁에 대한 두 가지 허무주의적 교리들을 절대적으로 거부해야 한다. 그 중 하나는 쉐먼Sherman의 언명인 "전쟁은 지옥이다"에 표현되어 있다. 이 언명은 어떤 종류의 전쟁이든 가능한 한 빨리 극복해야 한다는 의미를 함축하고 있다.[27] 다른 하나는 우리 모두가 죄인이라고 주장하는 것이다. 우리는 동일한 수준에 서있기에, 정당하게 비난하거나 비난받을 수 없다고 주장한다. 이러한 교리들은—만약 이것들이 이런 이름을 가질 만 하다면—둘 다 외형상으로 모든 합당한 차이점들을 거부한다. 이 원칙들의 도덕적 공허함은 다음 사실에 비추어 본다면 명백하다. 정의롭고 적정성을 갖춘 문명사회들—그들의 제도와 법률, 그들의 시민생활, 배경문화, 그리고 이외에 여러 가지—은 항상 중요한 도덕적 및 정치적 구별을 내리고 이에 의존하고 있다. 전쟁이 지옥의 한 종류임은 틀림없다. 그러나 왜 이것이 규범적인 구별이 이루어질 수 없다는 것을 의미해야 하는가? 또한 때로는 모든 또는 거의 모든 이들이 어느 정도 죄를 짓고 있다고 인정한다 하더라도, 그것은 모든 이가 똑같은 정도로 유죄라는 것을

---

26 악에 대한 심대한 유혹은 공군력의 사용에 있다. 이상하게도, 독일공군(Luftwaffe)의 공식적 군사교리는 (잘못된 이유에서이긴 하겠지만) 이를 올바르게 명시하고 있다. 공군력은 육지와 바다에서 육군과 해군을 지원한다. 온당한 군사교리는 공군력을 민간인 공격에 사용할 수 없다는 것을 선언한다. 내 생각엔, 이 교리를 따르는 것은 일본군을 격퇴함에 있어서 미국의 육군과 해군의 전투력의 효과성에 영향을 주지는 않았을 것이다. 미 해군은 1942년 6월에 미드웨이 해전에서 일본해군을 패퇴시켰다. 그리고 1944년 6월에 사이판 근처 필리핀 해전에서 수송함대를 격퇴했다. 그리고 1944년 10월에는 라이트(Leyte)의 북쪽 산 버나디노(San Bernadino)해협과 라이트(Leyte)의 남쪽 수리아고(Suriago) 해협에서 일본의 전투함대를 무력화시켰다. 이 동안 미 해병대는 마샬군도(the Marshalls), 괌(Guam), 사이판(Saipan), 아이와 지마(Iwo Jima)를 점령하였으며, 미 육군은 오키나와 전투를 끝으로 뉴 기니(New Guinea)와 필리핀을 점령했다. 이것은 사실상 종전을 의미했다. 실제로 협상된 평화를 위한 조치는 그 이전에 이미 조정되었다.

27 쉐만(Sherman)을 공평하게 평가하면, 1864년 가을 조지아를 통과하는 행군을 하는 동안 그의 군대는 단지 재산만을 파괴했다고 말할 수 있다. 그들은 민간인을 공격하지는 않았다.

의미하지 않는다. 요약컨대, 우리는 도덕적이며 정치적인 원칙들의 정밀한 특징들과 차등적인 억제수단들graduated restraints에서 단 한순간도 면제될 수 없다.[28]

14.6. 기독교 교리와의 비교

만민법은 우리가 익히 알고 있는 정당한 전쟁에 대한 기독교의 자연법 교리와 유사하면서도 상이하다.[29] 이 양자는 다음과 같은 점에서 유사하다. 이 두 입장은 모든 만민이 기독교의 자연법 교리나 아니면 만민법에 따라 행동한다면, 민족국가간의 보편적 평화가 가능하다는 점을 시사하고 있다. 만민법은 자연법과 다른 합당한 포괄적 교리들을 배제하지 않는다.

그렇지만, 여기에서 한 걸음 물러나 만민법과 자연법the natural law간의 본질적인 차이점이 어디에 있는지를 살펴보는 일은 매우 중요하다. 좀 더 구체적으로 이 양자가 각각 어떻게 인식되는지 살펴보아야 한다. 자연법은 신법의 일부로 여겨진다. 자연법은 우리가 이성의 천부적 능력을 통해 세계구조에 대한 탐구를 함으로써 알 수 있다고 한다. 신이 모든 피조물에 대한 최고의 권위를 가지기 때문에, 이 법은 한 공동체의

---

28 Hannah Arendt의 *Eichmann in Jerusalem*(New York: Viking Press, 1963), 특히 판단의 역할에 대한 후기(Postscript)의 마지막 4쪽을 참조하라.

29 이 교리는 성 암브로스(Ambrose)와 성 어거스틴(Auguistine)으로부터 유래한다. 이 두 사람은 그리스와 로마의 고전적인 저술가에 기초하고 있다. 베인톤(Roland Bainton)은 그의 저서 *Christian Attitudes toward War and Peace*(Nashville: Abingdon Press, 1960) 91–100쪽에서 어거스틴에 대한 유용한 요약을 하고 있다. 어거스틴은 자신의 견해에 대한 논문이나 지속적인 논의를 제시하지 않았다. 따라서 오거스틴의 입장들은 그의 많은 저작에서 취합해야만 할 것이다. 역시 성 토마스 아퀴나스, *신학대전*(*summa Thelogica*), Ⅱ–Ⅱ, Question 40, Article 1–4; 그리고 Francisco de Vitoria, "On the Law of War," in *Political Writings*, ed. A. Pagdon and J. Lawrence(Cambridge: Cambridge University Press, 1991), pp.295–327을 보라. 포터(Ralph Potter)는 그의 저서 *War and Moral Discourse*(Richmond: John Knox Press, 1969)에서 서지학적인 논평과 참조문헌으로 기독교 교리에 대한 전체적인 논의를 제시하고 있다. 고대 세계에 대한 유용한 논의로는 Doyne Dawson, *The Origins of Western Warfare*(Boulder: The Westview Press, 1996)을 참조하라.

성원으로 간주되는 모든 인류를 구속한다. 이렇게 이해하면, 자연법은 영원법the eternal law과는 구별된다. 영원법은 신의 이성 내에 놓여있으며 세계를 창조하고 유지하는 신의 활동성의 지침이 된다. 자연법은 또한 계시된 법the revealed law과도 구분된다. 계시된 법은 자연적 이성의 능력으로 알 수 없다. 자연법은 교회의 종교적 및 법률적 문제에 적용되는 교회법 ecclesiastical law과도 다르다. 이와 대조하여 본다면, 만민법은 일종의 정치관으로서 정치적인 것의 영역에 속한다. 즉, 기독교의 자연법 교리가 만민법을 지지할 수도 있겠지만, 만민법의 원칙들은 하나의 정치관과 정치적 가치들을 통해서만 표현된다.[30] 위의 두 견해는 자기방어 전쟁의 권리를 지지한다. 그러나 전쟁의 행위에 대한 원칙들의 내용은 모든 방식에서 동일하지는 않다.

이 마지막 언명을 카톨릭의 이중효과 교리Catholic's doctrine of double-effect를 통해 설명할 수 있다. 이 교리는 민간인들이 직접 공격받아서는 안된다는 전쟁행위(§14.1에서 설명된)에 대한 만민법의 원칙들과 일치한다. 두 견해는 또한, 1945년 봄과 여름에 일본에 대한 소이탄 폭격과 히로시마와 나가사키에 대한 원폭이 커다란 잘못임에 동의한다. 그러나 두 견해는 다음 사항에서 차이를 보여준다. 사회계약론적 관점에 입각한 전쟁행위에 대한 원칙들은 최고 비상상황의 면제the supreme emergency exemption를 포함하지만(§14.3), 이중효과 교리는 그렇지 않다. 이중효과 교리는 군사목표물에 대한 정당한 공격의 간접적인 결과와 비의도적인 것을 제외하고는 민간인 살상을 금지한다. 무고한 이들이 결코 살해되어서는 안된

---

30 내가 여기에서 주목하는 것은, 만민법이 정치적 자유주의처럼 엄격하게 정치적임에도 세속적이지는 *않다*(*not* secular)는 것이다. 이를 통해 내가 의미하고자 하는 것은 어떤 "비유신론적" 혹은 "비형이상학적" (사회적 혹은 자연적인) 이론을 통해서 종교적인 또는 다른 가치들을 거부하지 않는다는 것이다. 시민들과 정치가들(statesmen)은 자신들의 포괄적인 교리의 견지에서 정치적 가치들의 비중을 결정할 것이다. 더 깊은 논의는 *정치적 자유주의*(*Political Liberalism*) IX, "Reply to Habermas," §2, pp.385–395, 그리고 "공적 이성의 재조명"(The Idea of Public Reason Revisited), §6을 보라.

다는 신의 명령에 근거해 이 교리는 누구도 적국을 공격할 목적으로 무고한 시민들의 생명을 빼앗는 수단을 결코 사용해서는 안된다고 말한다. 정치적 자유주의는 최고 비상상황의 면제를 허용한다. 반면 카톨릭 교리는 이를 거부한다. 이 교리는 우리가 신의 명령을 믿고 고수해야 한다고 말한다.[31] 이런 교리는 지성적인 것이지만, 정치적 자유주의에서 정치가statesman의 의무와는 상반된다.

§14.2에서 논의된 정치가statesman는 전쟁의 행위를 고려할 때 중심적 존재이다. 정치가는 자유민주정체를 방어하는 정의로운 전쟁을 수행하려는 준비가 되어 있어야 한다. 실제로, 시민들은 대통령 또는 수상의 공직을 추구하는 이들이 그렇게 하기를 기대한다. 종교적, 철학적 또는 도덕적인 이유들로 이런 일을 거부하는 것은, 최소한 선거이전에 이에 대한 명백한 정치적 선언이 없는 경우에는 근본적인 정치적 상식을 위반하는 것이다. 모든 전쟁을 반대하는 퀘이커 교도들Quakers도 입헌정체에 관한 중첩적 합의overlapping consensus에 합류할 수 있다. 그러나 이들이 민주주의의 특별한 결정들—여기에서는, 자기방어 전쟁에 참전하는—을 항상 지지할 수 있는 것은 아니다. 심지어 그러한 결정들이 정치적 가치들의 입장에서 합당할지라도, 이런 특별한 결정을 항상 지지할 수 없다. 이것은 그들이 특별한 상황이 아니라면 성실한 신념을 가지고 자유민주정체에서 최고위관직을 추구할 수 없음을 시사한다. 정치가는 정치적 세계를 주시해야 한다. 그리고 극단적인 경우에는 그 또는 그녀가 봉직하고 있는 질서정연한 정체의 이익과, 그 또는 그녀가 개인적으로 살아가며 믿는 종교적, 철학적, 혹은 도덕적 교리들의 명령, 이 양자 간의 차이를

---

31 안스콤브(G. E. M. Anscombe)의 설득력 있는 논문, "War and Murder," in *Nuclear Weapons and Christian Conscience*, ed. Walter Stein(London: Merlin Press, 1961), pp.45–62를 보라. 그는 이 논문을 트루만(Truman) 대통령에게 1952년 명예학위를 수여하기로 한 옥스퍼드(Oxford) 측의 결정을 반대하기 위해 썼다. §14에 있는 이 견해는 히로시마라는 특수한 경우에서 안스콤브의 입장에 동의한다.

명확히 구분할 수 있어야만 한다.

§15. 고통받는 사회들(Burdened Societies)

15.1. 불리한 여건들(Unfavorable Conditions)

불순응 이론noncompliance theory에서, 우리는 (상대적으로) 질서정연한 사회들의 장기목표가 무법국가들outlaw states을 어떻게 해서든지 질서정연한 국제사회the Society of well-ordered Peoples속으로 편입시키는 것임을 살펴보았다. 근대초기 기간에 있었던 근대 유럽의 무법국가들[32]—스페인, 프랑스, 합스부르크 왕가—또는 보다 최근의 독일, 이들 국가들은 모두 한 때 유럽 대부분을 그들의 의지에 종속시키려고 한 적이 있었다. 그들은 그들의 종교와 문화를 확장하기를 희망했으며, 부와 영토는 말할 것도 없이 지배권과 영화를 추구했다. 그러한 국가들은 그 당시 보다 효과적으로 편제되었고, 경제적으로는 발전된 사회들에 속했다. 이들의 오류는 이들의 지속적인 종교적, 도덕적 신념들 및 문화배경과 더불어 이들의 정치적 전통들, 법제도 및 소유권제도, 계급구조의 제도들에 있다. 한 사회의 정치적 의지들을 형성하는 것은 바로 이런 것들이다. 이것들은 한 사회가 합당한 만민법을 지지할 수 있기 전에 개선되어야 하는 요소들이다.

다음에서 나는 비이상적 이론의 두 번째 종류, 즉 불리한 여건들로 인해 고통을 받고 있는 사회들(지금부터는 *고통받는 사회burdened societies*)을 다룬다. 고통받는 사회들은 팽창적이지도 공격적이지도 않은 반면에, 정치적이며 문화적인 전통들 즉 인적자본과 기술수준, 종종 질서정연한 사회가 되는데 필요한 물질적 및 과학기술적 자원들을 결핍하고 있다. (상

32 혹자는 이 용어에 반대할 수 있다. 그러나 이러한 국가들은 실제로 무법사회들(outlaw societies)이다. 그들의 전쟁은 본질적으로 그 사회들의 대부분의 구성원의 생명과 근본적인 이익을 희생시키는 왕조전쟁(dynastic wars)이었다.

대적으로) 질서정연한 사회들의 장기목표는 무법국가와 마찬가지로 고통받는 사회들을 질서정연한 만민들의 사회로 가입시키는 것이어야 한다. 질서정연한 만민은 고통받는 사회들을 원조해야 할 *의무*a *duty* to assist를 가지고 있다. 그렇지만 이러한 원조의 의무를 실행하게 하는 유일한 혹은 최선의 방법이 사회들 간의 경제적 및 사회적 불평등을 규제하는 분배정의의 원칙을 따르는 것이라고는 추정하지 않는다. 대부분의 분배정의 원칙들은 명확히 규정된 목적, 목표 또는 차단점cut-off point을 가지지 않는다. 이러한 명확한 목적, 목표 또는 차단점을 넘어서게 되면 원조가 중단될 수 있어야 한다.

사회들 간의 부와 복지의 수준들은 다양할 수 있고 그럴 것이라 추정된다. 그러나 이런 부와 복지 수준을 조정하는 것은 원조의무의 목표가 아니다. 단지 고통받는 사회들만 도움이 필요하다. 더구나, 모든 질서정연한 사회들이 부유한 것이 아닌 것과 마찬가지로, 모든 사회들이 가난한 것은 아니다. 열악한 천연자원과 빈약한 부를 가진 사회라 할지라도, 만약 그들의 종교적 및 도덕적 신념들과 문화가 그 기반이 되는 해당 사회의 정치적 전통, 법, 재산과 계급구조가 자유적이거나 적정수준의 사회를 유지하게 할 수 있는 정도라면, 질서정연해질 수 있다.

15.2. 원조의 의무(Duty of Assistance)에 대한 첫 번째 지침

여기서 고려해야 할 첫 번째 지침은 질서정연한 사회가 부유한 사회일 필요는 없다는 것이다. 나는 여기에서 『정의론』A Theory of Justice, §44에서 상세하게 설명했던 (국내 사회에서) "정의로운 저축"just savings에 대한 세 가지 기본적 요점을 회상시키고자 한다.

(a) 정의로운 (실질적인) 저축 원칙의 목적은 자유로운 입헌민주사회

(또는 어떤 질서정연한 사회)를 구현하기 위해 (합당하게) 정의로운 기본제도들을 확립하고, 모든 시민들이 보람있는 삶을 영위하는 일이 가능한 사회세계를 확립하는 것이다.

(b) 따라서, 저축은 정의로운 (혹은 적정한) 기본제도들이 확립되었을 때 중지될 수 있다. 이 지점에서 실질저축(즉 모든 종류의 실질 자본에 대한 순 부가)은 영으로 떨어지게 된다. 현재 보유된 비축품existing stock은 유지되거나 대체될 필요가 있을 것이다. 재생 불가능한 자원은 미래에 사용할 수 있도록 신중하게 절약해야 한다. 그러므로 현재 소비에 대한 제약조건으로서 저축률savings rate은 누적된 총자본aggregate capital accumulated, 보류된 자원사용resource use forgone 그리고 인구를 부양하기 위해 자연계의 능력을 보존하고 쇄신하도록 발전된 과학기술technology을 기준으로 하여 명시될 것이다. 이런 저런 필수적인 요소들을 종합적으로 고려하여, 한 사회는 물론 이 지점을 넘어서도 절약을 지속할 수도 있다. 그러나 그렇게 하는 것이 정의의 의무duty of justice는 더 이상 아니다.

(c) 정의로운(혹은 적정수준의) 제도를 확립하기 위해 막대한 부가 반드시 필요하지는 않다. 얼마만큼 필요한지는 그 사회의 정의관뿐만 아니라 한 사회의 고유한 역사에 달려있다. 그래서 질서정연한 만민간의 부의 수준은 일반적으로 동일하지 않을 것이다.

『정의론』*A Theory of Justice*에서 논의된 이런 저축과정의 세 가지 특징은 만민법에서 원조의 의무와 국내 경우에서 정당한 저축의 의무 사이의 유사성을 보여준다. 각각의 경우 그 목적은 정의로운 (혹은 적정수준의) 제도들을 실현하고 보존하는 것이다. 그러나 부의 평균수준 또는 어떤 사회의 부, 또는 사회 내 어떤 특별 계층의 부를 단지 증가시키는 것도 아니고 무제한으로 극대화하는 것도 아니다. 이런 점들을 고려해 본다면, 원조의

의무와 정당한 저축의 의무는 동일한 개념을 그 저변에 깔고 시작한다.[33]

15.3. 두 번째 지침

원조의 의무를 어떻게 실행할 것인지에 대한 사유에 있어서 두 번째 지침은 고통받는 사회의 정치문화가 극히 중요하다는 것과 질서정연한 만민이 고통받는 사회가 정치적 및 사회적 문화를 변경할 수 있도록 도와주는 데에는 어떤 특별하게 쉬운 비법이 없다는 것을 깨닫는 것이다. 나는 한 국민의 부의 원인들과 국가가 취하는 형식들은 그들의 정치문화뿐만 아니라, 모든 구성원의 근면함과 협력적인 재능들, 그리고 그들의 정치적 및 사회적 제도들의 기본구조를 지지하는 종교적, 철학적, 도덕적 전통들에 있다고 믿는다. 이 모든 것들은 정치적 덕목을 통해 지지된다. 나는 더 나아가 어떤 사회가 합당하고 합리적으로 조직되고 통치된다면, 자원

---

33 내가 여기에서 제시한 생각은 밀(J. S. Mill)의 『정치경제학 원리』(*The Principles of Political Economy*), 1st ed. (London,1848), book Ⅵ, chap.6, "The Stationary State)"에 기초하고 있다. 밀에 따르면, 저축의 목적은 사회의 정의로운 기본제도를 가능하게 하는 것이다. 일단 그것이 완전하게 확립되면, 실질저축(실질자본에서의 순 증가분)은 더 이상 필수적이지 않다. 밀의 용어를 사용하자면, "의미있는 삶의 기술"(the art of living)이 "무의미한 삶의 기술"(the art of getting on)보다 더 중요하다. 실질저축과 경제성장이 가시적으로 정해진 어떤 목적도 없이 무한정 상향으로 그리고 앞으로 계속해서 진행되어야 한다는 사상은 자본주의 사회의 기업인 계층의 발상이다. 밀이 중요하다고 본 것은 정의로운 기본구조와 밀이 "노동계층"이라고 부르는 사람들의 복지이다. 밀은 다음과 같이 말하고 있다: "…[정의로운 사유재산제도와 사회주의]간의 결정은 주로 한 가지 고려 즉 두 체제중의 어느 것이 인간자유와 자발성의 최대량과 부합할 수 있는지에 대한 고려에 달려있다. 생존의 수단이 확보된 이후에는, 인간의 개인적인 욕구의 강도에 비추어 본다면 그 다음의 것은 자유이다. 그리고 (문명이 진보함에 따라 좀 더 절제 있고 좀 더 순화적으로 통제하기 쉽게 되는 물질적인 욕구와는 달리), 지성과 도덕적 능력들이 계발됨에 따라 자유는 그 강도가 약화되는 것이 아니라 오히려 증대된다." 밀의 생전에 출간된 『정치경제학 원리』의 7판이자 마지막 판, 2권 1장 §3의 9문단에서 인용되었다. 여기에서 밀이 말하는 바를 있는 그대로 수용할 수 없긴 하지만, 밀의 입장은 완전하게 만민법과 그것의 정치적 가치의 구조와 일치한다. 밀의 『정치경제학 원리』에 대한 참조는 Jonathan Riley가 편집한 문고판으로 *Oxford World Classics*(Oxford University Press, 1994)에 있는 것이다. 『정치경제학 원리』의 전문은 이제 *The Complete Works of John Stuart Mill*, vols. 2 and 3, Introduction by V. W. Bladen, ed. J. M. Robson(London: University of Toronto Press, Routledge and Kegan Paul, 1965)에 수록되어 있다.

이 너무 부족하다고 해서 그 사회가 질서정연한 사회가 될 수 없는 경우는 세계 어디에도—한계적 경우marginal cases를 제외하고[34]—없다고 추측한다. 역사적인 예들은 자원빈국들(가령 일본)이 매우 잘 운영되고 있는 반면에, 자원부국(가령 아르헨티나)들이 심각한 어려움을 겪고 있음을 보여준다. 그 차이를 만드는 결정적인 요소는 정치문화, 정치적 덕목, 그 국가의 시민사회, 구성원의 성실과 근면, 혁신능력 등등이다. 그 국가의 인구정책 역시 결정적이다. 국가는 부양할 수 있는 것보다 훨씬 많은 인구로 인해 그 국가의 국토와 경제에 과도하게 부담을 받지 않도록 관리해야만 한다. 그러나 어떤 경우이든, 원조의 의무는 결코 사라지지 않는다. 반드시 깨달아야만 하는 것은, 단지 재원 배분만으로는 기본적인 정치적 및 사회적 부정의(돈이 종종 본질적임에도)를 교정하기에 충분하지 않으리란 점이다. 그러나 인권에 대한 강조는 무능한 정체뿐만 아니라, 자신의 국민의 복지에 대해 무감각한 통치자들의 행동을 바꾸도록 작용할 수 있다

기근에 관한 센Amartya Sen의 저작은 이런 인권에 대한 강조를 지지한다.[35] 유명한 네 가지 역사적 사례에 대한 경험적인 연구(벵골*Bengal*, 1943; 에디오피아*Ethiopia*, 1972–1974; 서헬*Sahel*, 1972–1973; 방글라데쉬*Bangladesh*, 1974)에서, 그는 식량감소는 반드시 기근의 주된 원인 또는 심지어 부수적 요인조차 될 수 없다는 사실을 발견했다. 그가 연구한 사례들에서, 자국의 모든 국민의 복지에 관심을 가지고 있으며 공공제도들을 통해서 준비된 식량저장 국가계획에 대한 합당한 조직체계scheme를 적절하게 갖추고 있는 적정수준의 정부를 전제한다면, 식량생산의 감소가 기

34 가령 북극 에스키모인들은 아주 희귀한 경우이어서, 우리의 일반적인 접근에 영향을 미치지 않는다. 나는 그들의 문제들은 특별한 방식으로 다루어질 수 있다고 생각한다.

35 Amartya Sen, *Poverty and Famines*(Oxford: Clarendon Press, 1981)을 보라. 센의 책과 함께 Jean Dréze, *Hunger and Public Action*(Oxford: Clarendon Press, 1989)은 이러한 점들을 확증하고 있으며, 민주정체들이 성공적으로 빈곤과 기아에 잘 대처하고 있다는 점을 강조하고 있다. 이들의 요약적 진술은 13장 p.25에 있다. 또한 Partha Dasgupta, *An Inquiry into Well-Being and Destitution*(Oxford: Clarendon Press, 1993) 1장, 2장, 5장을 보라.

근으로 이어지기에 충분할 만큼 중요하지 않다는 것을 밝혔다. 오히려 주된 문제는 해당 정부가 보유하고 있던 식량을 분배(그리고 보충)하는 데 실패했다는 점이다. 센은 다음과 같이 결론 내린다: "기근은 경제재난이지, 단순한 식량위기가 아니다."[36] 다시 말해, 기근은 정치적 및 사회적 제도 내에 있는 결함과 식량생산의 부족량을 교정할 수 있는 정책을 제정하는 것에 대한 실패에 기인한다. 정부가 기아를 예방할 수 있는데도 국민이 굶주리도록 방치하는 것은 인권에 대한 관심의 부족을 반영한다. 내가 기술하고 있는 질서정연한 정체들은 이런 일이 일어나지 않도록 할 것이다. 희망컨대 인권을 강조하는 것은 기근의 발생을 예방하는 데 도움이 될 것이며, 질서정연한 만민들의 사회에 속한 유력한 정부들에게 효과적인 방향으로 압력을 행사할 것이다(그런데, 실업자들을 도울 수 있는 적절한 장치가 없었다면, 모든 서구 민주주의 국가에 막대한 기아가 발생했을 것이라는 점을 나는 강조한다).

한편 인권의 존중은 사회의 인구압력population pressure을 완화시킬 수 있다. 이 문제는 해당 사회의 경제가 적정하게 수용할 수 있는 정도와 관계된다.[37] 여기에서 결정적인 요소는 여성의 지위로 여겨진다. 일부 사회들—중국이 우리가 익숙하게 알고 있는 예이다—은 가족의 규모에 대한 가혹한 제한을 부과하고, 다른 엄중한 조치를 채택했다. 그러나 그렇게 가혹하게 할 필요는 없다. 가장 단순하고, 가장 효과적이며, 가장 수용할 만한 정책은 여성을 위한 평등한 정의의 요소들을 확립하는 것이다. 여기에서 케랄라Kerala라는 인도의 주는 아주 유익한 예가 될 수 있다. 이 주는 1970년대 말 여성에게 투표권, 참정권, 교육을 받고 활용할 권리, 부와

---

36 Sen, *Poverty and Famines*, p.162를 보라.

37 나는 여기에서 "인구과잉(overpopulation)"이라는 용어를 사용하지 않는다. 왜냐하면 그것은 최적인구(optimal population)의 개념을 전제하는 것으로 보이기 때문이다. 그러나 그것은 무엇인가? 경제가 수용할 수 있는 것과 관련된 것으로 간주할 때에는, 인구압박이 존재하는지의 여부는 충분하게 분명한 문제이다. 나는 이 점에서 센(sen)에게 도움을 받고 있다.

재산을 소유하고 관리할 권리를 부여했다. 결과적으로, 몇 년 이내에 케랄라의 출생률은 주정부의 강제력을 동원하지 않고서도 중국의 출생률 이하로 내려갔다.[38] 그 밖의 다른 지역—가령 방글라데쉬, 콜럼비아, 브라질—에서 제정되었던 유사한 정책들은 유사한 결과를 가져왔다. 기본적 정의의 요소들은 건전한 사회정책의 본질적 요소로 증명되었다. 부정의는 뿌리 깊은 이익을 통해 뒷받침되며, 쉽게 사라지지 않을 것이다. 그러나 부정의는 천연자원의 부족에 호소함으로써 변명될 수 없다.

반복하자면, 고통받는 사회가 그 사회의 정치문화를 바꾸도록 돕는 것에 있어서 손쉬운 비결은 없다. 이 일에 자금을 투여하는 것은 대개 바람직하지 않다. 그렇다고 강제력을 사용하는 것은 만민법이 배제한다. 그러나 특정한 충고는 유용할 수 있는데 고통받는 사회는 여성의 근본적인 이익에 당연히 특별하게 관심을 기울이는 편이 나을 것이다. 여성의 지위가 종교에 근거해 있거나 또는 종교적 견해와 밀접한 관계를 가진다는 사실[39] 그 자체는 여성들의 복종에 대한 원인이 될 수 없다. 그 이유는 다른 원인들이 대개 내재해 있기 때문이다. 모든 종류의 질서정연한 사회들은 인권을 지지하며, 이러한 질서정연한 사회들은 최소한 적정한 협의위계체제decent consultation hierarchy 또는 그와 유사한 특징을 가지고 있다고 말할 수도 있을 것이다. 이러한 특징들은 여성의 근본적 이익을 대변하고 있는 집단이 여성의 대다수를 포함해야 함을 요구한다(§8.3). 이 생각은 여성의 인권 침해를 방지하기 위해 필수적인 협의 절차에 대한 어떤 조건들이 채택되어야 함을 의미한다. 이것은 자유주의에만 고유한 이념이 아

---

38 Amartya Sen, "Population: Delusion and Reality," *The New York Review of Books*, September 22, 1994, pp.62–71을 보라. 케랄라(Kerala)에 대해선 pp.70를 보라. 1979년 중국의 출생률은 2.8, 케랄라는 3.0이었다. 1991년 이들의 비율은 각각 2.0과 1.8이었다.

39 내가 이렇게 말하는 것은, 많은 이슬람 저술가들이 이슬람교가 수많은 이슬람 사회들 내에 사는 여성의 불평등을 인가하고 있다는 사실을 부인하고 다른 역사적 사실에 그 원인을 돌리고 있기 때문이다. Leila Ahmed, *Women and Gender in Islam*(New Haven: Yale University Press, 1992)를 참조하라.

니다. 이것은 역시 모든 적정수준의 만민에 나타나는 공통된 이념이다.

그러므로 우리는 이 이념에 근거해 제공된 원조에 대하여 조건을 부과할 수 있다. 이 일은 한 사회의 종교와 문화를 부적절하게 훼손한다는 비난을 받지 않고서도 이룰 수 있다. 여기에서의 원칙은 종교의 주장에 대해 항상 따라다니는 것과 유사하다. 어떤 종교이든지 막론하고 다른 종교에 대한 그들의 불관용이 자신들의 종교를 유지하기 위해서 필연적이라는 주장을 정당화할 수 없다. 마찬가지 논리로, 어떤 종교이든지 여성들의 복종이 그 종교의 유지를 위해서 필연적이라는 주장을 정당화할 수는 없다. 기본적인 인권은 관련되어 있으며, 인권의 문제는 모든 자유적이고 적정수준의 사회들의 공통된 제도들과 실행에 포함된다.[40]

15.4. 세 번째 지침

원조의 의무를 수행하기 위해 필요한 세 번째 지침은 다음과 같다. 즉 원조의 목적이 고통받는 사회가 자신의 문제들을 합당하고 합리적으로 관리할 수 있도록 도와, 결과적으로 질서정연한 국제사회의 구성원이 되도록 하는 것이다. 이것은 원조의 "목표"target를 규정한다. 목표가 성취된 이후에는, 심지어 현재의 질서정연한 사회가 여전히 상대적으로 빈곤하다고 할지라도 더 이상의 원조는 필요하지 않다. 그래서 원조를 제공하는 질서정연한 사회들은 부정주의적으로paternalistically 행위해선 안 되며, 원조의 최종적인 목적에 위배되지 않는 세심히 계획된 방법으로 행동해야 한다. 원조의 궁극적 목적은 고통받는 사회들의 자유와 평등을 확립하는 것이다.

그 자체로 좋은 특정 형태의 문화와 생활양식이 존재한다고 나는 믿고 있지만, 지금 이 논의에서는 그러한 문화와 생활양식의 형태가 존재하

---

40 *Political Liberalism*, V; §6을 보라.

는지 여부에 관한 심층적 문제는 제쳐두기로 한다. 개인 및 단체들이 자신들의 고유한 문화에 결부되고 그것의 공통된 공적 시민생활에 참여하는 것은 좋은 일임에 틀림없다. 이런 방식으로 고유한 정치적 사회에 속하고 해당 사회의 시민적 및 사회적 세계 내에 깊이 융화되어 삶으로써 표현expression과 자기실현fulfillment을 성취할 수 있을 것이다.[41] 이는 사소한 일이 아니다. 이 입장은 한 국민의 자결권에 대한 상당한 여지를 보존할 것을 주장할 뿐만 아니라, 일종의 느슨한 또는 연합적 형태의 만민들의 사회를 위한 상당한 여지를 또한 보존할 것을 주장한다. 이것은 상이한 문화 간의 분열적 적대감이 질서정연한 정체들의 사회를 통해 어느 정도 순화될 수 있다는 가정을 하고 있다. 그리고 이러한 가정은 실현 가능하게 보인다. 우리는 민족주의적 전쟁을 유발시키는 인종적 증오가 종식될 수 있는 세계를 추구한다. 온당한 애국주의(§5.2)는, 다른 만민의 정당한 주장들을 완전하게 존중하면서, 자신이 속한 국민과 나라에 대한 애착, 그리고 자국의 정당한 주장을 방어하려는 의지이다.[42] 질서정연한 만민은 그러한 정체들을 장려하기 위해 노력해야 한다.

15.5. 원조의 의무와 화친(Duty of Assistance and Affinity)

원조의 의무 이행에 대한 지지의 동기가 만민간의 화친의 정도를 가정하고 있는지 여부는 원조의 의무에 대한 정당한 관심이 된다. 화친의 정도는 사회적 결합력과 친밀감으로 나타난다. 이러한 화친은 분리된 언어, 종교 그리고 문화를 가진 자유주의적 국민으로 이루어진 사회에서조차도—모든 질서정연한 만민의 사회는 말할 것도 없이—기대하기 힘들다. 단일한 국내 사회의 구성원들은 하나의 공통된 중앙정부와 정치문화를 공유하고 있다. 그리고 정치관과 정치적 원칙들의 도덕적 학습은 사회

41 Ibid., V: §7.
42 이것들은 만민법에 의해서 상술된다.

전반의 정치적 및 사회적 제도들이 사회구성원들의 공통적인 일상생활의 부분이 되고 있는 상황에서 가장 효과적으로 이루어질 수 있다.[43] 일상적으로 공유된 제도들에 참여하고 있는 동일한 사회의 구성원들은 공적 이성의 입장에 근거한 하나의 공통적 기초에 입각하여 사회 내의 정치적 갈등과 문제들을 해결할 능력이 있을 것이다.

상이한 만민간의 화친의 잠재적 결핍에 맞서 싸우는 것, 그리고 그것이 과거의 국내의 제도적 부정의에서 비롯되거나, 그들의 공통된 역사를 통해 유전된 사회계급간의 적의와 반목으로부터 파생한 것이라면, 그것의 원인들을 치유하려고 노력하는 것은 정치가의 임무이다. 만민간의 화친은 사회전반의 제도가 보다 넓은 지역을 포함하고 문화적 거리감이 증대함에 따라 (인간 심리의 문제처럼) 자연적으로 약화되기 때문에, 정치가는 이러한 단견적인 경향과 지속적으로 투쟁해야만 한다.[44]

다음의 사실은 아마도 정치가의 업무를 격려하게 될 것이다. 즉 화친의 관계가 고착된 것이 아니라, 만민이 발전시켜온 협력적 제도들 내에서 만민이 함께 일을 하게 되면, 지속적으로 장기간에 걸쳐 강화된다는 점이다. 자유주의적 만민과 적정수준의 만민의 특징으로서, 이들은 모든 만민들이 질서정연한 정체를 갖는 하나의 세계를 추구한다. 처음에는, 우리는 이 목적이 각 만민의 *자기 이익self-interest*에 의해서 추구되는 것으로 가정할 수 있다. 왜냐하면 그러한 정체들이 위험스럽지 않고 평화적이며 협력적이기 때문이다. 그렇지만 만민간의 협력이 빨리 진행됨에 따라, 이들은 상호간에 관심을 갖게 되며, 그래서 만민간의 화친은 보다 강화될 수도

---

43 Joshua Cohen, "A More Democratic Liberalism," *Michigan Law Review*, vol. 92, no. 6(May 1994), pp.1532–33을 보라.

44 나는 여기에서 한 심리원칙에 기초하고 있다. 즉 정치제도를 지지하는 도덕적 태도들에 대한 사회적 학습은 사회전반에 걸쳐 공유되고 있는 제도와 관행을 통하여 가장 효과적으로 이루어진다는 것이다. 학습은 본문에서 언급된 조건들하에서는 약화된다. 현실주의적 유토피아에서는, 이 심리학적 원칙은 만민법의 내용으로서 지각있게 제안될 수 있는 것에 대한 한계점을 설정한다.

있다. 이렇게 되면, 이들은 더 이상 단순히 자기이익에 의해서가 아니라, 상호간의 삶의 방식과 문화에 대한 상호관심에 의해서 행동하게 될 것이다. 그리고 이들은 서로를 위해 희생하려고 할 것이다. 이러한 상호배려는 상당한 시간동안 이들 간의 협력적 노력의 결실과 공통경험의 결과이다.

오늘날 세계에서 상대적으로 협소한 테두리내의 만민간의 상호배려는 오랜 기간을 지나면 확장될 것이기에, 결코 고착된 것으로 보아서는 안된다. 점진적으로, 만민은 더 이상 자기이익만으로 또는 상호배려만으로 행동하지 않는다. 그러나 종국에는, 이들이 자신들의 문명civilization이 상술하는 *이상들과 원칙들ideals and principles*에 입각해서 행동할 자세를 갖출 때까지, 이들은 자기들의 자유적 및 적정수준의 문명과 문화를 지지할 것이다. 종교적 관용은 역사적으로 처음엔 적대적 신앙사이에서 잠정적 타협modus vivendi으로 나타났다. 이것은 나중에 문명국들에 의해서 공유되고 그들의 우세한 종교들에 의해서 인정받는 도덕원칙으로 변한다. 노예제와 농노제의 폐지, 법의 지배, 자기방어일 경우에만 인정되는 전쟁의 권리 그리고 인권의 보장에 대해서도 마찬가지이다. 이런 것들은 자유적 및 적정수준의 문명의 이상과 원칙들이 된다. 그리고 모든 문명화된 만민의 법의 원칙들principles of the Law of civilized peoples이 된다.

§16. 만민간 분배정의

16.1. 만민간의 평등

이것에 대해서는 두 가지 견해가 있다. 하나는 평등equality은 정의로운 것이며, 그 자체로 좋은 것이라고 주장한다. 다른 한편, 만민법은 불평등inequalities이 항상 부정의한 것은 아니며, 불평등이 부정의한 경우는, 만민들의 사회의 기본구조에 관하여, 그리고 만민간의 관계와 국가의 구성원들간의 관계에 관한 부정의로운 영향을 미치기 때문이라는 것을 주장한다.[45] 우리는 적정수준의 비자유적 만민에 대한 관용의 필요성을 논의할 때, 이러한 기본구조의 심대한 중요성을 살펴보았다(§§7.2—7.3).

나는 국내 사회에서 불평등과 관련되어 있는 세 가지 이유들을 주목하고, 각각의 이유를 국제사회에 어떻게 적용할 것인지를 고찰하고자 한다. 국내 사회에서 불평등을 감소시켜야 하는 첫 번째 이유는 가난한 사람들의 고통과 고난을 경감시키기 위해서이다. 그렇지만 이것은 모든 사람들이 부에 있어서 평등해야 한다는 것을 요구하지 않는다. 부자와 빈자간에 있을지도 모르는 간격이 얼마나 큰 것인지 그 자체는 문제되지 않는다. 문제가 되는 것은 결과들이다. 자유적 국내 사회에서, 그 간격은 상호성reciprocity의 기준이 허용하는 이상으로 확대될 수 없다. 그래서 최소수혜자(세번째 자유주의적 원칙이 요구하는 것처럼)는 그들의 자유를 현명하고 효과적으로 사용하도록 하는, 그리고 합당하고 가치 있는 삶으로 인도하기에 충분한 전목적적all-purpose 수단들을 갖추어야 한다. 그러한 상황이 존재한다면, 그 간격을 더 좁혀야할 필요는 없다. 이와 유사하게, 만민들의 사회의 기본구조에서 일단 원조의 의무가 충족되고, 모든 만민이 자유주의적 또는 적정수준의 정부가 작동하는 상황을 가지게 된다면, 상이한 만민간의 평균적 부의 차이를 다시금 좁혀야할 이유는 없다.

한 국내 사회 내에서 부자와 빈자간의 간격을 좁혀야할 두 번째 이유는 그러한 간격이 일부시민들을 열등한 자들로 비난하고 대우하도록 유도하기 때문이다. 그것은 부정의롭다. 그래서 자유적 또는 적정수준의 사회에서, 계층rank을 복종의 표현으로 사회적으로 인정되게 하는 인습은 방지되어야만 한다. 이런 인습은 그렇게 인정받지 못한 이들의 자존감

45 불평등에 대한 나의 논의는 종종 그렇듯이 스캔론(T. M. Scanlon)에 상당히 도움을 받고 있다.

에 부당한 손상을 가할 수 있다. 한 국가의 시민들이 보다 많은 부富 때문에 다른 국가의 시민들에 비교되어 열등하게 느껴지는, 그런 감정들이 정당화된다면, 국제사회의 기본구조에 대해서도 마찬가지이다. 그러나 원조의 의무가 실현되고, 각 만민이 그들 자신의 자유주의적 또는 적정수준의 정부를 가지고 있을 때, 이러한 감정들은 정당화되지 않는다. 따라서 각 만민은 자력으로 그 자신의 사회의 부의 중요성과 의미를 조정해야 한다. 만약 만족스럽지 않다면, 해당 만민은 저축을 증대하는 것을 계속할 수 있으며, 또는 그것이 가능하지 않다면 만민들의 사회의 다른 구성원으로부터 차관을 할 수 있다.

만민간 불평등을 숙고해야하는 세 번째 이유는 만민들의 사회의 기본구조의 정치적 과정에서 공정성의 중요한 역할과 관련되어 있다. 국내 경우에서, 이 관심은 선거와 공직에 출마할 수 있는 정치적 기회의 공정성을 보호하는데서 명확하다. 정당의 공적자금과 선거운동은 이러한 문제들을 개진하려고 노력한다. 또한, 우리가 공정한 기회의 평등을 말할 때에는, 형식적인 법적 평등 그 이상을 의미한다. 이것은 대략 다음과 같은 것을 의미한다. 즉 배경적인 사회여건들은 각 시민들이, 계급이나 태생에 상관없이, 동일한 재능과 의지를 전제한다면, 선호되는 사회적 직위를 획득할 수 있는 동등한 기회를 가질 수 있도록 해야만 한다. 이러한 공정한 기회평등을 성취하기 위한 정책들은, 예를 들자면, 모든 사람에게 공정한 교육을 보장하고 부정당한 차별을 제거하는 것을 포함한다. 공정은, 국내 경우에서의 역할과 비견하여 동일하지는 않을지라도, 역시 국제사회의 기본구조의 정치적 과정에서 중요한 역할을 수행한다.

만민간의 기본적 공정성은 무지의 베일을 지닌 두 번째 원초적 입장에서 동등하게 대표되는 것에 의해서 나타난다. 그래서 만민의 대표들은 타 만민과의 관계에서 그들 자신이 속한 사회의 독립과 평등을 보존하기를 원할 것이다. 만민들의 기구들organizations과 느슨한 국제연합을 작동 시킬 때에도, 불평등들은 만민이 공유하고 있는 많은 목적들을 위해 공헌할 수 있도록 구상되어 있다(§4.5). 이 경우에는 대국들과 소국들은 크고 작은 기여들을 하도록, 그리고 이에 비례하여 크고 작은 보상을 받을 수 있도록 준비될 것이다. 부가하여, 계약당사자들은 협력기구들을 창설할 수 있는 지침들을 공식화할 것이다. 그리고 상호원조의 특정한 규정뿐만 아니라 공정한 무역의 기준에도 동의할 것이다. 이러한 협력기구들이 분배결과들을 정당화하지 못한다면, 이러한 것들은 만민들의 사회의 기본구조에서 교정되어야만 할 것이다.

16.2. 만민간 분배정의

몇 가지 원칙들이 만민간 불평등들을 규제하고 불평등이 과도해지는 것을 방지하기 위해 제안되었다. 이중에 두 가지는 베이츠Charles Beitz에 의해서 논의되었다.[46] 다른 하나는 포거Thomas Pogges의 평등주의적 원칙Egalitarian Principle이다.[47] 이 포거의 원칙은 많은 점에서 베이츠의 재분배정의의 두 번째 원칙과 유사하다. 이것들은 제안적 차원에 있고, 많이 논의된 원칙들이다. 그리고 나는 내가 왜 이 원칙들을 수용하지 않는가를 말할 필요가 있다. 그러나 물론 나는 인권을 보호하고 기본적 필요를 충족시키는 자유주의적 또는 적정수준의 제도를 획득하려는 것에 대한 베이츠와 포거의 목적들을 수용한다. 나는 이것들이 앞장에서 논의된 원조의 의무에서 다루어졌다고 생각한다.

---

46 Charles Beitz, *Political Theory and International Relations*(Princeton: Princeton University Press, 1979).

47 "An Equalitarian Law of Peoples)," *PAPA*, 23:3(Summer 1994)에서 설명된 포거(Pogge)의 지구적인 평등주의적 원칙은 그 자신이 선호하는 입장에 대한 언명이 아니라, 그가 『정의론』(*A Theory of Justice*)의 내적인 것으로 이해하고 있는 것이다. 이것은, 만약 국제체제가 『정의론』에서 다루어지는 국내 체제처럼 취급된다면, 국제체제가 어떤 식으로 다루어져야 하는지에 대해 그가 생각하고 있는 바를 기술하고 있다.

먼저 베이츠의 두 가지 원칙들에 관해 진술하고자 한다. 그는 자신이 명명하는 "자원재분배원칙the resource redistribution principle"과 "지구적 분배원칙global distribution principle"을 구분한다. 이 원칙들 간의 차이는 다음과 같다: 첫째, 모든 나라에서 재화goods의 생산과 용역services은 *자급자족적*autarkic이다. 즉 각 나라는 어떤 종류의 무역이 없이도, 전적으로 그 자신의 노동력과 자원에 의존한다고 가정한다.[48] 베이츠는, 일부지역은 광대한 자원을 가지며, 그리고 그러한 지역에 있는 사회들은 그들의 천연적인 풍부함을 가장 잘 사용해서 번영할 것으로 기대될 수 있다고 주장한다. 다른 사회들은 그러한 행운을 가지지 못했다. 그래서 그들의 최대 노력에도 불구하고 자원의 부족 때문에 단지 열악한 복지수준에 도달할 수 있을 뿐이다. 베이츠는 자원재분배원칙이 각 사회에 그 사회 구성원의 기본적 필요를 충족시키는 정의로운 정치제도와 경제를 확립할 공정한 기회를 주는 것으로 보고 있다. 이 원칙을 지지하게 되면, "자원이 부족한 사회에 사는 개인들에게 다음과 같은 보장을 해준다. 즉 그들의 불리한 운명 때문에 그들이 정의로운 사회제도를 지지하고 인권을 보호하기에 충분한 경제여건을 실현하지 못하는 상황을 예방할 수 있다."[49] 그는 충분한 자원을 가진 나라들이 자원빈국에게 그 자원들을 배분해야 하는 방법에 관하여 설명하지 않고 있다. 그러나 이것은 전혀 문제될 것이 없다.

베이츠가 논의하는 지구적 분배원칙은 생산이 더 이상 자급자족적이지 않고, 국가간 무역과 용역의 유통이 있는 경우에 해당된다. 그는 이 경우에 지구적 협력체계가 이미 존재하고 있다고 믿는다. 이 경우에, 베이츠는 하나의 지구적 차등원칙(『정의론』에서 국내 경우에 사용된 원칙과 유사한)이 사회들 간의 분배정의의 원칙을 제공하는 것에 적용된다고

---

48 Beitz, *Political Theory and International Relations*, p.137.

49 Ibid., p.141.

주장한다.[50] 왜냐하면 그는 보다 부유한 나라들은 그들에게 이용 가능한 훨씬 많은 자원들 때문에 부유하다고 믿기 때문에, (말하자면, 세제 구조 system of taxation를 가지고 있는) 지구적 원칙은 훨씬 많은 자원을 가진 나라들의 이익을 자원이 열악한 국가들에게 재분배한다.

그렇지만, 내가 이미 말했듯이, 한 나라가 어떻게 살아가는가 하는 문제에 있어 결정적 요소는 그 나라의 정치문화—그 나라 구성원의 정치적, 시민적 덕목들—이지, 그 나라의 자원의 수준이 아니기 때문에,[51] 천연자원의 분포의 우연성은 어떤 곤란함도 야기하지 않는다. 그러므로 나는 우리가 베이츠의 자원재분배원칙을 논의할 필요가 없다고 느낀다. 한편, 만민법을 위한 지구적 분배정의원칙이 극단적인 부정의 즉 큰 타격을 주는 빈곤과 불평등을 가지고 있는 우리 세계에 적용되는 것을 의미한다면, 그것의 호소는 이해할 만하다. 그러나 그것이 원조의 의무가 완전하게 충족된 이후의 가상적 세계에서도—혹자가 말하는 것처럼 하나의 목표 없이—끝없이 지속적으로 적용되는 것을 의미한다면, 그것의 호소는 문제가 있다. 후자의 가상적 세계에서 지구적 원칙은, 내가 생각하기에, 우리가 받아들일 수 없는 결과들로 간주할 수 있는 것을 제공한다. 두 가지의 예증적인 경우들을 생각해 보자.

사례(i): 두 자유주의적 또는 적정수준의 국가들이 (말하자면, 기본적 가치*primary goods*로 평가하여) 부의 동일한 수준에 있고, 동일한 규모의 인구를 가지고 있다. 첫 번째 국가는 산업화하고 (실질) 저축률을 증대하기로 결정했다. 반면에 두 번째 국가는 그렇게 하지 않았다. 두 번째 국

---

50 Ibid., pp.153–163.

51 이것은 랜디스(David Landes)가 그의 저서 *The Wealth and Nations*(New York: W. W. Norton, 1998)에서 강력하게 (때로 조금은 너무 지나치게) 주장되었다. 그 책 pp.411–414에 있는 OPEC국가들에 대한 그의 논의를 보라. 랜디스는 석유매장의 발견이 아랍 세계에는 "유례없는 불행"(monumental misfortune)이 되었다고 생각하고 있다(p.414).

가는 그들이 현재 가지고 있는 것들에 만족하면서 그리고 좀 더 목가적이고 여유로운 사회를 선호하면서 자신의 사회적 가치들을 재차 긍정한다. 수십 년이 지난 후, 첫 번째 국가는 두 번째 국가보다 2배의 부를 가지게 되었다. 우리가 가정하는 것처럼, 두 사회가 모두 자유주의적이거나 적정 수준에 있고, 그들의 만민이 자유롭고 책임감이 있으며, 그들 스스로 결정할 수 있다는 것을 가정한다면, 산업화된 국가가 두 번째 국가에게 자금을 제공하기 위해 세금을 걷어야만 하는가? 원조의 의무에 따르면, 어떤 세금도 없으며, 그것이 옳아 보인다. 반면에 목표가 없는 지구적 평등주의 원칙을 따르면, 한 국가의 부유함이 다른 국가의 부보다 적은 한, 세금의 유동이 항상 있어야 한다. 이것은 수용할 수 없는 것으로 보인다.

사례(ii): 자유주의적이거나 적정한 사회들 모두, 처음부터 인구증가율이 여전히 높다는 것을 제외하고는 (i)과 유사하다. 두 국가가, 질서정연 한 사회에 의해 요구되는 것처럼, 여성을 위한 평등한 정의의 요소들을 제공한다. 그러나 첫 번째 국가는 이러한 요소들을 우연히 강조하게 된다. 그리고 그 국가의 여성들은 정치적이고 경제적인 세계에서 번영하게 된다. 결과적으로 그들은 장기적으로 부의 수준을 증대하게 하는 영점대 인구성장률zero population growth에 점차 도달하게 된다. 두 번째 사회는 이러한 평등한 정의의 요소들을 가지고 있음에도 불구하고, 여성들이 자유롭게 가지게 되는 그 사회의 지배적인 종교적 및 사회적 가치들 때문에 인구성장률을 감소시키지 못하며, 여전히 높은 인구 성장률에 머물러 있다.[52] 앞의 예와 마찬가지로, 몇십 년이 지나면, 첫 번째 사회는 두 번째 사회보다 두 배의 부를 가지게 될 것이다. 두 사회가 모두 자유적이거

---

52 여성을 위한 평등한 정의의 이러한 기본적인 요소들(양심의 자유와 종교의 자유를 포함하는)이 적절하게 작동하기 때문에, 나는, 여성들이 그들의 종교나 사회구조내의 그들의 위치에 의해 강압을 당하지 않는다는 의미에서, 인구성장률이 자발적이라고 가정한다. 이점은 내가 여기에서 제시하는 것보다 더 많은 논의를 요구한다는 것은 명백하다.

나 적정수준에 있다는 것을, 그리고 그들의 만민이 자유롭고 책임감이 있다는 것을, 그리고 그들 스스로 결정을 할 수 있다는 것을 가정한다면, 원조의 의무는 이제 좀 더 부유해진 첫 번째 국가로부터 세금을 요구하지 않는다. 반면에 목표가 없는 지구적 평등주의 원칙은 세금을 요구한다. 다시금, 이 후자의 입장은 수용할 수 없는 것으로 보인다.

결정적인 요지는 원조의 의무의 역할은 고통받는 사회들을 만민들의 사회의 완전한 성원이 되도록, 그리고 그들 스스로 그들 자신의 미래의 경로를 결정할 수 있도록 원조하는 것이라는 점이다. 그것은, 국내 사회에서 장기간에 걸친 실질저축의 원칙이 이행과정의 원칙a principle of transition인 것처럼, 많은 점에서 동일한 방식인 *이행과정*transition의 원칙이다. §15.2에서 설명한 것처럼, 실질저축은 사회의 정당한 기본구조에 대한 기초를 확립하는 것을 의미한다. 사회의 기본구조가 확립되면 실질저축은 중단될 수 있다. 만민법의 사회에서 원조의 의무는 모든 사회들이 정의로운 자유적이거나 또는 적정수준의 기본제도들을 가질 때까지 유효하다. 실질저축의 의무와 원조의 의무는 *목표*target에 의해 규정된다. 이 목표를 넘어서게 되면 더 이상 적용되지 않는다. 이 양자의 원칙은 정치적 자율성political autonomy의 본질요소들을 보증한다. 즉 국내 사회에서 자유롭고 평등한 시민들의 정치적 자율성, 국제사회에서 자유롭고 평등한 자유적이고 적정한 국가들의 정치적 자율성을 보장한다.

이것은 지구적 평등주의 원칙과 원조의 의무간의 차이점에 대한 문제를 제기한다.[53] 그(지구적 평등주의) 원칙은 세계 도처에 있는 모든 가

---

53 포거(Pogge) 자신의 견해에 대해서는, *Social Philosophy*, 16:1(1999)에 실릴, 그의 논문 "인류번영과 세계정의(Human Flourishing and Universal Justice),"를 보라. 포거는 여기에 있는 그의 견해가 하나의 목표(target)와 하나의 차단점(cutoff point)을 가지고 있다고 내게 말했다. 나는 이것이 원조의 의무와, "보편적 정의"(Universal Justice)에서 제시된 포거의 지구적 평등주의 견해 사이에 얼마나 큰 차이점이 있을 수 있는지에 대한 문제를 제기한다고 본문에서 언급했다. 그의 논의가 상세하지 않기에, 나는 그것을 여기에서 더 논의할 수 없다.

난한 사람들을 돕기 위해 구상되었다. 그리고 그것은 이 목적을 위해 운용될 국제자금을 불입하도록 각 사회에 대해 전체자원배당General Resource Dividend(GRD)을 제안한다. 그것에 대해 묻고 싶은 질문은 그 원칙이 목표와 차단점을 가지고 있는지의 여부이다. 원조의 의무는 둘 다 가지고 있다: 그것은 세계의 빈자들을 그들이 합당하게 자유주의적인 사회의 자유롭고 평등한 시민 또는 적정수준의 위계적 사회의 구성원이 될 수 있는 수준까지 이들을 끌어올릴 것을 추구한다. 이것이 그 원칙의 목표이다. 이 원칙은 역시 구상될 때부터 차단점을 가지고 있다. 왜냐하면 일단 목표가 달성되면, 그 원칙은 각각의 고통받는 사회들에 적용이 되지 않기 때문이다. 지구적 평등주의 원칙은 유사한 방식으로 작용될 수도 있을 것이다. 이것을 목표가 설정된 평등주의 원칙egalitarian principle with target이라고 부르자. 원조의 의무와 이러한 평등주의 원칙 사이에 차이점이 얼마나 큰가? 확실히 한 국가의 기본적 필요(기본가치로 평가되는)가 실현되고, 한 국민이 스스로 자립할 수 있는 어떤 지점이 있다. 이 지점에 언제 도달하는지에 대해서는 불일치할 수 있다. 그러나 그러한 지점이 있다는 것은 만민법과 그것의 원조의 의무에 있어서 중대한 점이다. 각 원칙의 목적들과 차단점이 어떻게 규정되는지에 따라서, 이 원칙들은 대체적으로 같을 수도 있을 것이며, 또한 대략 실천적인 문제들인 세금제도와 운용제도들을 살펴보면 이 양자를 식별할 수도 있을 것이다.

16.3. 세계시민주의적 견해(Cosmopolitan View)와의 대조

만민법은 모든 사회가 그 인구에 있어서 인적 능력에 대한 충분한 배열 즉 각각의 사회는 그 사회가 정의로운 제도들을 실현할 수 있는 충분한 잠재적 인적 자원을 가지고 있을 정도로 충분한 인구수를 가지고 있다고 가정한다. 사회의 최종적인 정치적 목적은 올바른 이유로 완전하게 정의롭고 안정적인 사회가 되는 것이다. 일단 그 목적을 이루면, 만민법은 가령 그러한 제도들을 유지하기 위해 필요한 것을 넘어서 그 이상의 어떤 목표, 즉 생활수준을 향상시키는 것과 같은 그러한 목표를 규정하지 않는다. 정의로운 제도들을 지속시키기 위해서 필요로 하는 것 이상을 요구하는 어떤 사회의 요청을 정당화할 수 있는 어떤 이유도 없으며, 또는 사회들 간의 물질적인 불평등을 더 축소시키려는 어떤 사회의 요청을 정당화할 수 있는 이유도 전혀 없다.

이러한 언명들은 만민법과 세계시민주의적 견해cosmopolitan view 사이의 대비를 보여준다(§11.1). 세계시민주의적 견해의 궁극적인 관심은 개인들의 복지이지, 사회들의 정의는 아니다. 그 견해에 따르면, 심지어 각 국내 사회가 국내적으로 정의로운 제도들을 성취한 이후에도, 그 이상의 지구적 분배의 필요성에 관련된 문제가 여전히 남아있다. 가장 단순한 예증적 경우로 『정의론』에서 발견된 정의의 두 원칙을 국내적으로 만족시키고 있는 두 사회를 가정해 보자. 이 두 사회에서, 한 사회내의 최저 수혜자계층의 대표적인 사람이 다른 사회의 최저 수혜자계층의 대표적인 사람보다도 훨씬 열악하다. 어떤 지구적 원칙을 통해서, 두 사회 모두로 하여금, 국내적으로 정의의 두 원칙을 만족시키는 것과 동시에, 첫 번째 사회의 최저 수혜자계층의 대표적 사람의 운명을 향상시키는 것을 계속할 수 있도록 해주는 것이 가능하다고 가정해보자. 이 경우에, 우리는 원래적 분배the original distribution보다 재분배the redistribution를 더 선호해야 하는가?

만민법은 그 두 가지 분배간에 무관심하다. 한편에서 세계시민주의적 견해는 무관심하지 않다. 세계시민주의적 입장은 개인들의 복지에 관심을 가지며, 그 결과 지구적으로 최저수준의 사람의 복지가 향상될 수 있는지의 여부에 관심을 가진다. 만민법에 있어서 중요한 것은 질서정연한 만민들의 사회의 성원으로 살아가고 있는 자유적 사회 및 적정수준의 사회를 위한 올바른 이유에 입각한 정의와 안정성의 문제이다.

제4부

결론

제4부 결론

§17. 공적 이성과 만민법

17.1. 자민족 중심주의가 아닌 만민법

만민법을 발전시킴에 있어서, 나는 자유적 사회들이, 그 *자신들의* 정치관의 관점에 입각해서, 다른 사회들에 대해 어떻게 처신해야 하는지를 스스로 반문해 보아야 한다고 말한 바 있다. 우리의 정치관의 근거들을 검토해 보고 편견과 실수를 경계하기 위해 합당한 모든 사전 조처를 취했다고 가정하고, 우리는 항상 현재 우리가 위치하고 있는 곳에서부터 출발해야 한다. 위와 같이 진행시키는 것이 자민족 중심주의적이라든가 또는 서구적인 것에 불과하다고 하는 반대에 대해서, 그 대답은 '아니다, 꼭 그렇지만은 않다'라고 할 수 있다. 그러한 지의 여부는 자유적 사회들이 포용하는 만민법의 내용에 따라 좌우된다. 만민법의 객관적 타당성은 결코 그 시간과 공간, 혹은 탄생 문화에서 비롯되는 것이 아니라, 그것이 상호성의 기준을 만족시키고 자유적 및 적정수준의 만민들 간의 사회의 공적 이성과 합치되는가에 달려있다.

만민법을 보면, 우리는 그것이 상호성의 기준을 만족시키고 있음을 알 수 있다(§1.2). 만민법은 열등한 위치나 지배의 위치에 예속되지 않고 단지 자신들이 합당하게 받아들일 수 있는 것만을 다른 사회들에게 받아들이기를 요구하고 있다. 여기서 만민법이 적정수준의 사회들에게 이들의 종교적인 제도들을 포기 또는 수정하고 대신 자유적인 것들을 채택하라고 요구하지 않는다는 점은 아주 중요하다. 우리는 적정수준의 사회들이 정의로운 자유적 사회들 간에 적용되는 동일한 만민법을 승인할 것이라 가정한 바 있다. 이것이 바로 만민법을 보편적으로 적용할 수 있게 한다. 그렇게 되는 이유는 만민법은 다른 사회들에게, 모든 사회들과 공정한 평등의 관계를 유지할 준비가 되었을 때, 단지 자신들이 합당하게 수용할 수 있는 것만을 이들에게 요구하기 때문이다. 그들은 다른 만민과 평등한 관계에 놓인다는 것이 서구적인 생각이라고 주장할 수 없다! 한 민족과 그 정치체제가 합당하게 기대할 수 있는 관계란 이외에 어떤 것이 있겠는가?

17.2. 적정수준의 만민에 대한 관용

우리가 살펴보았듯이, 만민들이 반드시 모두 자유적이어야 하는 것은 아니다. 이것은 사실 자유주의적 만민법의 관용의 원칙과 일군의 자유적 관점들에서부터 고안된 공적 이성의 개념에서 비롯되었다. 만민법이 표현하는 다른 사회들에 대한 관용의 관점은 무엇인가? 그리고 그것이 어떻게 정치적 자유주의와 연결되어 있는가? 만약 자유적 사회가, 도덕적으로 말해, 적정수준의 위계적 사회와 그 밖의 다른 종류의 적정수준의 사회들보다 훌륭하고, 따라서 모든 사회가 자유적이 되면 세계는 더 좋은 곳이 될 것인가 하는 문제가 제기된다면, 자유적 관점을 지지하는 사람들은 그렇다고 대답할 것이라고 생각할 수 있다. 그러나 이러한 대답은 만민들 간의 상호 존중의 중요성은 물론, 각 민족이 다른 민족에 대해 한편으로는 경멸에 빠지지 않고 한편으로는 증오와 분노를 느끼지 않은 채 자신들의 자부심을 유지하는 것이 지니는 큰 중요성을 간과하고 있는 것이다(§7.3). 이러한 관계들은 서로 분리시켜서 본 각 국민의 내부적인 (자유적 혹은 적정수준의) 기본구조의 문제가 아니다. 오히려, 그것은 만민들 간의 상호존중*mutual respect*의 관계를 고려하고 있기 때문에 만민 사회의 기본구조 및 정치적 풍토의 본질적 부분을 구성한다. 이러한 이유에 의해서, 만민법은 적정수준의 만민을 더 큰 사회의 구성원으로 간주한다. 입헌 자유민주주의 사상이 지니는 이상들에 대한 자신감을 가지고, 만민법은 적정수준의 만민이 이러한 이상들을 존중할 수 있도록 하는 그들 자신의 방법을 찾게끔 함으로써 이들 적정수준의 만민을 존중한다.

포괄적 교리들은 자유민주주의 정치에 있어 단지 제한적인 역할만을 할 뿐이다. 헌법적 본질constitutional essentials에 관한 의문들과 기본적 정의basic justice의 문제들은, 모든 시민들이 그들의 포괄적 교리들을 중시한다 해도, 정의에 대한 공적인 정치적 정의관과 공적 이성에 의해 해결될 것이다. 자유민주주의 사회의 다원주의—자유로운 제도하에서 인간 이성의 행사 결과라고 가장 적절하게 간주될 수 있는 다원주의—를 전제한다면, 그러한 정치관과 더불어, 이것을 구현하는 기본적 정치제도들을 근본적인 공적인 정당화의 기반으로 받아들이는 것은, 우리에게 가능한 가장 합당하고 깊이 있는 사회적 화합의 기반이다.

만민법은, 내가 설명했듯이, 단지 이러한 생각들을 질서정연한 만민들의 정치사회로 확장시킨 것뿐이다. 그렇게 한 이유는 만민법은 만민들의 사회운영을 위해 근본적인 정치적 문제들이 발생할 때 이를 해결하는 역할을 하게 되는데, 이 만민법 역시 공적인 정치적 정의관에 기초해야만 하기 때문이다. 나는 그러한 정치관의 대강적 내용을 제시했고, 그것이 자유적 및 적정수준의 사회 양자 모두를 포함하는 질서정연한 사회들로부터 어떻게 지지될 수 있는 가를 설명하려 했다. 잠정적 타협의 기반으로서가 아니라면, 어떤 종류의 팽창주의적 사회도 만민법을 승인하지 않을 것이다. 그들의 경우, 한 쪽의 일방적 지배 혹은 소모의 결과로 나타나는 평화 외에는 어떠한 평화적 해결방안도 있을 수 없다.[1]

어떤 이들은 이러한 생각을 받아들이기 어려울 수도 있다. 그 이유는 철학의 임무는 다른 모든 주장에 대항하여 언제나 설득력있게 입증할 수 있는 논증의 형태를 밝히는 것이라고 대개 생각하고 있기 때문이다. 그러나 그러한 주장은 있을 수 없다. 만민들은 타협이 불가능하여 서로 대립할 수밖에 없도록 만드는 궁극적인 목적들을 가지게 되곤 한다. 그리고 만약 그러한 목적들이 아주 근본적인 것으로 간주되고, 동시에 하나 혹은 그 이상의 사회가 정치적으로 합당한 의견과 그와 관련된 일련의 의견들을 모두 거부한다면, 마치 미국 남북전쟁 시기의 남북이 그러했듯이, 그 사이에는 하나의 교착상태가 발생하여 전쟁이 일어난다. 정치적 자유주의는 정치적 합당성의 개념에서 시작하고, 거기에서 그 사례들을 형성해 나간다. 평화는 사실 전쟁이 비합리적이고 소모적이라고 선언하는 것으로 이루어질 수도 있겠지만, 그것만으로 되는 것이 아니라, 만민들이 합당하게 정의롭거나 적정수준의 체제를 유지하고 가능한 합당한 만민법을 형성하는 기본구조를 만들어 낼 수 있는 방법을 마련함으로써 실현할 수 있다.

---

1 미국 남북전쟁이 느슨해진 시점인 1864년 7월에, 비공식적 평화 사절단이 리치몬드(Richmond)로 갔다. 데이비스(Jefferson Davis)가 다음과 같은 말을 한 것으로 얘기 된다: "전쟁은…, 만약 자치정부권을 인정하지 않는다면, 이 세대의 마지막 한사람까지 모두 전장에 떨어질 때까지 지속되어야 한다.… 우리는 노예제도 때문에 싸우고 있는 것이 아니다. 우리는 독립을 위해 싸우고 있다–우리는 독립 아니면 전멸을 원할 뿐이다." David Donald, *Lincoln* (New York: Simon and Schuster, 1995), p.523을 참조하라. 1864년 12월 6일, 연례적 의회 연설에서 링컨은 남북의 상황을 다음과 같이 묘사했다: "[데이비스]는 우리를 속이려고 한 것이 아니다. 그가 우리를 속일 어떤 이유도 없다. 그는 자발적으로 연방(the Union)을 다시 수용할 수 없는 입장에 있다. 우리 역시 자발적으로 양보할 수 없다. 그와 우리 사이에 쟁점은 명백하고, 간단하며, 그리고 타협의 여지가 없다. 그것은 단지 전쟁에 의해서만 해결될 수밖에 없고 승리에 의해서만 관철될 수 있는 문제이다." Roy F. Basler, ed., *Collected Works of Abraham Lincoln*(New Bronswick: Rutgers University Press, 1953), vol. 8. p.151.

§18. 우리의 사회적 세상에의 조화

18.1. 만민의 사회는 가능하다

§1.1에서 나는 정치철학이, 우리가 일상적으로 생각하는 실제적인 정치적 가능성의 한계범위를 확대시키려 할 경우, 그것은 현실주의적 유토피아라고 얘기했다. 미래에 대한 우리의 희망은 다음과 같은 믿음에 근거하고 있다. 즉 이 믿음은 우리의 사회적 세상이 합당하게 정의로운 입헌민주사회a reasonably just constitutional democratic society가 합당하게 정의로운 만민들의 사회a reasonably just society of peoples의 성원으로 존속할 수 있게끔 하는 가능성들에 근거한다. 우리의 사회적 세상에 조정될 수 있게끔 하는 하나의 본질적인 단계는 그러한 만민의 사회가 사실 가능하다고 간주하는 것이다.

내가 자주 언급하였던 네 가지 기본 사실들을 상기하라. 이 사실들은 역사와 정치적 경험을 숙고해 보면 입증이 될 수 있다. 이것들은 사회이론에 의해 발견된 것이 아니다. 또한 그것들은 자명한 이치인 만큼, 논쟁에 붙여질 필요도 없다.

(a) 합당한 다원주의의 사실The Fact of Reasonable Pluralism: 자유민주주의의 기본적 특징은 합당한 다원주의의 사실에 있다—종교적이든 비종교적(또는 세속적)이든 상충적인 합당한 포괄적인 교리들이 존재하는 다원성이 바로 자유로운 제도들을 지닌 사회의 문화에 의해서 나타나는 정상적 결과이다. 상이하고 화해 불가능한 포괄적 교리들이 이들 모든 교리들에 적용되는 평등한 자유의 이념과 교회와 국가의 분리의 이념을 지지하는 것으로 통합될 것이다. 비록 이들 포괄적 교리들 각각은 차라리 다른 교리들이 존재하지 않는 편을 선호하겠지만, 분파들의 다원성

the plurality of sects은 각 교리들이 자신들의 평등한 자유를 누릴 수 있게끔 하는 가장 큰 보증이다.[2]

(b) 다원성 속의 민주적 화합의 사실The Fact of Democratic Unity in Diversity: 이것은 입헌민주사회에서, 정치 및 사회적 화합이, 그 시민들이 종교적이든 아니든, 하나의 포괄적 교리에 의해서 통합되어지는 것을 요구하지 않는다는 사실이다. 17세기 말엽 혹은 그 이후까지, 그것은 상식적인 견해는 아니었다. 종교적 분열은 시민 정치공동체에게는 하나의 재앙으로 간주되었다. 실제적인 역사의 경험을 들여다 보면, 이 관점이 틀렸음을 알 수 있다. 상호이해의 공적 기반이 존재해야 한다는 것은 필요하긴 하지만, 이러한 공적 기반은 자유민주사회에서는 정치 및 사회제도들의 합당성과 합리성에 의해 제공된다. 즉 정치 및 사회제도들의 장점들은 공적 이성의 입장에서 논의될 수 있다.

(c) 공적 이성의 사실The Fact of Public Reason: 이것은 다원주의적 자유민주사회의 시민들이 자신들의 화해 불가능한 포괄적 교리들에 근거해서는 합의에 도달하거나 상호이해에 근접조차 하기 힘들다는 사실을 말한다. 그렇기 때문에, 시민들이 근본적인 정치적 문제들을 논의할 때는, 이들이 그러한 포괄적 교리들에 호소하는 것이 아니라, 옳음과 정의에 대한 일군의 합당한 정치관들에 호소하고, 따라서 시민의 자격을 지닌 시민들에게 제시되는 정치적 합당성의 원리에 따라야 한다. 이 사실은 신앙의 교리들과 혹은 비종교적 교리들이 정치적 토론에 개입될 수 없다는 것을 의미하는 것이 아니라, 오히려 그것들을 정치적 논의에 끌어들이는 시민들이 종교적 혹은 비종교적 교리들이 지지하는 정치적 정책들에 관하여

2 매디슨(James Madison)을 보라: "분파들의 다양성이 있는 곳에는 나머지 분파들을 억압하고 박해하는 하나의 지배적인 다수적 분파가 있을 수 없다… 미합중국은 그러한 분파들의 다양성이 풍부하며, 이 사실은 종교적 박해에 대해 강한 보호가 되고 있다." Virginia Convention, June 12, 1788. *Papers of James Madison*, ed. William T. Hutchinson and William M. E. Rachal (Chicago: University of Chicago Press, 1962), vol. 11, p.130.

공적 이성의 입장에서 충분한 근거들을 또한 제시해야만 한다는 것이다.[3]

(d) 자유민주적 평화의 사실The Fact of Liberal Democratic Peace: 이것은 §5에서 논의되었던 것으로, 이상적으로 말하자면, 질서정연한 입헌민주주의 사회들은 서로 전쟁을 일으키지 않으며, 단지 자기방어를 위한 전쟁 혹은 다른 자유적 혹은 적정수준의 만민들을 보호하기 위한 동맹에만 참여한다는 사실이다. 이것은 만민법의 원칙(5)이다.[4]

이 네 가지 사실은 합당하게 정의로운 만민들의 사회가 가능한 이유에 대한 설명을 제시한다. 나는 자유적 및 적정수준의 만민들의 사회에서는, 항상은 아니더라도 대부분은 만민법이 존중되어져서, 이 만민법이 만민 사이의 관계들을 조정하는 것으로 인정되리라 믿는다. 이것을 보여주기 위해서, 합의가 될 수 있을 것으로 여겨지는 여덟 가지의 원칙들을 검토하였으며(§4.1), 그 중 어떤 것도 위반되어질 것 같지 않을 것으로 여겼다. 자유민주적 및 적정수준의 만민은 자신들 상호간에 만민법을 준수할 것으로 보인다. 그 이유는 만민법이 자신들의 근본적 이익에 부합되므로, 각 만민은 다른 만민과의 합의사항들을 준수하여 신뢰성 있는 만민으로 알려지기를 원할 것이기 때문이다. 가장 잘 위반되어질 것 같은 원칙은 공격적인 무법 국가들에 대항한 정의로운 전쟁 규범들, 그리고 고통받는 사회들에 대한 원조의 의무이다. 그 이유는 이 원칙들을 지지하는 근거들이 상당한 선견지명을 요구하고 또한 이 원칙들에 부정적으로 작용할 수 있는 강력한 열정들이 흔히 있기 때문이다. 그러나 이 원칙들의 심대한 중요성을 공중들에게 설득시키는 것은 정치가의 의무이다.

---

3 "The Idea of Public Reason Revisited," §4를 보라.

4 몽테스큐는 이것을 "여러 국가들이, 자신들의 진정한 이익을 손상하지 않으면서, 평화의 시기에는 상호간에 가능한 가장 좋은 일을 행해야 하며, 전쟁의 시기에는 나쁜 일은 가능한 가장 적게 해야 하는 원칙"으로 정의한다. *The Spirit of Laws*, book 1, chap. 3.

이것을 살펴보기 위해서, 적대국가와의 전쟁수행에 있어서 정치가의 역할과 정치가가 대비해야 할 감정들과 분노들에 관한 논의를 상기해 보라(§14). 마찬가지로 원조의 의무에 관해서도 살펴보자. 다른 사회에 대한 자연스러운 동정심을 방해하거나, 또는 외국사회에서 일어나는 상당한 정도의 인권유린상황을 과소평가하거나 아니면 아예 인식조차 하지 못하게 하는 불리한 여건에서 생존을 영위하는 사회의 문화 및 만민의 수많은 측면이 있을 수 있다. 알려지지 않은 것에 대한 사회적 거리감과 불안감은 이러한 감정들을 더 강력하게 만든다. 정치가가 자신의 국민에게 다른 사회들이 적어도 적정수준의 정치 및 사회 제도들을 갖추도록 하는 것이 이들에게 얼마나 큰 중요성을 지니는지를 여론으로 설득시키는 것이 매우 어렵다고 생각할 수 있다.

18.2 조화의 한계들(Limits of Reconciliation)

나는 서론에서 두 가지 생각이 만민법을 유발했다고 언급했다. 첫째는 인간 역사에서의 거대한 악들—부정의한 전쟁들, 압제, 종교적 박해, 노예제도 등등—이 잔악성과 냉담성을 지닌 정치적 부정의에서 비롯되었다는 점이다. 둘째는 정의로운 (또는 최소한 적정수준의) 사회정책들을 따르고 정의로운 (또는 적어도 적정수준의) 기본적 제도들을 세움으로써 정치적 부정의가 일단 제거 되면, 이 거대한 악들도 순차적으로 사라지리라는 점이다. 나는 이 거대한 악들이 사라지고 만민법을 존중하는 자유적 및 적정수준의 만민들 모두에 의해 정의로운 (또는 적어도 적정수준의) 기본적 제도들이 확립된 세계를 "현실주의적 유토피아"a realistic utopia 라고 부른다. 이러한 현실주의적 유토피아에 관한 설명은, 칸트의 후기 저작의 전통에서와 같이, 모든 자유적 및 적정수준의 만민들이, 선의의 관계의 성원으로서, 합당한 만민 사회에 속하게 되는 것을 합당하게 기대할 수 있는 사회적 조건들을 보여준다.

그렇지만, 조화reconciliation에는 중요한 제한들이 있다. 나는 두 가지를 열거하겠다. "근본주의자들"fundamentalists이라고 부를 수 있는, 역사적으로 지배적이었던 다양한 종교적 또는 세속적 교리들을 지닌 많은 사람들은 내가 묘사한 사회적 세상에 조화될 수 없을 것이다. 이들에게는, 정치적 자유주의에 의해 그려진 사회적 세상은, 적극적인 의미에서 악은 아니라 하더라도, 사회적 분열과 위선적 교리들로 뭉쳐진 하나의 악몽이다. 사회적 세상에 조화되기 위해서는, 그것의 합리성과 합당성 모두를 살펴보아야 한다. 조화는 자유적 및 적정수준의 사회들 내부뿐만 아니라 이들의 상호관계에서의 합당한 다원주의의 사실을 인정하는 것을 요구한다. 나아가서, 이러한 다원주의가 종교적 및 세속적 교리 모두를 포함하는 합당한 포괄적 교리들과 양립할 수 있는 것으로 또한 인정해야 한다.[5] 그런데, 이 마지막 생각은 정확히 말하자면 근본주의에서는 거부하고 정치적 자유주의에서는 주장하는 것이다.

현실적 유토피아 개념을 구현하는 사회적 세상에 대한 조화에 있어서 두 번째 제한은 사회적 세상의 많은 사람들이 상당한 정도의 불운과 고통에 시달릴 수 있고, 정신적 공허함에 빠질 수 있다는 점이다. (이것은 많은 근본주의자들의 믿음이다). 정치적 자유주의는 자유에 대한 자유주의a liberalism of freedom 입장을 취하고 있다. 이 점에 있어 정치적 자유주의는 칸트, 헤겔, 밀과 맥을 같이 한다.[6] 정치적 자유주의는 자유적 국민과 적정수준의 국민 양자 간의 평등한 자유를 지지한다. 동시에 자유적 국민들 내의 자유롭고 평등한 시민들의 정치적 자유를 지지하고, 이러한 이들에게 전목적적 수단들(기본적 가치)을 적절히 보장함으로써 이들

5 바티칸 II세 이후의 카톨릭교, 그리고 신교, 유태교 및 이슬람교의 일부 형태들이 이것의 예가 될 수 있다. "The Idea of Public Reason Revisited," §3을 참조하라.

6 §§1.2와 7.3을 참조하라.

로 하여금 자신의 자유를 현명하게 행사할 수 있도록 하여 주는 것에 유의한다. 그렇지만, 이들의 정신적 복리는 보장되지 않는다. 정치적 자유주의는 정신적 문제들을 중요하지 않은 것으로 일축하는 것은 아니다. 반대로, 그 중요성 때문에 이 문제를 각 시민들이 스스로 결정하게 한다. 그렇지만, 이것이 종교 문제를 어쩌면 '사적화' privatized된 것으로 간주하는 것은 아니다. 대신에 종교가 "정치화" politicized된 것이 아닐 뿐이다(정치화된 것이라고 하는 의미는 종교가 이념적 목적을 위해 왜곡되고 축소되었다는 것을 뜻한다). 한편으로 정치 및 사회적 제도와, 다른 한편으로 수많은 다양한 (종교적 및 세속적) 협회들로 이루어진 시민사회, 이 양자 간의 노동분업은 충분히 유지된다.

18.3. 결론적 숙고

현실주의적 유토피아의 개념은 합당하게 정의로운 입헌민주사회가 합당하게 정의로운 만민들의 사회의 구성원으로 존속하는 것이 가능하다는 것을 보여줌으로써, 이 개념은 우리를 우리의 사회적 세상에 조화될 수 있게 하여준다. 이 개념은 그러한 세계가 언제, 어디에선가는 존재할 수 있을 것이라는 가능성을 말할 뿐, 이것이 틀림없이 실현되고 그럴 것이라고는 하지 않는다. 여전히, 그러한 자유적 및 적정수준의 정치 및 사회적 질서의 가능성이 실현되지 않는다면, 그러한 가능성은 아주 쓸모없는 것으로 간주하는 사람도 있을 것이다.

물론 실현한다는 것이 중요하지 않은 것은 아니지만, 나는 그러한 사회적 질서의 바로 그 가능성 자체가 우리를 그 사회적 세상에 조화시킬 수 있게 되리라 믿는다. 이 가능성은 단순한 논리적 가능성이 아니라, 그 사회적 세상의 깊은 경향 및 성향들과 결부된 것이다. 왜냐하면, 국내이건 해외에서이건 간에 스스로 존속할 수 있고 합당하게 정의로운 정치 및 사회적 질서가 가능하다는 설득력 있는 근거들을 우리가 신뢰한다면, 우리들은 우리들 또는 다른 사람들이 언제, 어디에선가 이것을 달성할 것이라는 것을 합당하게 희망할 수 있기 때문이다. 그리고 우리는 이러한 달성을 하기 위해 무언가를 할 수 있을 것이다. 이 점 하나만으로도, 우리의 성공 또는 실패 문제를 떠나서, 포기와 냉소주의의 위험을 떨쳐버리기에 충분하리라 생각한다. 사회적 세상이 현실주의적 유토피아의 특성을 어떻게 실현할 수 있는 지를 보여줌으로써, 정치철학은 정치적 노력의 장기적 목표를 제공해 주고, 그것을 위해 매진함에 있어 우리가 오늘날 할 수 있는 것에 의미를 부여해 준다.

그래서, 합당하게 정의로운 만민들의 사회가 가능한가 하는 질문에 대한 우리의 답변은 전체로서의 세계를 지향하는 우리의 태도에 영향을 미친다. 우리의 답변은 우리가 실제 정치에 임하기 전에 우리에게 영향을 미치고, 우리가 그것에 어떻게 참여할 지에 대해 한계를 설정해 주거나 격려해 주기도 한다. 정의롭고 질서정연한 만민들의 사회가 불가능한 것으로 간주하는 그러한 생각을 거부하는 것은 전체로서의 세계를 지향하는 태도의 질과 강도에 영향을 미칠 것이며, 우리의 정치에 의미 있는 영향을 미칠 것이다. 『정의론』과 『정치적 자유주의』에서 나는 자유민주정체에 적용되는 보다 합당한 정의관을 개관하고, 가장 합당한 것에 해당될 수 있는 후보를 제시한 바 있다. 하나의 논문에 불과한 것이라고 할 수 있는 만민법에 관한 이 글에서, 나는 이러한 발상들을 확장시켜 합당하게 정의로운 만민들의 사회에서 자유적 사회의 외교정책을 위한 지침들을 마련하고자 하였다.

만약 합당하게 정의로운 만민들의 사회의 구성원들이 자신들의 권한을 합당한 목적에 예속시키는 것이 가능하지 않다고 한다면, 그리고 인간이란, 치유할 수 없을 정도로 냉소적이고 자기중심적이 아니라 하더라도,

매우 무도덕적amoral인 존재라고 한다면, 누군가, 칸트가 그랬듯이, 인간들이 이 지구에 살 가치가 있는 존재인지를 묻지 않겠는가.[7]

7 "만약 정의가 사라진다면, 더 이상 인간이 지구상에 살 가치가 없다." Kant, *Rechtslehre,* in Remark E following §49, Ak:VI:332.

공적 이성의 재조명

공적 이성의 재조명

나는 공적 이성의 개념을 질서정연한 입헌민주사회관에 속하는 것으로 이해한다.[1] 이 공적 이성의 형태와 내용—시민들이 공적 이성을 이해하는 방식과 공적 이성이 시민들의 정치적 관계를 해석하는 방법—은 민주주의 그 자체의 개념의 일부이다. 왜냐하면, 민주주의의 기본적 특징이 합당한 다원주의의 현실the fact of reasonable pluralism이기 때문이다—합당한 다원의주의의 현실이란 서로 충돌하지만 합당한 종교적, 철학적, 도덕적 포괄적 교리들[2]의 다원성이 자유적 제도가 지니는 문화의 정상적인 결

---

1 이에 대해 자세한 것은 『정치적 자유주의』(*Political Liberalism*)의 제5강 8.5절을 참조하라. 『정치적 자유주의』에서 참고할 부분은 강의(lecture)와 절(section)의 형식으로 제시되며, 완전한 강의와 절, 단락이 제시되지 않을 때는 쪽 번호를 제시할 것이다. 1996년에 출간된 페이퍼백 판본의 『정치적 자유주의』에는 정치적 자유주의의 특정한 측면들을 더욱 명료하게 하기 위해 새로운 두 번째 서문을 포함시켰다. 이 서문의 5절(pp.l–lvii)은 공적 이성의 개념을 논의하고 있으며 이 개념을 긍정함에 있어 내가 가했던 몇 가지 변화를 개략적으로 설명하고 있다. 여기에서 제시한 내용들 안에서(역자: 공적 이성의 개념의) 변화가 생겨나며 더욱 정교하게 만들어졌다. 그리고 이러한 변화들은 이 논의의 완벽한 이해를 위해 중요하다. 페이퍼백(paperback)의 쪽 매김은 원본인 양장판본과 동일하다.

2 나는 "교리(doctrine)"라는 용어를 모든 종류의 포괄적 견해에 대해, "관(conception)"이라는 용어를 정치관(a political conception)과 시민으로서 인간관(the conception of the person as citizen)과 같은 정치관의 구성 부분들에 대해 사용한다. "개념(발상, idea)"이라는 용어는 일반적 용어로 사용되며 문맥에 따라 다르게 언급될 수 있다.

과임을 의미한다.[3] 시민들은 화해할 수 없는 포괄적 교리들에 입각하여서는 합의에 이를 수 없거나 심지어 상호 이해에 조차 이를 수 없다는 점을 인식하고 있다. 이 관점에서 본다면, 근본적 정치 문제들이 중대한 관건이 되었을 때, 시민들은 서로에게 합당하게 제시할 수 있는 적절한 이성적 논거들의 형태가 어떤 것인지를 고려할 필요가 있다. 나는 진리나 옳음에 대한 포괄적 교리들을, 공적 이성 내에서, 시민으로써 다른 시민들에게 제시하는 정치적으로 합당한 것이란 개념an idea of the politically reasonable으로 대체할 것을 제안한다.[4]

공적 이성의 개념에서 핵심적인 것은 공적 이성은 어떠한 종교적, 혹은 비종교적으로 포괄적인 교리들이 공적 이성의 본질 및 민주정체와 양립할 수 없는 경우를 제외하고는 그것들을 비판하거나 공격하지 않는다는 점에 있다. 기본적인 필요조건은 합당한 교리들이 입헌민주체제를 받아들이고 민주체제에 동반되는 정당한 법을 받아들일 것을 요구한다. 민주사회들 내에서도 각 사회내부에서 영향력 있고 활동적인 특정한 교리가 어떤 것인가에 있어선, 마치 유럽과 미국, 이스라엘, 인도에서 시행되는 서구적 민주주의가 차이를 보이는 것처럼, 서로 차이를 보이기는 하겠지만, 적합한 공적 이성의 개념을 찾는 일은 이들 모든 민주사회가 당면하고 있는 과제이다.

---

3 물론, 모든 사회는 수많은 합당하지 않은 교리들(doctrine)을 포함하고 있다. 그러나 이 논문에서 나는 이상적인 규범적 민주정부관에 관심을 갖는다. 즉 합당한 시민들의 행위와 그들이 추구하는 원리에 관심을 기울이고 있다. 그리고 시민들이 추종하는 원리들이 지배력과 통제력을 가진다는 것을 가정한다. 어느 정도까지 합당하지 않은 교리들의 활동이 허용되고 이러한 교리들이 관용될 수 있는지는 정의의 원칙들과 이 정의원칙들이 허용하는 행위의 종류에 따라 결정된다.

4 §6.2를 보라.

§1. 공적 이성의 개념

1.1. 공적 이성의 개념은, 아주 심오한 수준에서, 입헌민주정부와 시민간의 관계를 결정하는 기본적인 도덕 및 정치적 가치들을 구체화하고, 나아가서 이들 도덕 및 정치적 가치들의 상호 관계를 규정한다. 구체적으로 규정한다(역주: 이 부분은 롤즈의 이론이 기본적으로 정부와 시민의 관계의 원리를 설정하는 이론이며, 정의의 두 원칙이 사전적인 순서로 배열되듯 그 원리들 내에서도 서열을 결정하는 이론임을 상기하면 쉽게 이해될 것이다). 요약하자면, 공적 이성의 개념은 정치적 관계가 어떻게 이해되어야 하느냐에 관심을 갖는다. 상호성의 기준criterion of reciprocity[5]에 근거한 입헌민주주의를 거부하는 사람들은 공적 이성이란 개념 자체를 거부할 것이다. 이들에게는 정치적 관계는, 특정한 종교적 혹은 세속적 공동체에 속하는 사람들인가 또는 그렇지 않은 사람들인가에 따라, 친구 아니면 적의 관계가 될 것이다. 아니면 정치관계는 완전한 진리를 구현할 수 있는 세계를 쟁취하기 위한 냉혹한 투쟁이 될 수 있다. 정치적 자유주의는 이러한 방식으로 생각하는 사람들에 대하여 관여하지 않는다. 정치에서 완전한 진리를 구현하려는 욕망은 민주적 시민권democratic citizenship과 어울리는 공적 이성의 개념과는 양립할 수 없다.

공적 이성의 개념은 명확한 구조를 가지고 있다. 만약 공적 이성의 한 두 측면이 무시된다면, 공적 이성이 배경문화the background culture[6]에 적용되었을 때 합당하지 않은 것으로 보이는 것처럼, 공적 이성이 합당하지 않은 것처럼 여겨질 수도 있다. 공적 이성은 다음의 다섯 가지 다른 측면들을 가지고 있다. (1) 공적 이성이 적용되는 근본적인 정치적 문제. (2) 공적 이성이 적용되는 사람(정부 공무원들과 공직 후보자들). (3) 일련의 합당

---

5 §1.2를 보라.

6 각주 12-15번에 걸친 본문을 보라.

한 정치적 정의관에 의해 주어진 공적 이성의 내용. (4) 민주적 국민에 적용되는 정당한 법의 형식에 수용되는 강제적 규범에 대한 토론에서 상기의 관점들의 적용. (5) 시민들의 정의관들에서부터 도출되는 원칙들이 상호성의 기준을 충족시키는지에 대한 시민들의 감시.

이런 형태의 이성은 다음 세 가지 방식에서 공적이다. 첫째, 자유롭고 평등한 시민들의 이성으로서 공중의 이성이다. 둘째, 이 이성이 다루는 주제가 근본적 정치적 정의의 문제와 관련된 공공선이다. 이 정치적 정의와 관련된 문제들은 두 가지 종류로서, 헌법적 본질constitutional essentials과 기본적 정의의 문제matters of basic justice이다.[7] 셋째, 이 이성의 본질nature과 내용이 상호성의 기준을 만족시킬 것이라고 합당하게 생각되는 일련의 합당한 정치적 정의관에 입각한 공적 사고public reasoning를 통해 표현된다는 점에서 공적이다.

공적 이성의 개념은 근본적인 문제에 대한 모든 정치적 토론에 적용되는 것이 아니며, 단지 내가 공적인 정치적 공개토론public political forum[8]이라고 언급하는 것 내에서 제기되는 질문과 관련된 토론에만 적용된다는 것을 인식하는 것은 필수적이다. 이 공개토론forum은 세 부분으로 나눌 수 있다. 첫째, 판결에 임하는 판사들, 특히 대법관들의 논변이다. 둘째, 정부 공직자들, 특히 수석행정관과 입법가들의 논변이다. 마지막으로, 공직 입후보자들과 그들의 선거운동 매니저의 논변으로, 특히 이들의

---

7 이 질문에 대해서는 *Political Liberalism* 제5강, 5절, 227–230쪽에서 설명하고 있다. 대법원이나 유사한 기구가 헌법을 해석할 수 있음을 가정할 때, 헌법적 본질constitutional essentials(역주: 헌법의 기본틀을 형성하는 가장 근본적인 내용들을 의미함)은 어떠한 정치적 권리 및 자유가 합당하게 성문 헌법에 포함될 수 있는가라는 질문과 관련되어 있다. 기본적 정의의 문제(matters of basic justice)는 사회의 기본구조와 관련이 있다. 그래서 기본적 정의의 문제는 기본적인 경제적 정의와 사회적 정의의 문제뿐만 아니라, 헌법이 다루지 않는 다른 것들에도 관련 된다.

8 이 용어에 대해 확립된 의미는 없다. 내가 사용하는 용어는 독특한 것이 아니라고 생각한다.

공적 연설, 정당 강령, 정치적 발언들에서의 논변이다.[9] 우리들은 이 세 가지를 구분할 필요가 있는데, 내가 뒤에서 분명히 하고 있듯이, 공적 이성의 개념이 이 세 가지 경우는 물론 다른 경우에 똑같은 방식으로 적용되는 것이 아니기 때문이다.[10] 내가 광범위한 관점의 공적 정치문화the wide view of public political culture[11]라고 부르는 것을 논의할 때, 공적 이성의 개념이 다른 이들보다 판사들에게 더욱 엄격하게 적용됨을 보게 될 것이다. 그러나 이런 이성에 대한 공적 정당화의 필요조건은 항상 동일하다는 것도 보게 될 것이다.

이렇듯 세 부분으로 이루어진 공적 정치 공개토론과는 다른 성격을 가지며 분리되는 것이 내가 배경문화the background culture라고 부르는 것이다.[12] 이것은 시민사회의 문화다. 민주주의에서 이 문화는, 정치적이든 혹은 종교적이든, 어느 하나의 중심적인 개념이나 원칙이 좌우할 수 있는 것이 아니다. 각각 내부적인 삶의 형태를 지닌 시민사회의 수많은 다양한 기구들과 단체들이 우리가 익히 알고 있는 사상 및 언론의 자유와 자유로운 결사의 권리를 보장하는 법의 틀 내에 존재하고 있다.[13] 공적 이성의

---

9 여기에서 우리는 공직 후보와 그들의 캠페인을 관리하는 사람과 다른 정치적인 일에 일반적으로 종사하는 시민들을 구별하는 선이 어디인가라는 질문에 직면하게 된다. 우리는 공직 후보와 캠페인을 운영하는 사람들로 하여금 공직 후보를 대신해서 말하고 행했던 것들에 대해 책임을 지게 함으로써 이 문제를 해결한다.

10 이 주제에 대해 쓰는 저자들이 예를 들어 "공적 토론장the public square"과 "공적 공개토론 the public forum" 같은 공적 토론의 구성부분들에 대한 용어들을 종종 구분하지 않고 사용한다. 나는 좀 더 세밀한 구분이 필요하다고 생각하는 점에서 그리나왈트(Kent Greenawalt)의 입장을 따르고 있다. Kent Greenawalt, *Religious Convictions and Political Choice*(Oxford: Oxford University Press, 1988), pp.226–227을 보라(예를 들어, 종교 지도자가 낙태를 반대하는 조직에 대해 설교하거나 장려하는 것과 주요한 정치적 운동을 이끌거나 공직에 입후보하는 것 간의 차이에 대한 설명을 참조하라.).

11 §4를 보라.

12 *Political Liberalism*의 제1강, 2.3절, p.14를 보라.

13 배경문화(background culture)에는 교회와 모든 종류의 협회, 대학교, 전문학교, 과학 및 다른 학회와 같은 모든 수준의 교육 기관이 포함되어 있다. 비공적 정치문화(the nonpublic political culture)는 공적 정치문화와 배경문화 사이에서 매개역할을 한다. 비공적 문화는 신문, 저널, 잡지, 텔레비전, 라디오 등과 같은 모든 종류의 대중매체(media)로 구성된다. 이러한 구분을

개념은 많은 형태의 비공적 이성nonpublic reason이 존재하는 배경문화에 적용되지 않을 뿐만 아니라, 또한 어떤 종류의 대중 매체에도 적용되지 않는다.[14] 때때로 공적 이성의 개념을 거부하는 것처럼 보이는 사람들은, 사실상, 배경문화 내에서 충분한 공개토론에 대한 필요를 역설하는 것을 의미하는 것일 수도 있다.[15] 정치적 자유주의는 이것에 철저하게 동의한다.

마지막으로, 공적 이성의 이상the ideal of public reason은 앞에서 제시된 다섯 가지 특징을 지니는 공적 이성의 개념과는 구별되는 것이다. 이 이상은 공직 후보자뿐만 아니라 판사, 입법가, 행정수반, 다른 정부 공무원들이 공적 이성의 개념에 따라 행동하고 이를 준수하며, 자신들이 가장 합당한 것으로 여기는 정치적 정의관의 관점에서 근본적인 정치적 입장을 지지하는 자신들의 논거를 다른 시민들에게 설명할 때 실현되거나 충족된다. 이 방식으로 그들은 내가 서로에 대한 그리고 다른 시민들에 대한 그들의 시민성의 의무duty of civility라고 부르는 것을 이행한다. 따라서 판사, 입법가, 행정수반들이 공적 이성에서 시작하고 그것에 따라서 행동하고 추구하는지는 그들이 매일하는 의사표현과 행동에서 지속적으로 나타나게 된다.

그렇다면, 정부 공직자들이 아닌 시민들은 어떻게 공적 이성의 이상

하버마스의 "공론장"public sphere과 비교해 보라. *Political Liberalism*의 제Ⅸ강 1.3절 p.182, 각주 13번을 보라.

14 Ibid., lecture Ⅵ, sec. 3, pp.220-222을 보라.

15 David Hollenbach, S.J., "Civil Society: Beyond the Public-Private Dichotomy," *The Responsive Community*, 5(Winter 1994-1995): 15를 참조하라. 예를 들어, 그는 다음과 같이 말한다: "공동선에 대한 대화와 논쟁의 발단이 최초로 시작되는 곳은 입법부나 정치적 영역 *political sphere* (협소하게 정의하자면, 이익과 권력이 심판되는 영역)이 아닐 것이다. 오히려, 공동선에 대한 대화와 논쟁은 시민사회의 구성 요소에서 자유로이 개진될 것이다. 시민사회의 구성요소는 문화적 의미와 가치의 기초적 담지자로서 대학, 종교적 공동체, 예술의 세계, 진지한 언론계를 들 수 있다. 그리고 이러한 대화와 논쟁은, 사려 깊은 사람들이 좋은 삶의 의미에 대한 자신들의 믿음을 다른 전통에서 다른 사람들이 지지하는 공동선에 대한 이해와 결부하여 지적이고 비판적으로 조우시킬 때마다, 생겨난다. 요약하자면, 공동선에 대한 대화와 논쟁은 좋은 삶의 의미에 대한 교육과 심각한 질문이 있는 곳이면 언제든 생겨난다."(앞의 책, p.22)

을 실현하는가? 대의 정부에서 시민들은 특정한 법에 대해서가 아니라 행정수반, 입법가 등과 같은 대표자를 선출하기 위해 투표를 한다(주나 지방 수준에서, 주민투표의 질문에 대하여 직접적으로 투표를 하는 경우는 제외한다. 이 주민투표에서 제기되는 문제들이 근본적인 문제에 해당되는 경우는 매우 드물다). 이 질문에 대답하기 위하여, 우리는 이상적으로 볼 때 시민들이 그들이 입법가인 것처럼 자신들을 생각할 수 있다고 말한다. 그리고 그들 스스로에게 상호성의 기준을 만족시키는 이성이 지지하는 법령statutes이 무엇인지를 질문할 수 있으며, 그들은 그것을 법률로 제정하기에 가장 합당한 것으로 생각할 것이라고 말한다.[16] 시민들이 자신을 이상적 입법가로 생각하는 성향과 공적 이성을 위반하는 정부관료나 공직후보를 거부하는 경향이 굳건하고 광범위하게 자리 잡을 때, 이런 경향은 민주주의의 정치적 및 사회적 뿌리의 하나가 된다. 이런 경향은 민주주의의 힘과 활력을 지속적으로 유지하는데 절대 필요하다.[17] 이런 방식으로 시민들은 정부 공직자들이 공적 이성을 지키도록 자신들이 할 수 있는 일을 함으로써 시민성의 의무를 수행하고 공적 이성의 개념을 지지하게 된다. 다른 정치적 권리들 및 의무들과 마찬가지로, 이 시민성의 의무는 본질적으로 도덕적 의무이다. 나는 시민성의 의무는 법적 의무가 아니라는 점을 강조하고자 한다. 그럴 경우에는(역자: 시민성의 의무를 법적 의무로 간주하게 될 경우에는) 언론의 자유와 양립할 수 없게 되기 때문이다.

---

16 이 기준과 칸트의 원초적 계약의 원칙(principle of original contract) 사이에는 몇 가지 유사한 점이 있다. Immanuel Kant, *The Metaphysics of Morals: Metaphysical First Principles of the Doctrine of Right*, secs. 47–49(Ak. 6:315–318), ed. and tras. Mary Gregor(Cambridge: Cambridge University Press, 1996), pp.92–95와 Immanuel Kant, *On the Common Saying: "This May be True in Theory, But it does not Apply in Practice,"* pt.Ⅱ(Ak. Ⅷ: 289–306) in *Kant: Political Writings*, ed Hans Riss, trans. H. B. Nisbet(Cambridge: Cambridge University Press, 2d ed., 1991), pp.73–87을 보라.

17 또한 §4.2를 보라.

1.2. 나는 이제 공적이성의 세 번째, 네 번째, 다섯 번째 측면을 논하고자 한다. 공적 이성의 개념은 입헌민주주의 내의 민주적 시민관a conception of democratic citizenship에서 비롯된다. 이 시민권citizenship의 근본적 정치 관계는 두 가지 특별한 특징을 가진다. 첫째, 이것은 사회의 기본구조 내의 시민관계로 우리는 출생함으로써 이 기본구조에 진입하고 사망함으로써 벗어난다.[18] 둘째, 이것은 하나의 집합체a collective body로서 궁극적인 정치권력을 행사하는 자유롭고 평등한 시민의 관계이다. 이러한 두 특징은 곧 다음과 같은 질문을 제기한다. 헌법적 본질과 기본적 정의의 문제가 위험에 처해 있을 때, 깊이 연관되어 있는 시민들이 어떻게 그들의 입헌민주정체의 구조를 존중할 수 있으며, 입헌민주정체의 구조 하에 제정된 성문율statutes과 법을 준수하도록 어떻게 (시민들을) 결속시킬 수 있을 것인가? 합당한 다원주의의 사실은 이 문제를 더욱 심각하게 제기한다. 그 이유는 합당한 다원주의의 사실은 각자의 종교적 또는 비종교적인 포괄적 신념에서 비롯되는 시민들 간의 차이가 서로 화해 불가능한 것일 수도 있음을 의미하기 때문이다. 그렇다면, 도대체 어떤 이상과 원리를 근거로, 시민들이 권력을 행사할 수 있는 궁극적 정치권력을 동등하게 공유하고 있는 각자가 자신의 정치적 결정을 모든 이들에게 합당하게 정당화시킬 수 있을까?

이 질문에 대답하기 위해 우리는 다음과 같이 말한다. 다음과 같은 경우에 시민들은 합당하다고 할 수 있다. 세대를 넘어서는 사회 협력체계 내에서 시민들이 서로를 자유롭고 평등한 존재로 여기면서, 그들이 가장 합당한 정치적 정의관이라고 생각하는 것에 근거하여 공정한 협력조건을 서로에게 제시할 준비가 되어 있을 때, 시민들은 합당하다. 또한 다른 시민들도 역시 그러한 조건을 받아들인다고 전제하면, 심지어 특정한 상황에

---

18 *Political Liberalism*에서 강의Ⅰ, 2.1, p.12를 보라. 사망에 의한 퇴출은 강의 Ⅳ, 1.2, p.136 n 4를 보라.

서 자신들의 이익에 손해가 있을 수 있음에도 그러한 조건을 따를 것임에 동의할 때, 시민들은 합당하다. 상호성의 기준은 공정한 협력의 가장 합당한 조건들로서 이런 조건들이 제안되었을 때, 조건을 제안하는 사람들은 최소한 이 제안이 조건을 받아들이는 다른 이들에게도 합당하다고 여길 수 있는 것을 제안해야 한다. 여기에서 이 조건을 받아들이는 사람들은 적어도 억압되거나 조작되지 않는 또는 열등한 정치적 또는 사회적 지위의 압력 하에 있지 않는 자유롭고 평등한 시민들로 간주된다.[19] 물론 시민들은 어느 정치적 정의관이 가장 합당한지에 대하여 의견을 달리할 것이다. 이들은 비록 가까스로 합의에 도달할 지라도, 모두가 합당하다는 데는 동의할 것이다.

그래서, 헌법적 본질 또는 기본적 정의의 문제에 대하여, 모든 해당 정부공직자들이 공적 이성에서 시작해서 그것에 따라서 행동하고 추구할 때, 그리고 모든 합당한 시민들이 그들 자신을 공적 이성을 따르는 입법가의 입장에 서있는 것처럼 이상적으로 생각할 때, 다수의 견해를 나타내는 법 제정은 정당한 법이 된다. 개인들은 이것을 가장 합당한 것 또는 가장 적절한 것이 아니라고 생각할 수 있다. 그러나 그것은(역자: 이렇게 제정된 법은) 정치적(도덕적)으로 시민으로서의 개인을 구속하게 되며, 또 그 자체로 그렇게 받아들여진다. 각 개인은 모든 사람들이 적어도 합당하게 의사를 표현하고 투표했다고 생각한다. 그렇기 때문에 모든 사람들은 공적 이성을 추종하고 시민성에 대한 그들의 의무를 존중한 것이 된다.

따라서 상호성의 기준에 근거한 정치적 정당성의 개념은 다음과 같

---

19 굿만(Amy Gutmann)과 톰슨(Dennis Thomson)에게 상호성의 개념은 중요하다. 『민주주의와 견해의 불일치 *Democracy and Disagreement*』(Cambridge, Mass: Harvard University Press, 1996), chaps. 1–2 and passim을 참조하라. 그러나 우리의 입장에서 쓰는 상호성의 개념은 그 의미와 상태에서 이와 동일하지 않다. 정치적 자유주의에서 사용하는 공적 이성은 순수하게 정치적이다. 그렇지만 정치적 가치들은 본질적으로 도덕적이라고 할 수 있다. 반면에 굿만과 톰슨의 것은 더욱 일반적이며 포괄적 신념에 근거하여 작용하는 것으로 여겨진다.

은 것이다. 우리의 정치권력 행사는, 진심으로 우리의 정치적 행동과 관련해 스스로 제시하는 이성적 근거들—우리가 정부의 관료들이 하는 것처럼 그러한 이성적 근거들을 제시한다면—이 충분하다고 진심으로 믿을 때, 그리고 다른 시민들도 역시 합당하게 그러한 이성적 논거들을 받아들일 것이라고 우리 또한 합당하게 생각하는 경우에만 정당하다. 이 기준은 두 수준에서 적용된다. 하나는 헌법 구조 그 자체에 대해서이며, 다른 하나는 이 구조에 부합하여 제정된 특정한 성문율과 법에 대해서이다. 합당하고자 하는 정치관은 이러한 원리를 만족시키는 헌법만을 정당화시켜야 한다.

공적 이성에서 표현된 것으로서 상호성 기준the criterion of reciprocity의 역할을 더욱 명확히 하기 위해선, 상호성의 역할이 입헌민주정체 내의 정치관계의 본질을 시민적 유대감civic friendship의 하나로 규정하는 것이란 점에 주목해야 한다. 정부 공무원들이 공적 사고를 함에 있어 상호성에 근거하고, 시민들이 이를 지지할 때, 상호성의 기준이 근본제도들의 형태를 갖추게 되기 때문이다. 쉬운 사례 하나를 들어보자. 우리가 일부 시민들의 종교적 자유가 거부되어야 한다고 주장한다면, 우리는 그들이 납득할 수 있는 이유—세르베투스Servetus가 칼뱅Calvin이 왜 그를 화형 시키려고 하였는지 이해할 수 있었던 것처럼(역주: 종교개혁을 수행한 칼뱅이 삼위일체를 부정한 동료 세르베투스를 처형한 사건이다. 칼뱅은 세르베투스가 '영원한'을 의미하는 '셈피테르누스'라는 용어를 하나님에게만 사용하고, 하나님의 아들인 예수의 이름 앞에는 붙이지 않았다 해서 그를 화형 시켰다. 당시 비엔나에서 엄격한 종교적 규율을 지키기 위해 종교 재판 등을 통해 많은 인명을 희생시킨 탓인지, 이 사건은 볼테르 등을 통해 캘빈이 동료인 세르베투스를 배신한 종교적으로 가장 비겁한 사례로 알려져 있다. 한편으로는 칼뱅의 입장에서 세르베투스의 삼위일체에 대한 부정이 니케아 회의에서 합의된 종교적 합의 사항에 대한 파기 행위로 종교적 권위를 부정하는 행위였기에 칼뱅이 세르베투스를 처형하고자 했다고 한다. 실제 칼뱅은 세르베투스가 사형되길 원했지만 화형은 피할 수 있도록 노력했으며, 사형장에서 세르베투스가 처형되는 마지막 순간까지 신념을 바꾸도록 설득했지만 세르베투스가 자신의 신념을 포기하지 않았다고 알려져 있다)—를 제시해야 할 뿐만 아니라, 자유롭고 평등한 시민으로서 그들이 역시 합당하게 받아들일 수 있으리라고 합당하게 생각될 수 있는 이유를 우리가 제시할 수 있어야만 한다. 기본적 자유가 거부될 때마다 상호성의 기준은 일반적으로 침해된다. 무슨 근거에 입각하여, 상호성의 기준을 만족시키면서 동시에 일부 개인들의 종교적 자유를 거부하는 것, 타자들을 노예로 구속하는 것, 투표권에 대하여 재산 요건을 부과하는 것, 여성의 참정권을 거부하는 것 등을 정당화시킬 수 있겠는가?

공적 이성의 개념은 심오한 수준에서 기본적인 정치적 가치들을 규정하고 어떻게 정치적 관계들이 이해되는지를 명확히 하고 있기 때문에, 근본적 정치적 문제들이 자유롭고 평등한 모든 시민들이 공유하는 이성에 따라서가 아니라, 완전한 진리에 대한 시민 자신들의 개념—이것은 종교적 또는 세속적인 포괄적 교리를 포함 한다—에 입각하여 그들이 최상의 근거라고 여기는 것들에 따라 해결되어야 한다고 믿는 사람들은 당연히 공적 이성의 개념을 거부할 것이다. 그러나 정치적 자유주의는 정치에서 완전한 진리에 대한 주장은 민주적 시민권 및 정당한 법의 개념과 양립할 수 없는 것으로 본다.

1.3. 민주주의는 고대 그리스에서 시작되어 오늘날에 이르는 긴 역사를 가지고 있으며 민주주의에 대해서도 많은 다른 개념이 있다.[20] 여기

---

20 민주주의에 대한 유익한 역사적 개관을 위해서 헬드(David Held)의 『민주주의의 모델』(*Models of Democracy*), 2nd ed.(Stanford: Stanford University Press, 1997)를 참고하라. 헬드는 고대

에서 나는 심의민주주의deliberative democracy의 한 형태로 이해될 수 있는 질서정연한 입헌민주주의a well-ordered constitutional democracy—이 용어는 처음부터 내가 사용한 것이다—를 다루고 있다. 심의민주주의를 규정하는 개념은 심의deliberation 개념 그 자체이다. 시민들이 정치적 문제들과 관련된 심의를 할 때, 그들은 의견을 교환하고 자신의 지지 근거들을 토론한다. 이들은 자신들의 정치적 의견이 다른 시민들과의 토론을 통해 수정될 수 있음을 가정한다. 따라서 이러한 의견들은 단순히 자신들이 가지고 있는 사적 또는 비정치적 이익에 입각한 고정된 결과가 아니다. 이 지점에서 공적 이성은 아주 결정적이다. 왜냐하면 공적 이성이 시민들의 헌법적 본질과 기본적 정의와 관련된 사고를 특징짓기 때문이다. 여기에서 나는 심의민주주의의 본질을 완전하게 논의할 수는 없지만, 공적 이성의 보다 폭 넓은 지위와 역할을 보여주는 몇 가지 핵심적인 사항들에 주목하고자 한다.

심의민주주의에는 세 가지 본질적 요소가 있다. 첫 번째 (본질적 요소)는 공적 이성의 개념an idea of public reason이다.[21] 하지만 이런 모든 개념들all such ideas이 동일한 것은 아니다. (심의민주주의의) 두 번째 (본질

폴리스부터 현대에 이르기까지 수많은 모델을 다루고 있다. 이 책에서 헬드는 오늘날 민주주의는 어떤 의미를 가져야만 하는가라는 질문으로 결론을 짓는다. 고대 폴리스와 현대 민주주의의 모델 사이에, 그는 슘페터(Schumpeter)의 경쟁적인 엘리트적 민주주의관(conception of competitive elite democracy) 뿐만 아니라 고전적 공화주의(classical republicanism)와 고전적 자유주의(classical liberalism)를 다루고 있다. 플라톤과 아리스토텔레스, 파두아의 마르실리우스(Marsilius of Padua)와 마키아벨리, 홉스와 매디슨, 벤담 및 제임스 밀과 존 스튜어트 밀 등이 그가 논의하는 있는 인물들이다. 사회주의 및 공산주의와 함께 마르크스에 대해서도 논하고 있다. 이 인물들은 특징적인 제도와 그들의 역할에 입각한 도식화된 모델과 병렬되어 있다.

21 심의민주주의는 시민들이 자신의 정치적 의견을 지지하기 위해 제시하는 근거들에 제한을 가한다. 이 제한은 그 근거들이 다른 시민들을 평등한 존재로 간주하는 것에 위배되어서는 안 된다는 것이다. Joshua Cohen, "Deliberation and Democratic Legitimacy," in Alan Hamlin and Philip Petit, eds., *The Good Polity: Normative Analysis of the State*(Oxford: Basil Blackwell, 1989), pp.17, 21, 24와 Joshua Cohen, Comment, "Review Symposium on *Democracy and Its Critics*," *Journal of Politics*, 53(1991): 223–224, Joshua Cohen, "Democracy and Liberty," in Jon Elster, ed., *Deliberative Democracy*(New York: Cambridge University Press, 1998)를 보라.

적 요소)는 심의 입법 조직체deliberative legislative bodies의 설립을 구체화하는 하나의 입헌민주제도의 틀a framework of constitutional democratic institutions이다. 세 번째가 일반적으로 공적 이성을 추종하고 정치적 행동에서 이상적인 것을 실현하려고 하는 시민들의 지식과 열망이다. 이러한 본질들이 갖는 직접적인 함의는 선거에서 공적 자금지원public financing, 그리고 공적 정체와 관련된 근본적인 질문과 쟁점에 관하여 질서 있고 심각한 토론의 공적 기회를 제공하는 것이다. 민주주의의 기본 특징으로서 인정되는 공적 심의가 반드시 가능해야만 하며, 돈의 저주로부터도 자유로워야 한다.[22] 그렇게 되지 않으면, 공적 토론과 심의가 배제되지 않는다 하더라도, 선거전에서 큰 기부를 통해 공적 토론과 심의를 왜곡하는 법인 조직의 형식으로 혹은 다른 방식으로 조직화된 이익집단들이 정치를 지배하기 십상이다.

심의민주주의는 또한 입헌민주정부의 기본적 측면으로, 모든 시민들에 대한 광범위한 교육이 없다면, 그리고 긴요한 문제들에 대한 정보를 공중이 가지고 있지 못한다면, 중요한 정치적 및 사회적 결정이 명확하게 이루어질 수 없다는 점을 인식하고 있다. 건전한 변화와 개혁을 추구하기를 바라는 장기적 안목의 정치지도자라 할지라도, 잘못된 정보를 알고 있는 냉소적인 공중들로 하여금 그러한 변화와 개혁을 받아들이도록 설득할 수는 없을 것이다. 예를 들어, 사회안전보장Social Security에 있어 이미 주장되고 있는 위험 도래에 대처하는 아주 이치에 맞는 제안들이 있다고 하자(역주: 예를 들어 노령의 인구가 늘어나는 대신 이들의 노후를 뒷

---

22 Ronald Dworkin, "The Curse of American Politics," *New York Review of Books*, October 17, 1996, p.19를 보라(왜 "돈이 민주과정에 대한 가장 커다란 위협"인가를 설명하고 있다). 드워킨은 또한 *Buckley v. Valeo* (*in United States Supreme Court Report*, 424 (1976): 1의 판례에 있어 대법원의 심대한 실수에 대하여 강력하게 반대하고 있다. Dworkin, *New York Review of Books*, pp.21-24를 참조하라. 이와 함께 또한 *Political Liberalism*의 제8강, 제12절, pp.359-363를 참조하라. (벅클리는 "황당하게 만들고" 있으며 "로크너 시대(the Lochner era)의 실수를 반복하는" 위험을 불러일으키고 있다.")

받침할 젊은 세대의 인구가 급감하는 현상으로 인해 사회보장제도가 제대로 작동할 수 없다는 주장). 이 제안들은 이익 수준의 성장을 늦추고, 은퇴 연령을 점차적으로 올리고, 단지 몇 주일이나 며칠 동안 생명을 연장시키기 위해서 쓰이는 말기 환자에 대한 값비싼 의료 보호expensive terminal medical care에 제한을 부과하고, 미래에 세금을 크게 인상하기보다는 현재 세금을 올리는 것들이다.[23] 그러나, 현실이 항상 그렇듯이, '정치의 커다란 게임'great game of politics을 따르는 사람들은 이러한 사리에 맞는 제안들 중의 어느 것도 실제로 수용되지 않으리란 것을 알고 있다. 이러한 이야기는 (국제연합과 같은) 국제기구들에 대한 지원, 적절하게 쓰이는 해외 원조, 국내외에서 인권에 대한 관심의 중요성에 대한 것들에도 똑같이 적용될 수 있다. 선거전에 자금을 조달하기 위해 끊임없이 돈을 추구한다면, 정치체제가 순조롭게 기능 할 수 없다. 이렇게 되면 정치체제의 심의적 권력deliberative powers은 무력해 진다.

§2. 공적 이성의 내용

2.1. 시민들은 자신이 진지하게 가장 합당하다고 생각하는 정치적 정의관 틀 내에서 심의·숙고할 때, 공적 이성에 가담하게 된다.(역자: 가장 합당하다고 여겨지는) 정치적 정의관은 자유롭고 평등한 시민으로서 다른 사람들이 합당하게 지지할 것으로 기대되는 정치적 가치들을 표명한다. 우리들 각자는 이러한 기준을 만족시킬 수 있는 방식으로 우리가 호소할 수 있는 원칙과 지침을 가지고 있어야만 한다. 나는 지금까지 그러한

---

23 Paul Krugman, "Demographics and Destiny," *New York Times Book Review*, October 20, 1996, p.12를 보라. 이 논문은 Peter G. Peterson, *Will America Grow Up Before It Grows Old? How the Coming Social Security Crisis Threatens You, Your Family, and Your Country*(New York: Random House, 1996)와 Charles R. Morris, *The AARP: America's Most Powerful Lobby and Clash of Generations*(New York: Times Books, 1996)에 있는 제안들을 검토, 설명하고 있다.

정치적 원리들과 지침을 구체화할 수 있는 한 방법으로, 『정치적 자유주의』*Political Liberalism*에서 제시된 원초적 상황에서 원리와 지침들이 합의될 수 있을 것이라고 제안해 왔다.[24] 일부 사람들은 이러한 원리를 확정하는 데 다른 방식이 더 합당할 수 있다고 생각할 것이다.

그래서 공적 이성의 내용은 단일한 정치적 정의관이 아니라 일련의 정치적 정의관들에 의해 제시된다. 자유주의에는 여러 가지가 있으며, 이 자유주의와 관련된 관점들에도 여러 가지가 있다. 그렇기 때문에 수많은 형태의 공적 이성이 일련의 합당한 정치관을 통해 구체화될 수 있다. 공정으로서의 정의justice as fairness 역시 그것의 장점이 무엇이든지 간에 이런 정의관 중 하나에 불과하다. 이러한 다양한 형태들을 한정지을 수 있는 특징은 합당하고 합리적인 존재로 간주되는 자유롭고 평등한 시민들 간에 적용되는 것으로 여겨지는 상호성의 기준이다. 이러한 정치관들은 다음의 세 가지 특징을 갖는다.

첫째, 특정한 기본적 권리, 자유, 기회를 구체적으로 열거하는 목록(우리가 익히 알고 있는 입헌정체에서 볼 수 있는 것들).

둘째, 이러한 기본적 권리, 자유, 기회에 대한 특별한 우선성의 부여. 이 우선성은 특별히 일반적 가치general good 및 완전주의적 가치perfectionist values의 요구에 대비하여 강조된다.

셋째, 모든 시민들이 그들의 자유를 효과적으로 사용할 수 있도록 전목적적 수단all-purpose means을 적절히 보장하는 방법.[25]

이러한 자유주의들의 각각은 자유롭고 평등한 시민의 개념과 함께

---

24 *Political Liberalism*, lecture Ⅰ, sec. 4, pp.22–28.

25 여기에서 나는 *Political Liberalism*, lecture Ⅰ, sec. 1.2, p.6과 lecture Ⅳ, sec. 5.3, pp.156–157에 있는 정의를 따랐다.

세대를 넘어서는 공정한 협력체계로서의 사회라는 발상을 기본적인 것으로 지지한다. 그러나 이러한 발상을 여러 가지 방법으로 해석할 수 있기 때문에, 정의의 원칙에 대한 상이한 공식화와 공적 이성에 대한 상이한 내용이 생겨난다. 정치관들은, 심지어 그들이 동일한 정치적 원칙 및 가치들을 구체화할 때조차, 이것들을 배열하고 균형을 잡는 방식에 있어 역시 차이를 보인다. 나는 또한 이러한 자유주의들이 실질적인 정의의 원칙을 포함하고 있으며 그래서 절차적 정의 이상의 것을 다룬다고 가정한다. 이러한 자유주의들은 평등한 시민의 종교적 자유뿐만 아니라 이들의 예술적 표현의 자유를 구체화해야 한다. 또한 공정한 기회를 포함하고 전목적적 수단을 적절한 수준으로 보장하는 실체적 개념의 공정성 및 기타 등등을 구체화 할 것을 요구할 수 있다.[26]

그런데, 정치적 자유주의는 공적 이성을 선호되는 하나의 정치적 정의관의 형태로 단호하게 고정시키려고 하지 않는다.[27] 그것은 사리에 맞는 접근이 아니다. 예를 들어, 정치적 자유주의는 하버마스의 담론 정의관 Habermas's discourse conception of justice을 인정한다(이것은 종종 자유주의적이라고 보다는 급진적인 민주주의로 간주되기도 한다).[28] 뿐만 아니라

---

26 일부 사람들은 합당한 다원주의의 현실은 포괄적 교리들 간의 공정한 판결이 실질적인 것이 아니라 단지 절차적인 것을 의미하는 것으로 생각할 것이다. 햄프셔(Stuart Hampshire)는 *Innocent and Experience*(Cambridge, Mass.:Harvard University Press, 1989)에서 이러한 견해를 강력히 주장했다. 그러나 위의 본문에서 나는 자유주의의 몇 가지 형태가 각각 실질적인 정치관임을 가정하고 있다. 이러한 문제를 전반적으로 다룬 것으로는 Joshua Cohen, "Pluralism and Proceduralism," *Chicago-Kent Law Review*, 69, no3(1994), pp.589–618의 논의를 참조하라.

27 *Political Liberalism*, lecture Ⅳ, sec. 7.4에서 주장했듯이, 나는 공정으로서의 정의(justice as fairness)가 일련의 정치관 내에서 어떤 특별한 위치를 차지하고 있다고 생각한다. 그러나 이러한 나의 견해가 정치적 자유주의와 공적 이성의 개념에서 근본적인 것은 아니다.

28 Jürgen Habermas, *Between Facts and Norms: Contributions to a Discourse Theory of Law and Democracy*, trans. William Rehg(Cambride, Mass.: MIT Press, 1996), pp.107–109를 보라. 벤하비브(Seyla Benhabib)는 *Situating the Self: Gender, Community, and Postmodernism in Contemporary Ethics*(London: Routledge, 1992)에서 공론장(public space) 모델에 관한 논의 중 다음과 같이 말한다: "담론 모델은 우리 사회의 일반적 사회 경향뿐만 아니라 여성운동과 같은

공동선과 연대에 대한 카톨릭의 견해가 정치적 가치의 관점에서 표현될 때, 그것들을 인정한다.[29] 비록 상대적으로 세대를 넘어 지배적인 정치관이 거의 없고, 심지어 하나의 정치관이 특별히 중심적인 위치를 점하고 있는 것처럼 보일지라도, 인정할 수 있는 공적 이성의 형태에는 항상 여러가지가 있다. 게다가, 새로운 변형들이 수시로 제안될 수 있으며 낡은 것들은 더 이상 대표적인 것이 될 수 없을 것이다. 공적 이성이 그럴 수 있다는 것은 매우 중요하다. 그렇지 않다면, 사회적 변화로부터 부상하는 집단이나 이익의 주장이 억압될 수 있으며 그들이 적절한 정치적 발언권을 얻지 못할 수도 있다.[30]

신사회 운동의 해방적 열망과 부합할 수 있는 유일한 것이다"(p.113). 그녀는 이전에 자신이 이름붙인 아렌트(Arendt)의 경쟁적 논쟁관(agonistic conception)과 정치적 자유주의의 관점을 고려했다. 그러나 나는 그녀의 관점과 정치적 자유주의 및 공적 이성의 관점간의 차이를 구분하는 것이 용이하지 않다고 생각한다. 그 이유는 그녀가 공론장의 개념을 하버마스가 의미하고 있는 것을 따르고 있는데, 이것은『정치적 자유주의』에서 공적 이성의 이상이 적용되지 않는 시민사회의 배경문화라 부르는 것에 해당되기 때문이다. 따라서 정치적 자유주의는 그녀가 생각하는 방식으로 제한하고 있지 않다. 또한, 내가 이해하는 한도에서는, 벤하비브는 공적 이성의 내용에 속하는 옳음과 정의의 특정 원칙들은 여성운동이 제기하는 문제들을 처리할 수 있는 것으로 해석할 수 없다는 것을 보여주려 하지 않는다. 나는 그렇게 해석될 수 있는지(역주: 옳음과 정의원칙들이 여성운동의 문제들을 처리할 수 없는 것으로 해석하는 것)에 대해 의심을 하고 있다. 똑같은 주장이 벤하비브의 이전 언급에도 적용된다. 이 언급들은 Seyla Benhabib, "Liberal Dialogue versus a Critical Theory of Discursive Legitimation," in *Liberalism and the Moral Life*, ed. Nancy Rosenblum(Cambridge, Mass.: Harvard University Press, 1989), pp. 143, pp.154–156에 나타나 있다. 여기에서 여성운동의 문제들에 대해 유사한 방식으로 논의하고 있다.

29 아리스토텔레스와 토마스 아퀴나스에서 비롯된 공동선의 개념은 대부분의 카톨릭의 도덕사상과 정치사상에서 본질적인 것이다. 예를 들어, John Finnis, *Natural Law and Natural Rights*(Oxford: Clarendon Press, 1980), pp.153–156, 160과 Jacques Maritain, *Man and State*(Chicago: University of Chicago Press, 1951), pp.108–114를 보라. 아퀴나스는 때때로 모호한 반면, 피니스는 매우 분명하다.

30 그러므로, 정치적 자유주의가 새롭고 변화된 정치적 정의관들을 허용하지 않는다고 하는 왈드론(Waldron)의 비판은 부정확한 것이다. Jeremy Waldron, "Religious Contributions in Public Deliberation," *San Diego Law Review*, 30 (1993), pp.837–838을 보라. 그리고 Lawrence B. Solum, "Novel Public Reasons," *Loyola LA Law Review*, 29 (1996), p.1460에 있는 왈드론의 비판에 대한 답변을 참조하라.("공적 이성의 자유주의적 이상에 대한 일반적 수용은 정치적 담론의 건강한 발전을 허용할 것이다.")

2.2. 우리는 공적 이성을 때때로 세속적 이성secular reason과 세속적 가치secular values라 부르는 것들과 구별해야만 한다. 이것들은 공적 이성과 동일하지 않은데, 내가 세속적 이성을 포괄적인 비종교적 교리들의 관점에서 사고하는 것으로 정의하기 때문이다. 이러한 교리들과 가치들은 공적 이성의 목적과 부합하기에는 너무 광범위하다. 정치적 가치들이 아무리 우리의 이성과 상식적 숙고에 비추어 성취 가능하고 접근할 수 있는 것들이라 할지라도, 이 정치적 가치들은 도덕적 교리들이 아니다.[31] 도덕적 교리들은 종교와 제1철학first philosophy과 동격이다. 대조적으로 자유적 정치적 원칙들과 가치들은, 본질적으로 도덕적 가치임에도 자유적 정치적 정의관을 통해 구체화되며 정치적인 것의 범주에 해당된다. 이러한 정치관들은 세 가지 특징을 갖는다.

> 첫째, 이 정치관들의 원칙들은 기본적인 정치적 및 사회적 제도(사회의 기본구조)에 적용된다.
>
> 둘째, 이 정치관들은 (교리들간의 합당한 중첩적 합의를 통해 지지될 수 있음에도) 특정한 포괄적 교리들과 결부되지 않고 독립적으로 표현된다.
>
> 셋째, 이러한 정치관들은 입헌정체의 공적 정치문화에 내재된 근본적 개념들에 근거하여 입안될 수 있다. 이 근본적 개념들은 자유롭고 평등한 인간으로서의 시민관, 공정한 협력의 체계로서의 사회관과 같은 것이다.

그러므로 공적 이성의 내용은 이러한 조건들과 상응하는 일련의 자유주의적 정치적 정의관의 원칙들과 가치들을 통해 마련된다. 공적 이성에 충실하는 것은 근본적인 정치적 문제에 대해 토론할 때 이러한 정치관 중 하나(이 정치관의 이상과 원칙들, 기준들과 가치들)에 호소하는 것이

31 각주 2)에서 "교리(doctrine)"에 대한 나의 정의를 보라.

다. 이러한 요건이 있기에 여전히 종교적 또는 비종교적인 포괄적 교리들을 정치적 논의로 언제든지 도입할 수 있다. 이는 물론 적절한 순서로 우리가 원칙과 정책들의 근거가 되는 타당한 공적 이유들을 제공하여 합당한 교리들이 이를 지지할 수 있도록 해야 함을 전제로 한다. 나는 이러한 필요조건을 단서*the proviso*로서 언급하며, 이것을 아래에서 상세히 다루겠다.[32]

공적 사고public reasoning의 한 특징은 이 과정이 완전히 정치적 정의관 내에서 진행된다는 점이다. 정치적 가치들의 예들에는 미국 헌법의 서문이 언급하고 있는 보다 완전한 연방, 정의, 국내적 안정, 공동 방어, 일반복지, 우리 자신과 우리의 후손들에 대한 자유의 축복들이 포함된다. 정치적 가치들은 이러한 항목 하에 다른 가치들을 포함한다. 예를 들어, 정의라는 항목 아래에 우리는 평등한 기본적 자유, 기회평등, 소득과 세금의 분배와 관련한 이상ideal, 그 외의 다른 많은 가치들을 포함할 수 있다.

공적 이성의 정치적 가치는 정치제도를 통해 실현되며 정치제도의 특징을 규정한다는 점에서 다른 가치들과 구별되는데, 이것이 유사한 가치들이 다른 사회 형태들을 규정할 수 없다는 것을 의미하는 것은 아니다. 효과성effectiveness과 효율성efficiency의 가치들은 사회 기본구조의 정치적 제도뿐만이 아니라 팀teams이나 클럽club과 같은 사회적 조직의 특징을 규정할 수 있다. 그러나 (특정 가치의) 사회형태 그 자체가 정치적인 문제가 될 때에만, 해당 가치는 온당한 정치적인 가치가 된다. 말하자면 어떤 가치가 기본구조나 이의 정치 및 사회 제도 내에서 달성될 때 그러한 가치는 정치적인 것이 된다. 이것은 귀족정치aristocracy, 조합적 과두정치corporate oligarchy, 독재정치autocracy, 절대독재정치dictatorship 등을 포함하는 많은 정치관들이 비자유주의적이라는 점을 따르고 있다. 이러한 모

32 §4를 보라.

든 정치관들은 정치적인 것의 범주category of the political에 속한다.[33] 그러나 우리는 단지 입헌민주정체에 합당한 정치관들에만 관심을 가진다. 앞선 문단에서 분명히 하고 있는 것처럼, 이러한 것들은 합당한 자유적 정치관이 표현하는 이상이며 원칙이다.

2.3. 공적 이성의 또 다른 본질적 특징은 공적 이성의 정치관이 완비되어야만 한다는 점이다. 이는 각 정치관이 탐문의 지침guidelines of inquiry과 함께, 원칙, 기준 및 이상들을 구체적으로 명시해야만 함을 의미한다. 이렇게 함으로써 이 정치관이 규정하는 가치들이 적절한 순서로 배열되거나 결합될 수 있도록 해야 한다. 이렇게 하면 정치관이 규정하는 가치들은 헌법적 본질과 기본적 정의의 문제에 관계되는 모든 문제 또는 거의 모든 문제에 합당한 해결책을 제시할 수 있을 것이다. 여기에서 가치들 간의 서열배정은 정치관 그 자체 내의 구조 및 특징에 입각하여 결정된다. 이러한 가치들 간의 서열배정은 시민들이 가지고 있는 포괄적 교리 내에서 이들 가치들의 순서가 어떻게 배열되어 있는가에 따라 결정되는 것이 아니다. 정치적 가치들의 배열은 그것들을 서로 분리하거나 또는 어떤 한정된 맥락과 독립하여 설정되어서는 안된다. 정치적 가치들은 포괄적 교리가 무대 뒤에서 조작할 수 있는 꼭두각시 인형이 아니다.[34] 공적이성이 합당한 것으로 여기는 질서 부여라면, 이러한 질서 부여는 포괄적 교리들이 왜곡할 수 없다. 그리고 제도의 구조들이 검토될 수 있도록 개방되고, 정치적 질서부여에 내재한 잘못된 점과 오차들이 드러날 것이기 때문에, 공적 이성은 실제 정치적 가치들에 대한 질서부여를 합당한 것(또는 합당하지 않은 것)으로서 파악할 수 있다. 그러므로 우리는 정치적 가치들에 대한 질서부여가 특정한 합당한 교리에 의해 왜곡되지 않으리라고

33 *Political Liberalism, lecture* Ⅸ, sec. 1.1, pp.374-375를 보라.

34 이 생각은 마르네프(Peter de Marneffe)에게서 빌려왔다.

자신할 수 있다. (정치적 가치들에 대한 질서의 부여 그 자체가 합당하지 않다고 하는 주장이 유일한 왜곡의 기준이 된다는 점을 나는 강조한다.)

완결성completeness의 중요성은, 어떤 정치관이 완결되지 않는다면 이 정치관에 입각하여 근본적인 정치적 문제들에 대한 토론이 실행될 수 없기 때문에, 이 정치관이 적절한 사고의 체계가 될 수 없다는 데 있다.[35] 공적 이성 내에서 우리가 할 수 없는 것은 직접 우리의 포괄적 교리 또는 이 포괄적 교리의 일부에 근거하여 하나 또는 그 이상의 정치적 원칙 및 가치와 이 원칙 및 가치들이 지지하는 특정한 정치제도를 도출하려 하는 것이다. 대신, 우리는 우선적으로 완비된 정치관의 기본 개념에 대하여 작업하고, 그것에 근거하여 원칙들과 이상들을 정교화하고, 이 원칙과 이상들이 제시하는 주장을 행사해야만 한다. 그렇게 하지 않는다면, 공적 이성은 너무 즉흥적이고 단편적인 주장을 허용하게 된다.

2.4. 이제 나는 공적이성의 좀 더 상세한 내용을 보여주기 위해 몇 가지 예가 될 수 있는 정치적 원칙들과 가치들에 주목하려 한다. 특히 상호

---

35 여기에서 상이한 정치적 정의관은 헌법적 본질과 기본 정의의 문제들에 대하여 상이한 해석을 주장할 것임에 주목하라. 또한 동일한 정치관에 대해서도 상이한 해석들이 있을 수 있는데, 이 정치관의 개념과 가치들이 다른 방식으로 이해될 수 있기 때문이다. 그리고 정치관이 끝나는 곳과 이것에 대한 해석이 시작되는 곳에 분명한 경계가 있는 것은 아니다. 그리고 그것이 필요한 것도 아니다. 그렇지만, 정치관은 이것의 가능한 해석을 매우 제한한다. 그렇지 않다면 토론과 주장을 진행할 수 없다. 예로써, 교회와 국가의 분리는 물론, 무종교도 인정하는 자유를 포함하는 종교의 자유를 선언하는 헌법은 교회 학교들이 공적 자금을 지원 받을 수 있는지에 대한 질문과 만약 그럴 수 있다면 어떤 방식으로 해야 하는지에 대한 질문에는 여지를 남겨두는 것처럼 보인다. 하나의 해석이 공적 자금을 허용하고, 다른 하나는 허용하지 않는다면, 이 차이는 동일한 정치관을 해석하는 방법에서의 차이로 여겨질 수 있다. 또는 대안적으로 두 개의 정치관 사이의 차이로 여겨질 수 있다. 특별한 구체적 규정이 없는 한 우리가 어떻게 부르든 문제가 되지 않는다. 중요한 점은 공적 이성의 내용이 일련의 정치관들이기 때문에, 그 내용이 우리가 필요한 해석을 허용한다는 점이다. 이것은 우리가 고정된 관점에 사로잡혀 있는 것이 아님을 보여준다. 나아가서 하나의 해석에 집착하는 것도 아니라는 것을 강조한다. 이것은 Kent Greenawalt, *Private Consciences and Public Reasons*(Oxford: Oxford University Press, 1995), pp.113-120에 대한 논평이다. 이 책은 『정치적 자유주의』가 정치적 관점들의 해석을 결정하는 문제를 해결하는 데 있어 난점이 있다고 주장한다.

성의 기준이 적용 가능하면서도 위배되기 쉬운 다양한 방식들에 주목하려 한다.

(a) 첫 번째 예로서, 자율성의 가치the value of autonomy를 고려해보자. 이것은 두 가지 형태를 취할 수 있다고 본다. 하나는 정치적 자율성이다. 이것은 법률상의 독립, 시민지위 및 시민들의 정치권력의 행사에 있어서 타인들과의 평등한 공유에 대한 확실한 보장으로 표현된다. 다른 하나는 순수하게 도덕적인 것이다. 이 자율성은 개인성individuality에 대한 밀의 이상과 같이[36] 우리들의 심오한 목표와 이상들을 비판적으로 점검하면서 특정한 삶의 방식과 반성들을 의미하는 특징이 있다. 우리가 자율성을 순수한 도덕적 가치로 간주한다면, 어떤 형태의 자율성도, 합당한 다원주의를 전제한다면, 상호성의 제약을 충족시킬 수는 없다. 예를 들어, 특정한 종교적 교리를 보유하고 있는 많은 시민들은 상호성의 제약을 거부할 수 있다. 그러므로 정치적 자율성은 정치적 가치인 반면 도덕적 자율성은 정치적 가치가 아니다.

(b) 두 번째 예로서, 우리가 익히 알고 있는 선한 사마리아인협회the Good Samaritan의 이야기를 생각해보자. 그러한 가치들이 단순한 종교적 또는 철학적 가치가 아니라 정치적 가치에 적절하게 호소하고 있는가? 어떤 제안을 함에 있어 광범위한 관점의 공적 정치문화가 우리가 복음의 이야기를 도입할 수 있도록 허락하는 반면, 공적 이성은 우리가 우리의 제안을 적절한 정치적 가치의 관점에서 정당화할 것을 요구한다.[37]

(c) 세 번째 예로서, 공정한 소득분배를 논의함에 있어 공적에 근거

36 John Stuart Mill, *On Liberty*(1859), Chap. 3, paras. 1–9, in *Collected Works of John Stuart Mill*, ed. John M. Robson(Toronto: University of Toronto Press, 1977), vol. 18, pp.260–275.

37 §4.1의 단서와 복음 이야기를 인용하는 예를 참조하라. 광범위한 관점의 공적 정치문화에 대한 상세한 설명에 관하여, 일반적으로 §4를 보면 된다.

appeals to desert할 것을 요구하는 경우를 고려해보자: 사람들은 이상적으로 말하자면 분배는 공적에 상응해야만 한다고 버릇처럼 말한다. 이들이 말하는 공적이란 어떤 의미의 공적일까? 이들이 의미하는 것은, 재판관이 판단을 할 수 있는 자질을 가져야만 하듯이, 다양한 공직에 있는 사람들은 이에 상응하는 필수적인 자질을 가져야만 하며, 동시에 모든 이들은 선망의 대상이 되는 지위에 대한 자격을 갖출 수 있는 공정한 기회를 가져야만 한다는 것인가? 이것은 사실상 정치적 가치이다. 그러나 도덕적 공적moral desert에 따른 분배는 모든 점을 고려해 볼 때 정치적 가치는 아니다. 도덕적 공적은 여기에서 인격의 도덕적 가치를 의미한다. 포괄적 교리를 포함하여 도덕적 가치는 정치적 가치가 아니다. 이것은 실행 가능한 정치적 및 사회적 목표가 아니다.

(d) 마지막으로, 가족과 인간생활에 대한 국가의 관심을 고려해보자. 염원하는 정치적 가치를 어떻게 올바르게 구체화시킬 것인가? 전통적으로, 이러한 정치적 가치는 매우 광범위하게 규정되어져 왔다. 그러나 민주정체에서 정부의 정당한 관심은 공법과 정책이 질서정연한 방식으로 장기간에 걸쳐 정치사회를 재생산하기 위해 필요한 제도들을 뒷받침하고 규제하도록 하는데 있다. 이러한 것들에는 (정의로운 형태의) 가족, 아이들을 양육하고 교육시키기 위한 제도적 장치들, 공중의 건강을 위한 제도들이 일반적으로 포함된다. 이러한 체계적인 유지와 규제는 정치원칙과 가치들에 달려 있는데 정치사회는 영구히 존재하는 것으로 간주되고, 그래서 정치사회가 그 자신과 세대를 넘어서 제도와 문화를 유지하는 것으로 간주되기 때문이다. 이러한 관심을 전제로 한다면, 정부는 가족생활의 형태나 성별사이의 관계에 대해 특별한 관심을 기울이지 않을 것으로 여겨진다. 다만 가족생활의 특정한 형태나 성별간의 관계가 어떤 식으로든 장기적으로 질서정연한 사회의 재생산에 영향을 주는 경우에는 예

외가 될 것이다. 그러므로 일부일처제 그 자체에 대한 호소 또는 동성결혼에 대한 반대는 가족에 대한 정부의 정당한 관심 내에서 종교적 또는 포괄적인 도덕적 교리를 반영하게 될 것이다. 따라서 국가의 이러한 관심이 (때로는) 부적절하게 구체화된 것으로 여겨질 수도 있다. 물론 이렇게 명확한 세부규정이 통과될 때, 검토해 보아야 할 다른 정치적 가치들이 있을 수 있다. 예를 들어, 일부일처제가 여성의 평등을 위해 필수적인가, 또는 동성 간의 결혼이 아이들의 양육과 교육에 파괴적인가 하는 문제들이 있다.[38]

2.5. 위 네 가지 예들은 내가 앞에서 세속적 이성이라고 불렀던 것과 대조를 보여준다.[39] 민주사회에서 법 제정을 정당화하는데 종교적 이성과 종파적 교리들에 호소해서는 안된다 할지라도, 건전한 세속적 주장들secular arguments에는 호소할 수 있다는 견해가 종종 제시되곤 한다.[40] 그러나, 무엇이 세속적 주장인가? 일부 사람들은 반성적이고 비판적이며 공적으로 지성적이며 합리적인 주장을 세속적 주장으로 생각한다. 이들은 동성애 관계를 가치 없거나 타락적인 것으로 격하시키는 다양한 주장들을 논하고 있다.[41] 물론 이러한 주장의 일부는 반성적이고 합리적인 세

---

38 물론, 여기에서 이 문제를 해결하려고 시도하지 않는다. 왜냐하면 우리는 공적 사고와 관련이 있는 그런 종류의 이성과 고려들에만 관심을 가지기 때문이다.

39 §2.2를 보라.

40 Robert Audi, "The Place of Religious Argument in a Free and Democratic Society," *San Diego Law Review*, 30 (1993), p.677을 보라. 여기에서 아우디는 세속적 이성을 다음과 같이 정의하고 있다: "세속적 이성은 대략 그 규범적 영향력이 분명하게 신의 존재나 신학적 사려에 의존하지 않는 것이며 또는 종교적 권위에 입각한 개인이나 제도의 결정에 의존하지 않는 이성이다."(p.692). 이 정의는 비종교적인 포괄적 교리의 측면에서의 세속적 이성과 공적 이성의 내용 안에서 순수한 정치관의 측면에서 표현되는 세속적 이성간의 차이에 대해 모호하다. 세속적 이성 역시 종교적 이성과 함께 허용되어야만 한다는 아우디의 견해는 내가 §4.1에서 단서라고 부르는 것과 유사하다.

41 피니스(John Finnis)의 주장에 대한 페리(Michael Perry)의 논의를 보라. 그는 이러한 관계가 인간 선(human good)과 양립할 수 있다는 것을 부인한다. *Religion in Politics: Constitutional*

속적 이성일 수 있다. 그럼에도 정치적 자유주의의 핵심적 특징은 모든 이러한 주장을 동일한 방식으로 바라본다는 것이다. 즉 정치적 자유주의는 종교적 주장과 마찬가지로 모든 세속적 주장을 동일하게 취급한다. 그러므로 이러한 세속적인 철학적 교리들은 공적 이성을 제공하지 않는다. 세속적 개념과 이러한 종류의 사고는 제1철학과 도덕적 교리에 속하며, 정치적인 것의 영역의 외부에 있다.

그러므로 시민간의 동성애 관계를 범죄로 볼 것인지를 고려함에 있어, 문제는 이러한 관계가 건전한 철학적이며 비종교적 견해가 규정하는 완전한 인간 선full human good이라는 가치 있는 개념에 근거해 배제될 것인지 여부에 있는 것이 아니며, 또한 종교적 신념을 가진 자들이 이것을 범죄로 간주하는가에 있는 것도 아니다. 문제의 핵심은 무엇보다도 그러한 관계를 금지하는 입헌 기구가 자유롭고 평등한 민주적 시민들의 시민권을 침해하는가의 여부에 있다.[42] 이 문제는 시민권을 명확히 규정하는 합당한 정치적 정의관을 요구한다. 그리고 이러한 시민권에 대한 규정은 항상 헌법적 본질의 문제이다.

§3. 민주주의에서 종교와 공적 이성

3.1. 광범위한 관점의 공적 정치문화 개념the idea of the wide view of public political culture을 점검하기 전에, 우리는 다음과 같은 질문을 해 본다. 예를 들어, 교회나 성경과 같은 종교적 권위에 기반을 둔 종교적 교리들이 합당한 입헌민주정체를 뒷받침하는 합당한 정치관을 동시에 지지하

---

and Moral Perspectives(Oxford: oxford University Press, 1997), chap. 3, pp.85–86.

42 여기에서 나는 "The Difficulty of Tolerance," in *Toleration: An Elusive Virtue*, ed. David Heyd(Princeton: Princeton University Press, 1996), pp.226–239에 나타난 스캔론(T.M. Scanlon)의 견해를 따르고 있다. 이 논문의 전체는 매우 유익한데, 특히 3절, 30–233쪽의 논의가 여기에서 적절하다.

는 것이 어떻게 가능한가? 이러한 교리들이 여전히 올바른 이유에 입각한 자유적 정치관과 양립 가능한가? 양립할 수 있기 위해선, 이러한 교리들이 민주정부를 단순히 *잠정적 타협*modus vivendi으로 받아들이는 것으로는 충분하지 않다. 신앙을 지닌 시민citizens of faith으로서 종교적 교리를 가지고 있는 시민들을 언급하기 위해, 다음과 같은 질문을 해보자. 신앙을 지닌 시민들이 어떻게 민주사회의 진정한 성원이 될 수 있는가? 민주사회의 진정한 시민은 사회의 본질적인 정치적 이상과 가치들을 지지해야 한다. 단순히 정치적 및 사회적 역학관계에 따라 이러한 이상과 가치들에 순응해서는 안된다. 좀 더 정확하게 표현해보자. 비종교적(세속적)인 구성원뿐만 아니라 종교적 신념이 있는 시민들이 그들의 포괄적 교리가 특정의 입헌정체 아래에서 번영할 수 없거나 심지어는 쇠약해질 수 있을 때, 그 입헌정체를 지지하는 것이 어떻게 가능한가? 이 마지막 질문은 정당한 법을 결정함에 있어 정당성 개념the idea of legitimacy의 중요성과 공적 이성의 역할을 새롭게 불러일으킨다.

질문을 명확하게 하기 위해서 다음 두 가지 예를 고려해보자. 첫 번째는 16세기와 17세기의 카톨릭교도들과 신교도들의 예이다. 당시에는 관용의 원칙이 단지 잠정적 타협으로 존중되었다.[43] 관용의 원칙이 단지 잠정적 타협으로 존중된다는 것은, 어느 한쪽 파벌이 완전하게 주도권을 장악하게 되면, 그 편은 자신들 스스로의 종교적 교리를 유일하게 용인될 수 있는 종교적 신념으로 강요할 수 있게 된다는 것을 의미한다. 수많은 종파들 모두 이러한 태도를 공유하고 이들이 자신들 종파의 상대적 숫자가 먼 장래에도 크게 변하지 않을 것이라고 가정하는 사회에서는 미합중국의 헌법과 유사한 헌법체계를 가지게 될 것이다. 즉 첨예하게 분열된 종교집단들에게 정치권력에 있어서 다소간의 평등을 보장하면서 종교적

---

43 *Political Liberalism*, lecture IV, sec. 3.4, p.148을 참조하라.

자유를 완전하게 보장하는 것이다. 늘 그렇듯이, 헌법은 시민의 평화를 유지하는 계약으로서 존중된다.[44] 이 사회에서는 정치적 쟁점은 정치적 개념과 가치들에 입각하여 논의될 것이다. 이렇게 하는 것이 종교적 갈등을 초래하지 않고 분파의 적대감을 자극하지 않을 것이다. 여기에서 공적 이성의 역할은 단지 분열을 잠재우고 사회의 안정성을 조장하는 것이다. 그러나 이 경우에 우리는 민주사회의 정치적 (도덕적) 이상과 가치에 대한 확고한 신념이 보장하는 것과 같은 올바른 이유에 입각한 안정성을 확립하지는 못할 것이다.

두 번째 예에서도 역시 우리는 올바른 이유에 입각한 안정성을 확립하지 못한다. 두 번째 예는 다음과 같은 민주사회이다. 이 사회는 종교적, 정치적, 시민적 자유들을 보장하는 실질적인 헌법조항들을 정치적 (도덕적) 원칙으로 받아들인다. 그러나 이때, 이러한 헌법원칙들에 대한 시민들의 신념은 아주 제한적이어서 아무도 자신의 종교적 또는 비종교적인 교리가 영향력과 숫자에 있어서 기반을 상실하는 것을 받아들이려 하지 않는다. 나아가서 이들 시민들은 법이 자신들이 유지하는 입장의 기반을 약화시킨다고 생각하면 그러한 법에 저항하거나 복종하지 않으려 할 것이다. 그리고 이들 시민들은, 종교 및 다른 자유들의 완전한 영역이 언제나 유지되고 또한 문제의 교리에 대한 보장이 완전하게 이루어질 때 조차도, 이러한 저항과 불복종을 행사한다. 여기에서 다시 민주주의는 조건적으로 받아들여지는 것이며 올바른 이유에 입각하여 수용되는 것도 아니다.

이러한 예들이 공유하고 있는 점은 사회가 분리된 집단들로 나뉘어져 있다는 것이다. 각 집단은 다른 집단의 이익과 구별되고 상반되는 그들 스스로의 근본적인 이익을 가지고 있다. 이들은 자신들의 근본적 이익을 위해 정당한 민주적인 법을 저항하거나 위반할 준비가 되어 있다.

---

44 Greenawalt, *Private Consciences and Public Reasons*, 16–18, 21–22쪽에서 그린너월트가 제시한 다양한 열렬한 신자들의 예를 보라.

첫 번째 예에서, 이익은 종교의 헤게모니를 확립하는 가운데 생기는 종교의 이익이다. 반면 두 번째에서 이익은 해당 교리의 근본적 이익이다. 이런 일은 종교적이든 비종교적이든 자신의 입장을 강화하기 위해 어느 정도의 성공과 영향력을 유지하려는 데에서 대두된다. 입헌정체는 모든 허용 할 수 있는 교리들에 대하여 권리와 자유를 완전하게 보장할 수 있고, 그럼으로써 우리의 자유와 안정을 보호할 수 있다. 그렇지만, 민주주의라고 하는 것은 우리들 각자가 다른 사람들과 마찬가지로 평등한 시민의 한 사람으로서 정당한 법의 책무들을 받아들이라고 절대적으로 요구한다.[45] 아무도 자신들의 종교적 혹은 비종교적 교리들이 위험에 처하도록 방치하리라고 생각할 수 없지만, 우리들의 종교적 헤게모니를 확립하게 위해 헌법을 바꾸려 한다거나 종교의 영향력과 번영을 보장하기 위해 우리의 책무들을 제한하려는 바램은 영원히 포기해야만 한다. 그러한 바램과 목적을 유지하는 것은 모든 자유롭고 평등한 시민들에 적용되는 평등한 기본적 자유의 발상과 양립하지 않을 것이다.

3.2. 우리가 앞서 질문했던 것을 확장시켜보자. 종교적 교리뿐만 아니라 비종교적인 (세속적) 교리들을 지닌 사람들이, 자신들의 포괄적 교리들이 번성할 수 없거나 나아가서 사실상 쇠퇴한다는 것이 예측되는 경우에서도, 그러한 입헌정체를 지지하는 것이 어떻게 가능할까? 또 이것이 정말 가능할까? 여기에서 이에 대한 답변은 종교적 또는 비종교적 교리들이 다음과 같은 점을 이해하고 수용하는 것에 달려있다. 즉 이들이 합당한 입헌민주주의를 지지하는 방법 이외에는, 자신들 교리의 추종자들의 자유를 자유롭고 평등한 다른 합당한 시민들의 평등한 자유와 양립시킬 수 있는 방법이란 없다는 점이다. 입헌민주정체를 지지함에 있어 종교

45 *Political Liberalism*, lecture V, sec. 6, pp.195–200을 보라.

적 교리는 이러 저러한 것은 절대신God이 우리의 자유에 제약을 부과하는 사항들이라고 주장할 것이며, 비종교적 교리는 또 다른 방식으로 자신의 입장을 표명할 것이다.[46] 그러나, 어느 쪽의 경우에도, 이러한 교리들은 합당한 민주사회에서 양심의 자유와 관용의 원리가 모든 시민들에 대한 평등한 정의와 어떻게 결합될 수 있는 지를 상이한 방식으로 형성하게 된다. 그러므로 관용의 원칙과 양심의 자유는 어떤 입헌민주관에서도 본질적인 위치를 차지해야 한다. 이것들은 모든 시민들이 수용할 수 있는

---

46 종교가 어떻게 이러한 것을 하는지에 대한 예는 다음을 참조하라. Abdullahi Ahmed An-Na'im은 그의 저서 *Toward an Islamic Reformation: Civil Liberties, Human Rights, and International Law*(Syracuse: Syracuse University Press, 1990), pp.52-57에서 이슬람교도들의 신성법인 사리아(Shari'a)에 대한 전통적인 해석을 재해석하려는 발상을 도입하고 있다. 그의 해석이 이슬람교도들에게 받아들여지기 위해서는, 그 해석은 반드시 Shari'a에 대하여 정확하고 탁월한 해석으로 제시되어야만 할 것이다. 안-나임(An-Na'im)의 해석의 기본적 발상은 고인이 된 수단의 저자 *Ustadh* Mahmoud Mohamed Taha를 따르고 있다. 그의 해석의 발상은 다음과 같다. Shari'a에 대한 전통적 이해는 무하마드의 후기 메디나 시기(the later Medina period of Muhammad)의 가르침에 의존하여왔다. 그러나 무하마드의 초창기인 메카 기간(the earlier Mecca period of Muhammad)의 가르침이 이슬람의 영원하고 근본적인 가르침이라는 것이다. 안-나임은 다음과 같이 주장한다. 탁월한 메카 시기의 가르침과 원칙들이 보다 현실주의적이고 실제적인 (당시 17세기의 역사적 맥락에서) 메디나 시기의 가르침 때문에 거부되기에 이르렀다고 한다. 그 이유는 당시 사회가 아직 이러한 탁월한 가르침을 실행할 준비가 되어 있지 않았기 때문이라는 것이다. 이제는 역사적 조건들이 많이 변했기 때문에, 무슬림 교도들은 Shari'a 해석에 있어 초기 메카 시기의 가르침을 따라야 한다고 안-나임은 생각한다. 이렇게 해석하여, 그는 Shari'a는 입헌민주주의를 지지한다고 주장한다(ibid., pp.69-100).

특히, Shari'a에 대한 초기의 메카 해석은 남성과 여성의 평등을 지지한다. 그리고 신앙과 종교의 문제에서 완전한 선택의 자유를 지지한다. 이 두 가지 점 모두 법 앞에서의 입헌적 평등의 원칙과 부합된다. 안-나임은 다음과 같이 기술한다: "코란(Qua'an)은 입헌주의(constitutionalism)를 언급하지 않는다. 그러나 인간의 합리적 생각과 경험은 코란이 제시하는 정당하고 훌륭한 사회를 실현시키기 위해 입헌주의가 필요하다는 점을 보여준다. 입헌주의에 대한 이슬람의 정당화와 지지는 매우 중요하며 이슬람교도들에게도 적절하다. 비이슬람교도들도 자신들 고유의 세속적 정당화나 다른 종류의 정당화를 할 수 있을 것이다. 모든 사람들이 입헌주의의 원리와 특정한 원칙들에 합의를 하게 된다면, 각자는 이러한 합의에 이르게 되는 자신들 고유의 근거들을 가지게 될 것이다. 물론 입헌주의는 완전한 평등은 물론, 성 및 종교에 근거한 차별을 금지하는 것을 포함한다."(ibid., p.100) (이것은 중첩적 합의 overlapping consensus의 완벽한 예라고 생각된다.) 나는 나에게 안-나임의 저서에 대한 정보를 준 빌그라미(Akeel Bilgrami)에게 감사한다. 나는 또한 모타헤데(Roy Mottahedeh)의 유용한 토론에 감사한다.

근본적 기반을 설정한다. 이 근본적 기반은 공정하게 교리들 상호간의 경쟁관계를 규제해 주는 역할을 한다.

여기에서 관용의 두 가지 개념을 살펴보자. 하나는 순수하게 정치적인 것이다. 정치적 개념의 관용은 합당한 정치적 정의관에 부합하여 종교적 자유를 보호하는 권리와 의무로 표현된다. 다른 하나는 순수하게 정치적인 것은 아니다. 이것은 종교적 또는 비종교적 교리 내에서 비롯되어 표현된 것이다. 예를 들어, 위에서 말했듯이, 그렇게 하는 것이 절대신이 우리의 자유에 부여한 제한이라는 것이다. 이렇게 말하는 것은 내가 추측으로부터 사고reasoning from conjecture라고 부르던 것의 한 예라고 할 수 있다.[47] 이 경우 우리는 우리가 믿고 있는 것이나 추측하는 것에서부터 출발하여 사고한다. 이것은 다른 사람들의 종교적 또는 철학적인 기본 교리일 수도 있다. 이렇게 출발하여, 우리는 다른 사람들이 생각하는 것이 무엇이든지 간에, 이들이 합당한 정치적 정의관을 여전히 지지할 수 있다는 것을 보여주고자 노력한다. 우리는 관용의 근거를 주장하는 것이 아니라 관용을 단순히 제시함으로써 이것이 단지 이들이 가지고 있는 포괄적 교리와 양립할 수 있다는 것을 주장하고 있다.

§4. 광범위한 관점의 공적 정치문화

4.1. 이제 우리는 내가 광범위한 관점의 공적 정치문화라고 부르는 것에 대하여 살펴보고자 한다. 특히 이것의 두 가지 측면에 대하여 논의하겠다. 첫 번째 측면은 종교적 또는 비종교적인 합당한 포괄적 교리들을 언제든지 공적인 정치적 토론에 도입할 수 있다는 것이다. 단지 적절한 절차를 통해 정치적 이유들—그리고 전적으로 포괄적 교리들에 근거하는

47 §4.3을 보라.

이유들이 아닌 것—을 제시해야만 함이 전제된다. 물론 (이 과정에서) 이 정치적 이유들은, 도입된 포괄적 교리들이 지지하는 것이 무엇이든 충분히 지지할 수 있어야 한다. 적절한 정치적 이유들을 제시해야 하는 규정을 나는 (공적 이성의) *단서 the proviso*라고 언급한다. 그리고 이 단서는 배경문화와 구별되는 공적 정치문화를 규정한다.[48] 내가 고려하는 두 번째 측면은 포괄적 교리들을 공적 정치토론에 도입하기 위한 명확한 긍정적 이유들이 있을 수 있다는 점이다. 나는 이 두 가지 측면을 차례로 논의하겠다.

어떻게 단서를 만족시킬 수 있는가에 대한 많은 질문이 제기될 것은 명백하다.[49] 언제 이것을 만족시키는 것이 요구되는가? 현재 또는 어느 먼 훗날? 또한 단서를 준수해야 할 의무를 누가 부담할 것인가? 단서가 선의의 신념 내에서 적절하게 준수되어야 한다는 원칙이 명백하게 확립되어야 한다는 것은 매우 중요하다. 그러나 어떻게 단서를 만족시키는가에 대한 세부사항들은 실제적으로 입안되어야만 한다. 이런 일은 미리 주어진 명료한 일련의 법칙으로 쉽게 좌지우지 할 수 없는 문제이다. 세부사항들이 어떻게 입안될 것인가는 공적 정치문화의 본질에 따라 결정되며, 선의의 사려와 이해가 요구된다. 또한 단서들이 충족된다면, 종교적이고 세속적 교리들을 공적 정치문화 내부로 도입하는 것이 공적 이성 자체 내에서 이루어지는 정당화의 본질과 내용을 변질시키지 않을 것임을 유념하는 것이 중요하다. 이러한 정당화는 여전히 일련의 합당한 정치적 정의관의 관점에서 이루어진다. 그러나 종교적 또는 세속적 교리들 그 자체가 어떻게 표현되어야 하는가에 대한 제약 또는 요구는 없다. 이러한 교리들은, 예를 들자면, 논리적으로 정확한 몇 가지 기준에 의한 것이어야 한다든지,

---

48 *Political Liberalism*, lecture I sec. 2.3, pp.13–14를 보라. 여기에서 배경문화(background culture)와 공적 정치문화(public political culture)를 대조하고 있다.

49 여기에서 나는 톰슨(Dennis Thompson)과의 값진 토론에 도움을 받고 있다.

또는 합리적 평가의 기준을 통과해야 한다든지, 아니면 증거를 제시하여 입증할 수 있는 것이어야 할 필요가 없다.[50] 이런 교리들이 그러한지 또는 그렇지 않은 지의 여부는 이것을 제시해야 하는 사람들이 담당할 문제이다. 마찬가지로 자신의 입장이 어떻게 받아들여지기를 원하는지도 이들이 해결해야 할 문제이다. 이러한 교리들은 정상적으로 광범위한 지지자들이 자신들의 견해를 받아들일 수 있게 하기 위해 실천적인 이유들을 제시해야 될 것이다.

4.2. 광범위한 관점의 공적 정치문화[51] 내에서 표현되는 종교적 및 비종교적 교리들에 대한 시민들의 상호이해는 자신들의 정치관에 대한 민주시민들의 헌신의 뿌리가 그들 각자의 종교적 및 비종교적인 포괄적 교리에 근거하고 있음을 인정한다. 이러한 방식으로 공적 이성의 민주적 이상에 대한 시민들의 확신은 올바른 이유에 입각해 강화된다. 우리는 사회의 합당한 정치관을 지지하는 합당한 포괄적 교리들에 관해, 합당한 정치관들의 활력적인 사회기반이 되며 이들 정치관들에 지속적인 생기와 활력을 불어넣어 주는 것으로 생각할 수 있다. 이러한 교리들이 상기의 단서를 받아들이고 정치적 토론에 임하게 되면 입헌민주주의에 대한 확신은 공적으로 명백해진다.[52] 이러한 확신을 알게 되면, 정부 공무원들과 시민들은

---

50 그리나왈트(Greenawalt)는 갬웰(Franklin Gamwel)과 페리(Michael Perry)의 입장에 관하여 논의하고 있다. 이들은 종교적 입장이 제시되는 방법에 대하여 명백하게 그러한 제약들을 부과할 것을 주장한다. Greenawalt, *Private Consciences and Public Reasons*, pp.85−95를 보라.

51 항상 그렇듯 이것이 배경 문화와 구별되는 것은, 내가 강조하듯이, 배경문화에는 제약이 없다는 점이다.

52 정치적 자유주의는 이러한 민주주의의 사회적 뿌리에 대한 설명들을 발전시키지 않으며 민주주의의 종교적 및 다른 지지근거들을 발굴해 내는 논의를 하지 않는다고 종종 비판되고 있다. 그렇지만 정치적 자유주의는 이러한 민주주의의 사회적 뿌리를 인정할 뿐만 아니라 그 중요성도 강조한다. 종교적 자유가 인정되지 않고 보존되지 않는 사회에서는 관용과 종교의 자유에 입각한 정치관이 가능하지 않으리라는 점은 명백하다. 그렇기 때문에, 정치적 자유주의는 홀렌바하(David Holenbach, S. J.)의 입장에 동조한다. 그는 다음과 같이 기술하고 있다: "[아퀴나스가 제기한 변혁들]중에서 중요하게 여겨볼 점은 한 국민의 정치적 생활은 이들 국민이 달

시민성의 의무를 더욱 존중하게 될 것이다. 그리고 이들이 공적 이성의 이상을 추구하는 일은 이 이상이 추구하는 종류의 사회를 조성할 수 있도록 하는데 도움이 된다. 시민들이 상호간의 합당한 포괄적 교리들을 상호 이해한다는 점들은 그러한 교리들을 도입할 수 있도록 하는 데 유익한 긍정적 근거를 제시할 것이다. 이는 단순히 방어적 근거가 아니다. 공적토론에 포괄적 교리가 개입되는 것은 어떤 경우에도 불가피한 것처럼 여겨진다.

예를 들어, 교회운영 학교에 대한 공적 지원을 해야 하는가와 같은 매우 논쟁적인 정치적 쟁점을 들어보자.[53] 서로 상반된 입장에 있는 이들은 기본적인 헌법적 및 정치적 가치들에 대한 상대방의 헌신을 쉽사리 의심한다. 그러므로 쌍방 모두 종교적이든 세속적이든 간에 자신의 포괄적 교리들을 소개하는 것이 현명하다. 이렇게 하면 이들이 자신의 입장이 실제로 어떻게 그러한 기본적인 정치적 가치들을 지지하는지에 관하여 상대방에게 설명할 수 있는 길을 열어주게 될 것이다. 또한 노예제도 폐지론자Abolitionists와 시민권리 운동Civil Rights Movement에 종사했던 사람들을 들어보자.[54] 그들의 경우에는 (공적 이성의) 단서들이 이행되었다.

성할 수 있는 가치를 최상으로 실현하는 것이 아니라고 주장한 점이다–이 통찰은 제한정부의 입헌이론들의 기초에 내재되어 있다. 그리고 비록 교회가 현대의 상당 기간에 걸쳐 자유주의적 발견이라고 할 수 있는 현대적 자유들을 거부하긴 하였지만, 자유주의는 카톨릭주의(Catholicism)를 우리가 살고 있는 금세기의 후반에 다시 한번 변혁시키고 있다. 제2의 바티칸 공의회(the Second Vatican Council)이래 카톨릭 교회의 역사뿐만 아니라 사회 및 지성사에서 볼 수 있는 이러한 사건들에 대한 기억은 내게 다음과 같은 희망을 갖게 한다. 좋은 삶(the good life)에 대한 상이한 입장을 가지고 있는 공동체들이, 만약 이들이 이러한 자신들의 입장에 대하여 대화와 주장을 과감히 하려 한다면, 어느 지점에선가 서로 만날 수 있으리라는 희망을 준다." David Hollenbach, "Contexts of the Political Role of Religion: Civil Society and Culture," *San Diego Law Review*, 30(1993): 891. 공적 이성의 관점이 입헌민주주의의 사회적 뿌리들의 중요성을 인식해야만 하고 그리고 이 뿌리들이 어떻게 입헌민주주의의 제도에 활력을 불어넣을 수 있는지에 유념해야만 하지만, 이렇게 하는 것 그 자체가 이러한 문제들에 대한 연구를 대신하는 것은 아니다. 이 점을 더 숙고해야 할 필요성에 대하여 나는 와이쓰만(Paul Weithman)에 도움을 받고 있다.

53 *Political Liberalism, lecture* VI, sec. 8.2, pp.248–249을 참조하라.

54 Ibid., lecture VI, sec. 8.3, pp.249–251를 참조하라. 나는 노예제도 폐지론자와 킹이 그들 자신을 우리가 말하는 (공적 이성의) 단서의 목적을 이행했다고 생각했는지에 대해서는 모른다.

이들이 가지고 있던 교리의 종교적 뿌리를 그들이 얼마나 강조했었던지 간에, 이들의 경우에는 우리의 단서가 충족되었다고 본다. 왜냐하면 이들 교리들이 기본적인 입헌적 가치들을 지지했고—그들 자신들이 주장했듯이—또한 합당한 정치적 정의관들을 지지했기 때문이다.

4.3. 공적 사고public reasoning는 공적 정당화를 목적으로 한다. 우리들은 정치적 정의관에 호소한다. 그리고 확인할 수 있는 증거와 공적 견해에 알려진 사실들에 호소한다. 이렇게 하는 목적은 가장 합당한 정치적 제도 및 정책들이라고 생각하는 것이 무엇인지에 대한 결론에 도달하기 위해서이다. 정치적 정당화는 단지 유효한 추론이 아니라 다른 이들에게 제기하는 주장이다. 정치적 정당화는 우리가 이미 수용하고 있고 그리고 다른 사람들이 합당하게 받아들일 수 있는 전제로부터 출발하여, 이들 다른 사람들이 또한 합당하게 받아들일 수 있는 것으로 생각되는 결론에 도달하는 과정으로 진행된다. 이 정치적 정당화는 시민성의 의무를 충족시킨다. 왜냐하면 적절한 과정을 통해 우리의 단서가 충족되기 때문이다.

공적 사고의 한 형태를 나타내는 것이 아님에도, 역시 언급할 수 있는 두 가지 다른 형태의 담론discourses이 있다. 하나는 선언declaration이다. 이것은 여기에서 우리가 각자 우리 자신의 종교적 혹은 비종교적인 포괄적 교리를 선언하는 것을 의미한다. 우리는 다른 이들이 이것을 공유하기를 기대하지 않는다. 오히려, 우리 각자는 우리 자신의 교리에 근거해서 어떻게 우리가 원칙 및 이상을 지닌 합당한 공적 정치적 정의관을 지지할 수 있고 지지하는지를 보여준다. 이것을 행하는 목적은 다른 포괄적 교리들을 인정하는 다른 사람들에게 우리들 각자가 일련의 합당한 관점

그러나 그들이 실제로 그러했든 아니든, 그들은 그럴 수 있었다고 생각한다. 그리고 그들이 공적 이성의 개념을 알고 받아들였다면, 그들은 자신을 단서의 목적을 이행하는 자로 생각했을 것이다. 나는 이 점에 대하여 와이쓰만(Paul Weithman)에게 감사한다.

들에 속하는 하나의 합당한 정치관을 지지하고 있다는 것을 보여주려는 것이다. 넓은 의미에서 볼 때, 사마리아인 협회의 복음 우화를 인용하는 신앙이 있는 시민들은 거기에서 멈추지 않을 것이다. 그들은 더 나아가서 정치적 가치의 관점에서 우화의 결론에 대한 공적 정당화를 하려할 것이다.[55] 이러한 방식으로 서로 다른 교리들을 가지고 있는 시민들은 안심하게 되며, 이것은 시민 유대friendship의 결속을 강화시킨다.[56]

두 번째 형태는 추측conjecture으로, 우리가 다른 사람들의 종교적 또는 세속적인 기본적 교리라고 믿거나 추측하는 것에 근거해서 주장하며, 그들이 무엇을 생각하든지 간에, 그들 역시 공적 이성의 기반을 제공할 수 있는 합당한 정치관을 여전히 지지할 수 있다는 것을 그들에게 보여주고자 시도하는 것을 말한다. 이렇게 함으로써 공적 이성의 이상은 강화된다. 그러나 이런 일을 할 때 추측이 진실하고 조작되지 말아야 한다는 것은 매우 중요하다. 우리는 공개적으로 우리의 의도를 설명해야만 한다. 그리고 우리 주장이 근거하고 있는 전제를 강력하게 단언하는 것이 아니라는 점을 표명해야만 한다. 그러나 다른 사람들의 입장에서 있을 수 있는 오해를 불식시키기 위해 이러한 일을 진행하고 있다는 점을 명백히 해야 한다. 이것은 아마도 우리들 자신에게도 해당될 것이다.[57]

---

55 누가 복음(Luke) 10:29–37. 복음 이야기가 칸트의 『도덕의 형이상학적 기초』(Grundlegung)의 네 번째 예에서 볼 수 있는 상호 원조의 불완전한 도덕적 의무를 지지하는데 어떻게 사용되었는가를 이해하는 일은 쉬운 일이다. Immanuel Kant, *Groundwork for the Metaphysics of Morals*, Ak. 4:423, in *Practical Philosophy*, trans. Mary Gregor(Cambridge: Cambridge University Press, 1996)를 참조하라. 단지 정치적 가치의 관점에서 적합한 예를 공식화하기 위하여, 차등원칙(the difference principle)의 변형 또는 일부 유사한 다른 개념의 변형들을 참조하라. 이 차등원칙을 가난한 자들에 대한 특별한 배려를 하는 것으로 이해할 수 있다. 이것은 마치 카톨릭의 사회원칙에서 나타나는 것과 유사하다. *A Theory of Justice*, sec. 13(여기에서 차등원칙을 정의하고 있다)을 참고하라.

56 이러한 형태의 담론의 적절함에 대해서는, 라모어(Charles Larmore)와의 토론이 도움이 되었다.

57 나는 다른 형태의 담론을 언급하고자 하는데 증언(witnessing)이라고 부른다. 이것은 이상적이고, 정치적으로 질서 정연하며, 완전하게 정의로운 사회에서 전형적으로 발생한다. 이 사회에서는 모든 투표들이 시민들의 가장 합당한 정치적 정의관에 부합하여 이루어지는 시민들의

§5. 기본구조의 부분으로서 가족

5.1. 공적 이성의 사용과 범위를 한층 더 설명하기 위해서, 이제 나는 가족이라는 한 단일 제도에 대한 일련의 질문들을 다루려고 한다.[58] 이 질문들을 고려하기 위해 특정한 정치적 정의관을 이용하고 이것이 사회의 기본구조 내에서 가족에게 부여한 역할을 살펴볼 것이다. 공적 이성의 내용이 상호성의 기준을 만족시키는 모든 합당한 정치관을 통해 결정되기 때문에, 이러한 정치적 정의관이 다루는 가족에 대한 일련의 질문들

투표행위의 결과로 나타난다. 그럼에도, 일부 시민들은 그들이 기존의 제도, 정책 또는 제정된 법률과는 원칙적으로 의견을 달리한다는 것을 표현해야만 한다고 느끼는 일이 있을 수 있다. 나는 퀘이커 교도들이 입헌민주주의를 받아들이며 정당한 법을 준수한다고 가정한다. 그러나 동시에 그들의 평화주의의 종교적 기반을 합당하게 표현할 수 있다고 가정한다(이에 상응하는 예로서 낙태에 대한 카톨릭의 반대 입장이 §6.1에서 언급되고 있다). 그러나 '증언'은 시민불복종과는 다르다. 증언은 (자유적) 정치적 정의관의 원칙과 가치에 호소하지 않는다. 대체로 이런 시민들은 입헌민주사회를 지지하는 합당한 정치적 정의관을 인정하고 있지만, 이들은 다른 시민들이 그들의 강력한 반대의 깊은 기반을 알 수 있도록 해야 할 뿐만 아니라 그렇게 함으로써 그들의 신앙심에 대한 증언을 해야만 한다고 느낀다. 동시에 증언을 하는 사람들은 공적 이성의 개념을 받아들인다. 그들은 모든 합당한 시민들이 의식적으로 공적 이성을 따르고 있는 투표의 결과가 틀릴 수도 있으며 진실이 아닐 수도 있다고 생각할 수 있겠지만, 투표의 결과를 정당한 법으로 인정하고 위반하지 않아야 하는 의무를 받아들인다. 이러한 사회에는 엄격히 말하자면 시민 불복종과 양심적 거부의 경우가 발생할 여지가 없다. 양심적 거부의 경우는 내가 완벽하게 정의롭다고는 할 수 없지만 거의 정의롭다고 부르는 사회(a nearly just, but not fully just, society)를 요구한다. *A Theory of Justice*, sec.55를 보라.

58 나는 밀(J. S. Mill)의 획기적인 저작 *The Subject of Women*(1869) in *Collected Works of John Stuart Mill*, Vol. 21이 적정수준의 자유주의적 정의관(내가 공정으로서의 정의라고 부르는 것을 포함하여)이 남성뿐만 아니라 여성에 대한 평등한 정의를 포함하고 있음을 분명히 하고 있다고 생각해왔다. 인정하건대, 『정의론』(*A Theory of Justice*)이 이 문제에 대하여 보다 명백했어야만 했다. 그러나 이것은 나의 실수이며 정치적 자유주의 그 자체의 실수는 아니다. 여성에 대한 평등한 정의에 관한 자유주의적 설명은 다음의 저작들에 의해 더욱 활성화되어 왔다. Susan Moller Okin, *Justice, Gender, and the Family*(New York: Basic Books, 1989); Linda C. MaClain, "Automatic Man' Revisited: Liberalism, Connection, and Feminist Jurisprudence," *Southern California Law Review*, 65(1992): 1171; Martha Nussbaum, *Sex and Social Justice*(Oxford: Oxford University Press, 1998), a collection of her essays from 1990 to 1996, including "The Feminist Critique of Liberalism," her Oxford Amnesty Lecture for 1996; and Sharon A. Lloyd, "Situating a Feminist Criticism of John Rawls's *Political Liberalism*," *Loyola LA Law Review*, 28(1995): 1319. 나는 이들의 많은 저작들로부터 많은 것을 얻었다.

은 전체적으로 보아 공적이성에 근거해 이해되는 토론과 논쟁이란 충분한 공간을 필요로 할 것이다.

가족은 사회기본구조의 부분이다. 그 이유는 가족의 주된 역할 중의 하나가 한 세대로부터 다음 세대로 이어지는 사회는 물론 그 사회의 문화를 질서 있게 생산하고 재생산하는 기반이 되기 때문이다. 정치사회는 항상 세대를 넘어서 무한하게 전개되는 사회협력의 체계로 간주된다. 사회의 모든 일들이 다 종결되어 사회가 사라지게 되는 미래의 시기가 도래할 것이라는 생각은 정치사회관에는 적합하지 않다. 그러므로 노동력의 재생산reproductive labor은 사회적으로 필수적인 노동력socially necessary labor이라고 할 수 있다. 이것을 인정한다면, 가족의 중심적 역할은 자녀들이 폭넓은 문화 속에서 도덕적으로 발전하고 교육을 받을 수 있도록 보장하기 위해, 자녀들을 양육하고 보호하는 것을 합당하고 효과적인 방식으로 수행하는 것이다.[59] 시민들은 정치 및 사회적 제도들을 지지하는 정의감과 정치적 가치들을 갖추고 있어야만 한다. 가족은 지속적인 사회를 유지할 수 있도록 하는 적절한 수의 시민들의 양성 및 발전을 보장해야만 한다.[60]

이러한 요건들은 기회의 평등을 달성하기 위한 노력들을 포함하여, 기본구조의 모든 제도들을 제한한다. 가족은 이러한 목적을 달성할 수 있는 방식에 대하여 제약을 부과한다. 정의의 원칙들은 이러한 제약을 고

---

59 *A Theory of Justice, secs.* 70–76을 보라(도덕적 발전의 단계와 이 단계들의 공정으로서의 정의와의 관련성을 논의하고 있다).

60 그러나, 가족이 이러한 일들을 효과적으로 수행할 수 있도록 조정되고 다른 정치적 가치들을 위배하지 않는 한, 특정한 형태의 가족제도(일부 일처, 異性가족 또는 그 밖의 다른 형태)가 정치적 정의관에 의해 요구되는 것은 아니다. 이런 소견이 공정으로서의 정의(justice as fairness)가 게이(gay)나 레즈비언(lesbian)들의 권리와 의무의 문제를 다루는 방식, 그리고 이러한 권리와 의무들이 가족에 영향을 주는 방식을 어떻게 설정하는지에 주목하라. 만약, 이들의 권리와 의무가 질서정연한 가족생활과 아이들의 교육과 양립할 수 있다면, 이 권리와 의무는, 다른 사정이 같다면, 충분히 받아들여질 수 있다.

려할 수 있도록 고안되어야 한다. 여기에서 내가 이러한 복잡한 일들을 계속 논의할 수는 없다. 그러나 아이들로서 우리가 조그만 친밀한 집단 내에서 자란다고 가정한다. 그리고 이 집단 내에서 (일반적으로 부모들인) 연장자들은 특정한 도덕적 및 사회적 권위를 가지고 있다.

5.2. 공적 이성이 가족에 적용되기 위해서는 가족은 적어도 부분적으로나마 정치적 정의에 관한 문제로 여겨져야 한다. 가족을 정치적 정의의 문제가 아니라고 생각할 수도 있다. 정의의 원칙들이 가족에 적용되지 않으며 나아가 그러한 원칙들이 여성과 그들의 아이들에 대한 평등한 정의를 보장하지 않는다고 생각할 수도 있다.[61] 이것은 잘못된 착상인데 이런 착상은 다음과 같이 제기될 수 있다. 정치적 정의의 우선적 주제는 사회의 기본구조이다. 이 사회의 기본구조는 사회의 중심적 제도들을 장기간에 걸쳐 지속되는 통합적인 사회적 협력의 체계 속으로 정비하는 것으로 이해된다. 정치적 정의관의 원칙은 이 구조에 직접적으로 적용된다. 그러나 정치적 정의관의 원칙이 사회구조 내에 있는 많은 협회들의 내부 생활에 대해서 직접적으로 적용되는 것은 아니다. 이 협회들 가운데 가족이 포함된다. 그러므로 일부 사람들은 그러한 원칙들이 가족의 내부 생활에 직접적으로 적용되는 것이 아니라면, 이러한 원칙들이 남편들과 함께 살아가는 아내들에 대하여 평등한 정의를 보장할 수 없다고 생각할 수 있다.

대부분 동일한 문제들이 모든 협회들과 관련해서 제기된다. 이 협회들이 교회이든 대학이든, 전문적이거나 과학적인 협회이든, 기업이든 노동조합이든지 하는 것은 문제가 되지 않는다. 이러한 측면에서 보면 가족은 독특한 것이 아니다. 다음과 같이 설명해보자. 정치적 정의의 자유적

61 Okin, *Justice, Gender, and the Family*, pp.90–93을 보라.

원칙들은 교회의 관리가 민주적이기를 요구하지 않는다. 주교들과 추기경들이 반드시 선출되어야 할 필요는 없다. 직책과 관계된 교회 직위의 위계제도에 결부된 이익배분 역시 어떤 구체화된 원칙을 만족시켜야 할 이유는 없다.[62] 차등원칙the difference principle을 충족시켜야 할 이유는 더욱 없다. 이것은 정치적 정의의 원칙들이 어떻게 교회의 내부 생활에 적용되지 않는지를 보여준다. 그리고 이것이 어떻게 바람직하지 않은지, 또는 양심의 자유 및 결사의 자유와 어떻게 양립하지 않는지를 보여준다.

한편, 정치적 정의의 원칙들은 교회의 관리에 적용되는 특정의 본질적 제약을 부과한다. 교회는 불관용을 실질적인 결과를 염두에 두고 실천해서는 안된다. 그 이유는, 정의의 원칙들이 요구하는 것처럼, 공공법은 이단과 배교를 범죄로 인정하지 않기 때문이다. 교회의 구성원들은 언제나 자신들의 신념을 자유로이 버릴 수 있다. 그러므로 정의의 원칙들이 교회의 내부적 생활에 직접적으로 적용되지 않음에도, 이 원칙들은 모든 교회와 협회들에 적용되는 제약들을 통해 그들 구성원의 권리와 자유를 보호한다. 이것이 모든 협회와 조직들에게는 아니라 할지라도 이들 대부분에게 직접 적용될 뿐만 아니라, 다양한 종류의 개인들의 관계에 직접적으로 적용되는 적절한 정의관들이 있을 수 있음을 부인하는 것은 아니다. 그렇지만, 이러한 정의관들(협회 및 조직, 그리고 개인들의 관계에 적용되는)은 정치적 정의관이라고 할 수 없다. 각각의 경우에, 적절한 정의관이 무엇인지는, 해당 협회, 단체, 관계의 성격과 역할에 따라, 각 개별 사례에서 새로이 검토되어야 할 개별적이고 부차적인 문제이다.

이제 가족에 대해 고려해보도록 하자. 여기에서도 발상은 위 경우와 동일하다. 정치원칙들은 가족의 내부 생활에 직접적으로 적용되지 않는다. 그러나 기본구조의 제도로서 가족에 대하여 본질적인 제약을 부여

---

62 차등원칙(difference principle)은 *A Theory of Justice*, sec. 13에 정의되어 있다.

하며, 그럼으로써 모든 가족의 구성원에 대하여 기본적 권리와 정치적 자유, 개인적 자유와 기회를 보장한다. 내가 말해왔던 것처럼, 정치원칙들은 가족의 구성원인 평등한 시민들의 기본적 권리를 명백히 규정함으로써 이러한 것들을 보장한다. 기본구조의 부분으로서 가족제도는 가족성원이지만 시민으로서 가지는 이러한 자유를 침해할 수 없다. 아내들은 남편들과 동등한 시민이기 때문에 그들은 남편들이 가지고 있는 것과 동일한 모든 기본적 권리와 자유, 기회를 갖는다. 정의의 다른 원칙들의 올바른 적용과 더불어 이것은 가족성원들의 평등과 독립을 충분하게 보장할 것이다.

이 경우를 다른 방식으로 표현해 보자. 시민으로서의 관점과 가족의 구성원 및 다른 협회의 구성원으로서의 관점을 구별해 보자.[63] 시민으로서 우리는 정치적 정의관이 구체화한 제약을 협회에 부과할 수 있는 이유를 가지고 있다. 반면 협회의 구성원으로서 우리는 그러한 제약을 제한하는 이유를 가지고 있기에 우리는 해당되는 협회에 대하여 적절한 자유롭고 풍요로운 내부적 생활을 영위할 수 있는 여유를 남겨둘 수 있다. 여기서 다시 우리는 서로 다른 종류의 원칙들 상호간의 노동분업의 필요성을 살펴볼 수 있다. 우리는—분배정의의 원칙을 포함해서—정치적 정의원칙들이 가족의 내부 생활에 직접적으로 적용되기를 원하지 않는다.

이러한 원칙들은 우리의 자녀들을 기르는 방법을 알려주지 않는다. 그리고 우리는 정치적 원칙에 따라 우리의 아이들을 양육할 것을 요구받지도 않는다. 여기에서 그러한 원칙들은 부적절하다. 부모들이 자녀를 대할 때 특정 정의관(또는 공정관)에 따르고 적절한 존중을 해야 함은 확실하다. 그러나 이것은 분명한 한계 내에서 이루어져야 한다. 이는 정치적 원칙들이 규정할 문제가 아니다. 어린이들에 대한 남용 및 방치의 금지 등은 제약사항으로서 가족법의 매우 중요한 부분임이 분명하다. 그러나

63 나는 이 생각을 코헨(Joshua Cohen)에게서 빌려 왔다. "Okin on Justice, Gender, and Family," *Canadian Journal of Philosophy*, 22 (1992): 278.

어느 지점에서는 사회는 성숙한 가족 구성원의 자연적 애정과 선의에 뒷받침되어야 한다.[64]

정의원칙들이 아내들도 시민의 모든 권리를 가져야한다고 요구하는 것과 마찬가지로, 정의원칙들은 사회의 미래 시민으로서 그러한 기본권리를 가지는 어린이들의 입장에 서서 가족에 대한 제약을 부과한다. 여성에 대한 아주 오래 지속되어 온 역사적인 부정의는 과거로부터 지금껏 여성들이 아이들을 기르고 양육하며 보살피는 일을 감수하도록 하는 부당한 부담을 시켜왔으며, 지금도 계속 이러한 부담을 감내하라고 하고 있다. 심지어 그들이 이혼을 규제하는 법률로 인해 더욱 큰 불이익을 입을 때도, 이러한 부담은 그들을 아주 취약한 입장에 처하게 한다. 이러한 불공평은 여성에게 뿐만 아니라 아이들에게도 가혹한 부담을 준다. 이러한 불공정은 활성적인 민주사회의 미래 시민들에게 요구되는 정치적 덕목을 습득할 수 있는 아이들의 능력을 약화시키는 경향이 있다. 밀은 그가 살던 시대에 가족이란 남성 독재체재를 위한 학교라고 주장했다. 가족은 민주주의와 양립할 수 없는 감정과 행동의 방식과 사상의 습관을 주입하였다.[65] 만일 그렇다면, 합당한 입헌민주사회를 요구하는 정의원칙들에 가족제도의 개혁을 명백하게 요구할 수 있다.

5.3. 더욱 일반적으로, 정치적 자유주의가 기본구조에 적용되는 정치적 정의를 기본구조 내의 다양한 협회에도 적용되는 다른 정의관들과 구별할 때, 정치적 자유주의는 정치적 영역과 비정치적 영역을 (영역마다 구별되는) 각자의 원칙들에 의해 단독으로 지배되는 각각 분리 독립 된 두

---

64 샌들(Michael Sandel)은 공정으로서 정의의 두 원칙이 일반적으로 가족을 포함하는 협회에도 적용되는 것으로 가정한다. Michael J. Sandal, *Liberalism and the Limits of Justice*(Cambridge: Cambridge University Press, 1982), pp.283–298을 보라.

65 Mill, *Subjection of Women*, chap. 2, pp.283–298.

개의 단절된 영역으로 간주하지 않는다. 비록 유일하게 기본구조가 정의의 우선적인 주제일지라도, 정의원칙들은 여전히 가족과 모든 다른 협회에 대하여 본질적인 제약을 부과한다. 가족 및 다른 협회의 성인 구성원들은 가장 우선적인 평등한 시민이다. 이것이 그들의 기본 지위이다. 그들이 관련되어 있는 제도나 협회들은 시민으로 그들이 지니는 권리를 위반할 수는 없다.

소위 영역a domain, 또는 생활 영역a sphere of life은 정치적 정의관과 분리되어 미리 주어진 것이 아니다. 영역은 하나의 공간이나 장소가 아니다. 영역은 오히려 단순히 정치적 정의의 원칙이 어떻게 기본구조에 직접적으로 적용되고, 동시에 기본구조 내에 있는 협회에 간접적으로 적용되고 있는지의 결과 또는 결론이다. 평등한 기본적 자유와 시민들의 기회를 규정하는 원칙들은 소위 모든 영역 내외에 걸쳐서 적용된다. 여성의 평등한 권리와 미래 시민으로서 어린이들의 기본권리는 양도될 수 없는 것이며, 이들이 어디에 있든지 간에 보호되어야 한다. 그들의 권리와 자유를 제한하는 성적 구별gender distinction은 배제된다.[66] 그래서 정치적인 것과 공적인 것의 영역, 비공적인 것과 사적인 것의 영역은 모두 정의관과 정의원칙들의 내용과 적용에 해당된다. 만약 소위 사적 영역이 정의로부터 면제된 공간이라고 주장된다면 그런 것들은 없다.

기본구조는 단일한 사회체계이다. 이의 각 부분이 나머지들에게 영향을 줄 수 있다. 이 단일한 사회체계의 정치적 정의의 기본원칙들은 주요한 모든 기본구조의 부분을 구체화하고 이 부분들의 기본권리가 미치는 범위를 전반적으로 규정한다. 가족은 이러한 체계의 한 부분(그렇지만 주된 부분)에 불과하다. 가족은 세대를 넘어 성gender에 근거한 노동의 사회적 분업을 생산한다. 일부 사람들은 시장에서의 여성에 대한 차별이 가족

66 *A Theory of Justice*, sec. 16, p.99를 보라.

내에서 역사적인 노동의 성적 분업the historical gendered division of labor을 야기한 핵심이라고 주장해 왔다. 이러한 사회적 차별의 결과로 나타나는 성간의 임금차별은 어머니들이 아버지들보다 집에서 아이들과 오랫동안 시간을 보내는 것이 경제적으로 사리에 맞다고 여기게 하였다. 반면에, 일부 사람들은 가족 그 자체가 성의 불평등의 핵심linchpin[67]이라고 믿는다. 그러나 자유적 정의관은 가족들 내부의 일부 성에 근거한 전통적인 노동분업을 허용할 수도 있다. 다만 그 조건은 이것이 완전히 자발적인 것이어서 어떤 부정의도 초래하지 않아야 한다. 가령, 이러한 가족내부의 성에 근거한 노동분업이 종교에 근거한 경우를 가정해 볼 수 있다. 이러한 노동분업이 완전히 자발적인 경우라고 말하는 것은 이러한 분업이 사람들의 종교적 기반에 근거해 채택되었다는 것을 의미한다. 종교는 정치적 관점에서 자발적인 것으로 간주된다.[68] 이것은 사회체계내의 다른 곳에서 다양한 다른 차별형태들이 가족 내에서 남편과 아내의 성적 노동분업을 합리적으로 만들고 비용을 감소시키기 때문에 나타나는 것은 아니다.

일부 사람들은 성에 의한 노동 분업division of labor by gender이 최소화된 사회를 원한다. 그러나 정치적 자유주의에서는 이러한 분업이 금지된다고 말할 수는 없다. 가족 내에서 노동의 평등한 분업이 명백하게 강

---

67 이것은 오킨(Okin)의 용어이다. Okin, *Justice, Gender, and the Family*, pp.6, 14, 170을 보라.

68 이 점에 대해서는 *Political Liberalism*, lecture VI, sec. 3.2, pp.221–222를 보라. 이것이 적절하게 자발적인지 아닌지, 만약 그렇다면 어떤 조건하에서 그런지는 논쟁적인 문제이다. 요약하자면 이 문제는 다음과 같이 설명되는 합당한 것(the reasonable)과 합리적인 것(the rational) 사이의 구별과 관련이 있다. 어떤 행위가 한 측면에서 자발적이지만, 다른 측면에서는 자발적이 아닐 수 있다. 해당 행위가 합리적 의미에서 자발적일 수 있다. 심지어 불공정한 조건들을 포함하는 상황에서조차 합리적인 것을 하는 행위를 들 수 있다. 또는 해당 행위가 합당성의 의미에서 자발적일 수 있다. 주변의 모든 조건이 공정할 때 합리적인 일을 하는 것을 들 수 있다. 분명한 것은 본문은 "자발적"이라는 말을 두 번째 의미로 사용하고 있다. 주변의 모든 조건들이 합당하거나 공정할 때 누군가의 종교를 인정하는 것은 자발적임을 의미한다. 이러한 언급 중에서 나는 자발의지(voluntariness)의 주관적인 조건들(이것이 무엇이든)이 존재한다는 점을 가정하고, 단지 객관적인 조건들에 주목해왔다. 충분한 논의를 하기 위해서 더욱 먼 곳으로 나가야 할 것 같다.

제되어야 한다고 주장할 수도 없다. 또한 어떤 형식으로든 가족 내 평등한 노동분업이 이루어지지 않는 경우, 이 평등한 노동분업을 행하지 않는 사람들을 법을 통해 처벌해야 한다고 주장할 수도 없다. 이러한 주장은 배제된다. 그 이유는 문제의 노동분업이 종교의 자유를 포함하는 기본적 자유와 연결되어 있기 때문이다. 그러므로 정치적 자유주의에서 성에 근거한 노동분업을 최소화하려고 한다는 것은 여전히 허용되는 노동분업이 자발적이어야 하는 사회적 조건에 이르려고 한다는 것을 의미한다. 이것은 원칙적으로 성에 근거한 노동분업이 상당히 지속될 수 있다는 점을 인정한다. 완전하게 없어져야 할 것은 비자발적인 노동분업이다.

그러므로 가족은 해당 단일 체계—기본구조—가 남성과 여성 모두에게 평등한 정의를 제공할 수 있는지를 알 수 있는 중대한 사례가 될 수 있다. 가족 내에서 성에 근거한 노동의 분화가 실제로 완전하게 자발적이라면, 그 단일 체계가 남성과 여성 양자에게 공정한 기회의 평등을 실현할 수 있다고 생각할 수 있는 단서가 된다.

5.4. 민주주의가 모든 시민들의 완전한 평등을 목적으로 하고 여성에게도 마찬가지이기 때문에 민주주의는 이런 목적을 이룰 수 있는 장치들을 갖추고 있어야만 한다. 만약 여성의 불평등의 주된 원인이 아니라 하더라도, 그 기본 원인이 가족 내에서 이루어지는 전통적인 노동분업에 있어 아이들을 임신하고 양육하며 보살피는 일에 대한 여성들의 과다한 부담에 있다면, 그들의 부담을 평등하게 해주거나 그 부담에 대해서 여성들에게 보상을 해줄 수 있는 조치들이 필요하다.[69] 특정한 역사적 조건 내

69 Victor R. Fuchs, *Woman's Quest for Economic Equality*(Cambridge, Mass.: Harvard University Press, 1988). 3, 4장에서 (여성의 경제적 불평등의) 주된 원인이, 종종 주장되듯이, 사용자 차별에 있지 않다는 주장을 옹호할 수 있는 증거를 요약하면서, 7장과 8장에서는 무엇이 행해져야 하는가를 제안하고 있다.

에서 이것을 행하는 최선의 방법은 정치철학이 결정할 문제가 아니다. 그러나 현재의 공통적 주장은, 규범이나 지침으로서, 법이 (여성이 여전히 아직도 일반적인 그러한 부담을 지고 있을 때) 아이들을 양육하는 여성의 일에 대한 대가로 결혼 생활 동안 남편들이 벌어들인 수입을 동등하게 공유할 수 있도록 해야 한다는 것이다. 이혼을 해야 한다면 여성은 결혼생활 동안 가족의 자산 중에 불어난 가치에 대하여 평등한 할당 몫을 받아야만 한다.

이러한 규범에서 한 치라도 벗어난다면, 그것에 대한 특별하고 명확한 정당화가 요구된다. 남편들이 수입능력이 있음에도 가족을 떠남으로써 그의 아내와 아이들이 이전 보다 훨씬 못한 수입을 가지는 상태로 버려질 수 있다는 것은 참을 수 없을 만큼 부정의한 것으로 보인다. 강제적으로 스스로 생활을 꾸려 나가야하는 그들의 경제적 위치는 종종 불확실하다. 이러한 것을 허용하는 사회는 여자들에 대한 배려를 전혀 하지 않는 것이며, 여성의 평등권에 대한 관심은 말할 것도 없다. 심지어 아이들과 아이들의 미래에 대한 관심조차도 없다.

이 중대한 문제는 간단히 말해 무엇이 성에 입각한 구조화된 제도gender-structured institution에 의해 허용되어야 하는가의 문제라고 할 수 있다. 그 제도들의 윤곽을 어떻게 잡을 것인가? 만일, 성 체제gender system가 미래 시민으로서 아이들의 평등한 기본적 자유와 기회뿐만 아니라 여성들의 평등한 기본적 자유와 기회에 불리한 영향을 주는 사회적 제도들이면 무엇이든지 다 포함해야 한다고 한다면, 마땅히 그러한 체제는 정의의 원칙들에 의한 비판적 검토의 대상이 된다. 이 문제는 이러한 원칙들의 이행이 성 체제의 결함을 교정하는데 충분한 것인가 하는 문제로 전환된다. 그 교정은 부분적으로 사회적 이론과 인간 심리학 또는 다른 상당한 것에 달려있다. 이것을 정의관 하나만으로는 해결할 수가 없다.

가족에 대한 이런 견해에 대한 결론을 내림에 있어, 나는 이제껏 특별한 결론들을 이끌어 내기 위해 완벽한 주장을 하려고 했던 것이 아님을 밝혀야만 할 것이다. 다시 말해, 오히려 나는 단순하게 어떻게 정치적 정의관과 정치적 가치들의 순서 배열이 기본구조의 단일한 제도에 적용되고 있으며, (전체는 아니라 할지라도) 이 제도의 다양한 측면들의 많은 부분을 다룰 수 있을 것인가를 설명하려고 하였다. 내가 말했던 것처럼, 이러한 가치들은 이러한 가치들이 소속된 특별한 정치관 내에서 하나의 질서를 갖추고 배열된다. 이러한 가치들 중에는 여성의 자유와 평등, 미래의 시민으로서 아이들의 평등, 종교의 자유, 끝으로 가족의 가치가 있다. 가족의 가치는 사회는 물론, 한 세대로부터 다음 세대로 이어지는 문화의 생산과 재생산을 질서정연하게 보장하는 것에 있다.[70] 이러한 가치들은 모든 시민들에게 공적 이성(논거들)을 제공한다. 이렇게 많은 것들이 공정으로서의 정의뿐만 아니라 합당한 정치관에 요구되고 있다.

§6. 공적 이성에 관한 질문들

이제 나는 공적 이성에 관한 다양한 질문과 불신을 살펴보고 이것들을 완화시켜보도록 하겠다.

6.1. 첫째, 공적 이성의 개념이 정치적 논쟁과 토론을 위해 유용한 논제들과 고려를 부당하게 제한할 것이라는 주장과 함께, 대신 우리가 소위 제약 없는 열린 견해라고 부르는 것을 선택해야만 한다는 주장이 있다. 이제 나는 이 주장을 반박하기 위해 두 가지 예를 논의하고자 한다.

(a) 공적 이성에 대한 생각이 너무 제한적이라고 보는 이유는 공적

---

70 §2.3을 보라.

이성이 잘못된 방식으로 정치적 문제들을 미리 앞서 설정하려 한다고 가정하는 것이다. 이러한 반대를 설명하기 위해서, 학교에서의 기도의식 school prayer에 관한 문제들을 고려해보자. 이 문제에 대한 자유주의 입장은 공립학교에서 행하는 기도의식의 허용을 거부할 수 있으리라 생각한다. 그러나 왜 거부해야만 하는가? 우리는 이 질문을 해결하기 위해 호소할 수 있는 모든 정치적 가치들과 결정적인 이유들이 어느 쪽에 근거해야 하는지를 고려해 보아야만 한다. 버지니아에서 성공회 교회Anglican Church의 설립과 학교 내의 종교문제에 관하여 1784–1785년 패트릭 헨리 Patrick Henry와 제임스 매디슨James Madison 간에 있었던 유명한 논쟁은 거의 완전히 정치적 가치들을 근거로 이루어졌다. 성공회 교회의 설립을 지지하는 헨리의 주장은 다음과 같은 견해에 기반하고 있다. "기독교 지식은 사람들의 도덕을 수정하고 그들의 악을 억제하며 사회의 평화를 보호하는 자연적인 경향을 가지고 있다. 이러한 기독교 지식은 학식 있는 교사들이 되기 위한 성직 서임을 하지 않고서는 효력이 발생될 수 없다."[71] 헨리는 기독교 지식 자체를 선으로써 주장하는 것이 아니라, 오히려 시민들의 선과 평화를 애호하는 행위라는 기본 정치적 가치를 달성하기 위한 효과적인 하나의 방법으로 주장했다. 그러므로 나는 그가 "악"vices으로 의미했던 것들이 적어도 부분적으로는 정치적 자유주의에서 발견되며[72] 또한 여타의 민주주의 관점들이 표현하는 정치적 덕목에 상반되는 그러한 행동들이라고 본다.

---

71 Thomas J. Curry, *The First Freedoms: Church and State in America to the Passage of the First Amendment*(Oxford: Oxford University Press, 1986), pp.139–148을 보라. 140쪽에 나오는 인용된 표현은 제안되었던 "Bill Establishing a Provision for the Teachers of the Christian Religion"(1784) 서문에서 따왔다. 당시 유명했던 헨리(Patrick Henry)는 제퍼슨(Jefferson)의 "Bill for Establishing Religious Freedom"(1779)에 대하여 가장 심각한 반론을 제기하였다. 제퍼슨(Jefferson)의 "Bill for Establishing Religious Freedom"은 1986년 버지니아 의회(Virginia Assembly)에 다시 도입되었을 때 채택되었다. Curry, *The First Freedoms*, p.146.

72 이러한 덕목에 대한 논의는 *Political Liberalism*, lecture V, sec. 5.4, pp.194–195를 보라.

정치적 정의가 요구하는 모든 제한을 만족시키는 기도의식이 이루어질 수 있는가란 명백한 난제는 젖혀두고, 메디슨이 헨리에 반대한 견해는 주로 종교의식의 확립이 질서 있는 시민사회를 유지하는데 필요한 것인가에 근거하고 있다. 그는 이것이 시민사회를 유지하는데 필요한 것이 아니라고 결론을 내렸다. 매디슨의 반대는 또한 종교의식의 국가화가 사회 및 종교 그 자체의 통합에 미쳤던 역사적으로 나타난 결과에도 근거하고 있었다. 그는 국가종교가 없었던 식민지의 번성을 잘 알고 있었다. 특히 펜실바니아가 그러했다. 그는 적대적인 로마제국에 대해 반대했던 초기 기독교의 힘과 지난 과거 국가가 확립한 종교의 부패[73]를 인용하였다. 조그만 자세히 들여다보면, 비록 모든 것은 아닐 지라도 이러한 주장의 대부분을 공적 이성의 정치적 가치의 관점에서 표현할 수 있음을 알 수 있다.

학교 기도의식의 예에서 특별히 관심을 끄는 것은 이 예가 공적 이성의 개념이 특별한 구체적인 정치적 제도 혹은 정책들에 대한 견해가 아님을 분명히 한다는 점이다. 오히려, 공적 이성은, 시민들이 근본적인 정치적 문제들에 관계된 정부의 강제적 권력을 요구하는 법과 정책들을 지지할 때, 시민들 상호간에 이에 대한 정치적 정당화를 제시함에 있어 시민들이 호소하는 이성들의 종류와 관련된 견해다. 그리고 이 예에서 또 다른

73 James Madison, *Memorial and Remonstrance*(1785), in *The Mind of the Founders*, ed. Marvin Meyers(Indianpolis: Bobbs-Merill, 1973) p.8-16을 보라. 여섯 번째 단락은 제국에 대해 반대한 초기 기독교 신앙의 용기를 언급하고 있는 반면, 일곱 번째와 열한 번째 단락은 지난 종교의 국립이 국가와 종교 양자에 상호적으로 미친 부패에 대하여 언급하고 있다. 매디슨(Madison)과 그가 프린스턴(College of New Jersey)에서 만났던 펜실바니아의 윌리엄 브래드포드(William Bradford)간의 서신 가운데, 종교의 국립이 없는 펜실바니아의 자유와 번영을 칭찬하고 찬양하고 있다. *The Papers of James Madison*, vol. 1, ed. William T. Hutchinson and William M. E. Rachal(Chicago: The University of Chicago, 1962)를 보라. 그리고 특별히 Madison의 1 December 1773, ibid., pp.100-101; 24 January 1774, ibid., pp.104-106; and 1 April 1774, ibid., pp.111-113의 편지들을 보라. 메디슨에게 온 브래드포드의 1774년 3월 4일의 편지는 펜실바니아의 진수로써 자유를 언급하고 있다. ibid., p.109. 매디슨의 주장은 내가 아래에 언급하는 토크빌(Tocqueville)의 주장과 유사하다. 역시 Curry, *The First Freedoms*, pp,142-148을 보라.

특별한 관심은 이 예가 합당한 다원주의의 사실이 전제된다면, 국가와 교회의 분리를 지지하는 원칙들은 모든 자유롭고 평등한 시민들이 인정할 수 있는 것이어야만 한다는 사실을 강조한다는 점이다.

교회와 국가를 분리하는 이유는 이런 분리가 국가로부터 종교를 보호하고 종교로부터 국가를 보호하기 때문이다. 이러한 분리는 교회로부터 시민들을 보호하고[74] 시민들 상호간을 보호한다. 정치적 자유주의가 개인주의적 정의관이라고 말하는 것은 잘못이다. 그 이유는 정치적 자유주의의 목적이 자유에 대한 협회 및 개인들의 다양한 이익들을 보호하는 것이기 때문이다. 그리고 교회와 국가의 분리가 우선적으로 세속적 문화의 보호 때문이라고 생각하는 것도 중대한 실수이다. 물론 정치적 자유주의는 그러한 문화를 보호한다. 그러나 정치적 자유주의가 모든 종교를 보호하지 못하듯이 정치적 자유주의가 모든 문화를 보호하지는 못한다. 미국에서 종교의 활력과 광범위한 용인은 마치 이것이 미국 사람들의 특별한 덕목의 표시인 것처럼 종종 논평되곤 한다. 아마도 그럴 수 있지만, 이것은 역시 이 나라에서 다양한 종교들이 수정헌법 1조First Amendment를 통해 국가로부터 보호되어 왔다는 사실과 관련이 있을 것이다. 그리고 그 어느 종교도 국가권력의 취득과 사용을 통해 다른 종교를 지배하거나 억압할 수 없었다는 사실과도 관련이 있을 수 있다.[75] 공화국 초기 이래

74 신앙을 바꿀 수 있는 자유를 보호함으로써 교회로부터 시민들을 보호할 수 있다. 이단과 배교는 범죄가 아니다.

75 여기에서 내가 언급하는 것은 4세기의 콘스탄티누스(Constantine) 황제의 초기 시절부터, 기독교가 배교를 처벌하고 자신들이 잘못된 교리로 여기는 것들을 종교전쟁과 박해를 통해 억누르려 하였다는 사실이다(예를 들어, 13세기에 이노센트 3세(Innocent Ⅲ)에 의해 주도된 남프랑스의 종교개혁자들인 알비주아파(Albigenses)에 반대하는 십자군 전쟁이 있다). 이를 행하기 위해서 국가의 강제력이 필요했다. 교황 그레고리 9세(Pope Gregory Ⅸ)가 제도화한 이단에 대한 종교재판은 16세기와 17세기 동안 벌어진 종교의 전쟁(Wars of Religion) 전반에 걸쳐 매우 활발하였다. 대부분의 미국 식민지가 일부 몇 가지 종류의 종교를 국가화(뉴잉글랜드에서 조합교회주의(congregationalist)와 남부에서의 감독교회주의(Episcopalian)하였던 반면, 미연방(the United States) 차원에서는 종교 분파의 다원성과 이들이 승인하였던 수정헌법 제1조 덕분에 종교의 국가화는 전혀 없었다. 박해의 열정은 기독교의 거대한 저주였다.

로 일부 사람들이 의심할 할 여지없이 이러한 목적을 환영하기는 하였지만, 국가와 교회의 분리는 심각한 도전을 받지 않았다. 사실상, 토크빌은 이 나라에서 민주주의가 힘을 발휘하는 주된 원인이 교회와 국가의 분리에 있다고 생각하였다.[76] 정치적 자유주의는 이 전제를 받아들이는 많은

이런 것이 잘못된 것임을 루터(Luther)와 칼뱅(Calvin) 및 프로테스탄트 개혁가들은 공유하고 있었다. 그리고 이것은 바티칸 2세(Vatican Ⅱ)때까지 기독교 교회에서 급진적으로 바뀌지 않았다. 종교의 자유에 대한 공회의 선언-*Dignitatis Humanae*-에서, 가톨릭 교회 그 자체는 입헌민주정체에서 발견되는 종교의 자유의 원칙을 인정하였다. 카톨릭 교회는 인간 개인의 존엄에 입각한 종교적 자유의 윤리원칙, 종교 문제에 대한 정부의 개입한계와 관련된 정치적 원칙, 정치 및 사회적 세계와 관련하여 교회의 자유에 대한 신학적 원칙을 선언하였다. 그들의 신념이 무엇이건 모든 사람들은 동일한 조건의 종교적 자유의 권리를 갖는다. "Declaration on Religious Freedom(*Dignitatis Humanae*): On the Right of the Person and of Communities to Social and Civil Freedom in Matters Religious"(1965), in Walter Abbott, S. J., ed., *The Documents of Vatican Ⅱ*(New York: Geoffrey Chapman, 1966), pp.692-696. 머레이(John Courtney Murray, S. J.)는 다음과 같이 말하고 있다: "오랜 동안 지속되었던 모호함이 마침내 분명해졌다. 교회는 이중적 잣대로 세속적 질서를 다루지 않는다. 이중적 기준은 카톨릭이 소수파의 입장에 서게 되면 카톨릭 교회에 대한 자유를 주장하고, 반대로 다수파의 입장에 서게 되면 카톨릭 교회의 특권과 소수 종파에 대한 불관용을 주장한다." John Courtney Murray, "Religious Freedom," in Abbott, ed., *Documents of Vatican Ⅱ*, p.673. Paul E. Sigmund, "Catholicism and Liberal Democracy," in *Catholicism and Liberalism: Contributions to American Public Philosophy*, ed. R. Bruce Douglas and David Hollenbach, S. J.(Cambridge: Cambridge University Press, 1994)에서 특히 pp.233-239에 있는 유익한 논의를 보라.

76 Alexis de Tocqueville, *Democracy in America*, vol. 1, ed. J. P. Mayer, trans. George Lawrence(New York: Perennial Library, 1988), pp.294-301. "미국에서 종교를 강력하게 만드는 주된 원인"("The Main Cause That Make Religion Powerful,")을 논하는 가운데, 토크빌은 다음과 같이 말한다: "기독교 성직자들 모두가 그들의 국가에 대한 종교의 조용한 우세(the quiet sway of religion over their country)의 주된 이유가 국가와 교회의 완전한 분리에 있다고 생각하고 있다. 내가 미국에 머무르는 동안 내내 나는, 일반인이든 성직자이든지 불문하고, 이것에 동의하지 않는 어느 누구도 만나지 못했다"(p.295). 그는 계속해서 다음과 같이 말한다: "공포와 신앙을 가지고 인간의 영혼을 지배하는 세속의 정부와 긴밀하게 연결된 종교들이 있어 왔다. 그러나 종교가 그러한 동맹을 맺었을 때, 나는 이것이 어떤 사람이 저지를 수 있는 것과 동일한 실수를 할 것이라고 말하는 것을 두려워하지 않는다. 이것은 현재를 위해 미래를 희생한다. 그리고 이의를 허용하지 않는 권력을 얻게 되면, 종교는 자신의 정당한 권위를 위태롭게 만들게 된다.… 그러므로 종교는 지도자들에 반대하여 생겨날 일부 적대감에 대한 부담을 안지 않고서 지배자의 물리적인 힘을 공유한다는 것은 있을 수 없다"(p.297). 그는 이러한 소견이 민주 국가에 더욱 더 잘 적용된다고 언급한다. 왜냐하면 종교가 정치적 권력을 추구할 경우, 종교는 특정한 정당에 자신을 결부시켜야 하며, 이렇게 하면 정당에 대한 적대감이라는 부담을 가지게 되기 때문이다(p.298). 유럽에서 종교의 쇠퇴의 원인을 언급하면서, 그는 다음과 같이 결론을 내린다: "나는 이런 우연하고 특별한 원인(유럽에서 종교의 쇠퇴 원인)

다른 자유주의의 견해에 동의한다.[77] 일부 신앙심이 깊은 시민들은 이러한 분리가 종교에 대해 적대적이라고 느껴왔으며 이것을 바꾸려고 노력하여 왔다. 나는 그들이 이 국가에서 종교가 힘을 발휘하는 주된 원인을 파악하는데 실패했다고 생각한다. 그리고 토크빌이 말했듯이, 정치권력 내의 일시적 이득을 위해 종교를 위태롭게 하려 한다고 믿는다.

(b) 다른 이들은 공적 이성이 너무 제약적이라고 생각할 수 있다. 그 근거로 아마도 공적 이성이 논쟁적 문제를 교착상태stand-off[78]에 이르게 하여, 이에 대한 결정을 내리는 데 실패할 수도 있기 때문이라고 한다. 어떤 의미에서는, 교착상태는 도덕적 및 정치적 사고뿐만 아니라 과학과 상식을 포함하는 사고의 모든 형태에서 사실상 일어날 수 있다. 그렇지만, 이것은 관계가 없다. 이와 관계되는 적절한 비교는 법을 제정하는 입법자와 사건을 판결하는 판사들이 의사결정을 해야만 하는 그런 상황에 해당된다. 여기에서 행위의 특정한 정치적 규칙이 이미 설정되어 있어야만 하며, 모든 사람들이 의사결정이 이루어지는 과정을 합당하게 인정할 수 있어야만 한다. 공적 이성이 시민성의 의무를 가지는 시민의 공적 지위를 사건을 판결하는 의무를 가진 판사들의 공적 지위와 유사하게 여긴다는 점을 다시 생각해 보라. 판사들이 법령을 해석함에 있어 인정된 기준으로써 판례라는 법적 근거와 다른 적절한 기반을 가지고 판단할 수 있듯이, 헌법적 본질과 기본적 정의의 문제가 쟁점이 되었을 때마다 시민들은 공적 이성에 기반을 두어 사고하고 상호성의 기준을 지표로 삼아야 한다.

이 정치와 종교의 밀접한 결합이라고 매우 확신한다.… 유럽의 기독교는 그 자체가 권력의 세계와 긴밀하게 결합하는 것을 허락해왔다"(pp.300−301). 정치적 자유주의는 토크빌의 견해를 받아들이며, 종교적인 포괄적 교리와 세속적인 포괄적 교리간의 평화의 기반을 설명하는 것으로서 간주한다.

77 이 점에서 정치적 자유주의는 로크(Locke), 몽테스키외(Montesquieu), 꽁스땅(Constant), 칸트(Kant), 헤겔(Hegel), 밀(Mill)에 동의한다.

78 나는 이 용어를 퀸(Philip Quinn)으로부터 취하였다. 이 개념은 *Political Liberalism*, lecture Ⅵ, sec. 7.1−2, pp.240−241에 나타난다.

그러므로 교착상태에 이른 것처럼 보일 때, 다시 말해 법적 논쟁에서 양쪽이 팽팽히 맞서 있다고 보일 때, 판사들은 단순하게 그들 자신의 정치적 견해에 호소하여 사건들을 해결할 수 없다. 이렇게 하는 것은 판사들이 자신의 의무를 위반하는 것이다. 공적 이성도 마찬가지이다. 교착상태가 발생했을 때, 만약 시민들이 그들의 포괄적 견해에 근거하여 기반이 되는 이유들grounding reasons을 제시한다면,[79] 상호성의 원칙이 위반된다. 공적 이성의 관점에서 볼 때, 시민들은 그들이 진심으로 가장 합당하다고 생각하는 정치적 가치에 질서를 부여하기 위해 투표해야만 한다. 그렇지 않다면 상호성의 기준을 만족시키는 방식 안에서 정치권력을 행사하는데 실패하게 된다.

특별히, 낙태문제와 같이 격렬하게 논쟁이 벌어지는 문제들이 발생했을 경우, 상이한 정치관이 서로 교착상태에 빠질 가능성이 높다. 이 경우 시민들은 정치적 가치들에 대한 자기 자신의 우선순위에 입각하여 해당 문제에 대하여 투표를 해야 한다.[80] 사실상, 의견의 만장일치는 기대되

---

79 내가 "기반이 되는 이성"(grounding reasons)이라는 용어를 사용하는 까닭은 이러한 이성에 호소하는 많은 사람들이 이러한 이성을 공적 이성의 이상 및 원리와 정치적 정의관의-종교적, 철학적 또는 도덕적으로-적합한 기반 또는 진실한 기반으로 보기 때문이다.

80 일부 사람들은 아주 자연스럽게 *Political Liberalism*, lecture Ⅵ, sec. 7.2, pp.243-244에 있는 각주를 임신기간의 첫 1/3 기간 동안에는 낙태권을 옹호하는 주장으로 이해하면서 읽었을 것이라고 생각한다. 그러나 해당 각주가 임신 첫 1/3 기간의 낙태권을 옹호한다는 것을 의미하지는 않는다(이것은 나의 의견을 표현한 것이다. 그러나 나의 의견은 주장이 아니다). 이런 의심을 사게 된 것은 나의 실수다. 해당 각주의 의도는 본문에 있는 다음의 진술을 예증하고 확증하기 위한 것이었다. 이 진술에 각주가 붙여 있다: "단지 공적 이성과 충돌하는 유일한 포괄적인 교리들은 해당 쟁점에 대해 정치적 가치들의 합당한 균형[또는 적절한 순서배열]을 지지할 수 없는 교리들이다." 내가 의미했던 바를 설명하기 위해, 나는 혼란스러운 논쟁인 낙태권을 옹호할 수 있는 세 가지 정치적 가치들(물론, 더 이상 있을 수 있다)을 사용했다. 정치적 가치들이 도대체 낙태문제에 적용될 수 있다는 것이 가당하지 않은 것으로 여겨질 수도 있다. 그러한 정치적 가치들에 대한 좀 더 상세한 해석이 이루어져서, 공적 이성 내에 적절히 수용 발전 된다면 합당한 주장을 제시할 수 있을 것으로 생각한다. 나는 이것이 가장 합당하거나 결정적인 주장이라고 말하지 않는다. 나는 비록 그런 가장 합당한 것이 존재한다고 할지라도 무엇이 그렇게 될지를 모른다. (보다 상세한 해석에 대한 예에 대해서는, Judith Jarvis Thomson, "Abortion," *Boston Review,* 20[Summer 1995]: 11을 참조하라. 나는 거기에 몇 가지

지 않으며 합당한 정치적 정의관들은 항상 동일한 결론에 이르지 않는다는 것은 정상적인 경우다.[81] 또한 동일한 정치관을 가진 시민들도 특정한 문제에 대해 항상 동일한 결론에 도달하지 않는다. 그렇지만, 투표의 결과는, 내가 앞에서 말했듯이, 다음 조건이 전제된다면 정당한 것으로 간주되어야 한다. 그 조건은 다른 합당한 시민들이 지지하는, 합당하게 정당한 헌법 기구의 모든 정부 공무원들이 진실하게 공적 이성의 개념에 부응하여 투표해야 한다는 것이다. 이것이 투표결과가 진실하다거나 정확하다는 것을 의미하지는 않는다. 이것은, 다수결 원칙에 따라 시민들에 대한 구속력이 생기게 되므로, 합당하며 정당한 법임을 의미한다.

물론, 로마의 가톨릭 교회가 낙태권을 승인하는 결정을 거부할 수 있듯이, 일부 사람들은 정당한 결정을 거부할 수 있을 것이다. 그들은 공적 이성 안에서 어떤 정당한 결정을 거부하기 위한 주장을 펼 수 있으며 다수의 지지를 획득하는데 실패할 수도 있다.[82] 그러나, 그들은 그들 스

추가사항을 부가하고 싶기도 하다.) 예증의 목적에 대하여, 지금 다음과 같이 가정해 보자. 낙태에 대한 권리를 옹호할 수 있는 공적 이성 내에서 합당한 주장이 있다. 그러나 이에 상응하여, 공적 이성 내에서 그러한 낙태권리의 거부를 주장할 수 있는 정치적 가치들의 합당한 균형 또는 순위배열은 없다. 그렇다면, 이런 경우에는, 단지 이런 경우뿐만 아니라, 낙태권을 거부하는 포괄적 교리는 공적 이성을 위배하게 된다. 그러나 포괄적 교리가 다른 견해들뿐만 아니라 광범위한 공적 이성의 단서를 더욱 잘 만족시킨다면, 또는 최소한 만족시킨다면, 이것은 공적 이성 내에서 자신의 사건을 해결하는 것이다. 물론 포괄적 교리는 단순한 의미에서 부당하지 않은데도 하나 혹은 몇 가지 쟁점에 대하여 부당해 지는 경우가 발생할 수도 있다.

81 *Political liberalism, lecture* Ⅵ, sec. 7.1, pp.240–241을 보라.

82 이러한 주장에 대해서는 Cardinal Joseph Bernadin, "The Consistent Ethics: What sort of Framework?" *Origins*, 16(October 30, 1986): 347–350을 참조하라. 베르나딘 추기경이 제시한 공적 질서의 개념은 공적 평화, 인권의 본질적 보호, 법의 공동체 내에서 도덕적 행동의 기준을 일반적으로 받아들이는 것이란 세 가지 정치적 가치를 포함하고 있다. 더 나아가, 그는 모든 도덕적 명령들이 시민들을 제한할 수 있는 성문법으로 전환될 수 있는 것이 아니란 점을 인정한다. 그는 인간 생활과 기본적 인권을 보호하는 것이 정치 및 사회적 질서의 본질적인 것이라고 생각한다. 그는 낙태의 권리에 대한 거부를 이러한 세 가지 가치에 입각하여 정당화하고자 한다. 물론, 나는 여기에서 그의 주장을 평가하려는 것이 아니다. 나는 그의 주장이 특정 형태의 공적 이성의 입장에서 명백하게 제시되었다는 점을 말하고 있다. 그의 주장이 자체로 합당한지, 또는 이것이 다른 입장에 서 있는 주장들보다 보다 합당한지의 여부는 다른 문제이다. 공적 이성 내에서 이루어지고 있는 다른 형태의 사고에서 보는 것과 마찬가지로, 그

스로 낙태에 대한 권리를 행사할 필요는 없다. 그들은 낙태권이 정당한 정치제도와 공적 이성에 입각하여 제정된 정당한 법에 속하는 것으로 인정할 수 있다. 그렇기 때문에, 무력으로 그 권리를 거부하지 않을 것이다. 힘을 통한 저항은 합당하지 못하다. 힘을 통해 자기 자신의 포괄적 교리를 부과하려고 시도하는 것은 공적 이성을 준수하는 대다수의 다른 시민들이, 부당하지 않은 방식으로, 이 원칙을 승인하지 않게 될 것임을 의미한다. 카톨 교도들도 공적 이성에 부합하여 낙태권에 반대하는 주장을 일관되게 할 수 있음이 확실하다. 모든 공적 이성에서 사유과정은 결코 폐쇄적이지 않다. 이것은 어떤 형태의 사유과정도 폐쇄적이지 않은 것과 마찬가지이다. 나아가서, 가톨릭교회의 비공적 이성이 그들의 구성원에게 그들의 교리를 따르라고 요구하는 것 역시 그들이 또한 존중하는 공적 이성과 완전하게 부합할 수 있다(역자: 카톨릭 교회의 비공적 이성이 자신의 구성원에게 낙태반대의 교리를 준수하라고 요구하는 것이 공적 이성에 위배되는 것은 아니다. 만약 카톨릭 교회의 구성원이 아닌 다른 포괄적 신념을 가진 사람들에게 낙태반대를 요구한다면, 공적 이성과 양립할 수가 없을 것이다).[83]

나는 낙태문제 그 자체를 논의하려는 것이 아니며, 나의 관심이 낙태문제에 있는 것도 아니다. 오히려 정치적 자유주의가 공적 이성의 이상 the ideal of public reason이 항상 의견들 간의 일반적 일치에 이르러야만 한

의 추론 역시 논리적 오류 또는 실수가 있을 수도 있다.

83 내가 알고 있는 한, 이 견해는 피임과 관련하여 교회가 취해야할 입장에 대한 머레이 신부(Father John Courtney Murray)의 견해와 비슷하다. 이에 대해서는, *We Hold These Truths: Catholic Reflections on the American Proposition*(New York: Sheed and Ward, 1960), pp.157–158을 보라. 그리고 또한 꾸오모(Mario Cuomo)의 1984년 노틀담 강의에서의 낙태에 대한 강연을 참조하라. *More Than Words: The Speeches of Mario Cuomo*(New York: St. Martin's, 1993), pp.32–51를 보라. 그리핀(Leslie Griffin)과 와이쓰만(Paul Weithman)은 이 주석과 앞선 주석에서 관련된 논점들을 내가 논의하고 명확히 하는데 도움을 주었으며 머레이 신부의 견해를 알게 해주었다.

다는 것을 고수하지 않는다는 것과, 정치적 자유주의가 이러한 입장을 고수하지 않는다고 하여 잘못된 것도 아니란 점을 강조하려는 것이다. 시민들은 토론과 논쟁을 통해 배우고 이익을 얻는다. 그리고 이들의 논쟁이 공적 이성을 추종할 때 이들은 사회의 정치문화를 서로 알려주게 되며 의견의 일치를 이룰 수 없을 때에도 상호간의 이해를 심화시켜 주게 된다.

6.2. 교착상태에 근거해 공적 이성을 반대하는 일부 주장은 공적 이성에 대한 보다 일반적인 반대에 이른다. 공적 이성이 기반하고 있는 일련의 합당한 정치적 정의관의 내용이 그 자체로 너무 편협하다는 것이다. 이러한 반대는 우리가 진실이라고 생각하거나 또는 우리 견해의 근거가 되는 이유들을 언제나 제시해야 한다고 주장한다. 다시 말해 이러한 반대는 우리가 우리의 포괄적 교리에 입각하여 볼 때처럼, 진실한 것 또는 올바른 것을 표현해야만 한다고 주장한다.

그러나 도입부에 말했듯이, 공적 이성에서는 포괄적 교리에 근거한 진실 또는 옳음의 개념은 시민의 자격을 지닌 시민들에게 제시되는 정치적으로 합당한 것의 개념으로 대체된다. 이러한 조치는 모든 사람들이 자유롭고 평등한 시민으로서 공유할 수 있는 정치적 사고의 기반을 확립하기 위해 필요하다. 정치 및 사회 제도—정치 및 사회세계의 기본구조를 위한—에 대한 공적 정당화를 추구하고 있기 때문에 우리는 개인들persons을 시민으로서 간주한다. 이것은 각각의 개인들에게 동등한 기본적인 정치적 지위를 할당한다. 모든 시민들을 판단함에 있어 우리는 개인들을 사회적으로 위치가 이미 지워졌거나 또는 다른 방식으로 자리를 잡고 있는 것으로 간주하지 않는다. 이것은 개인들을 어느 계급에 속하는지, 어느 정도의 재산을 가지고 있는지, 어느 만큼의 수입을 올리는 집단에 속하는지, 또는 어떤 포괄적 교리를 가지고 있는지를 가지고 판단하지 않음을 의미한다. 어떤 점에 있어서는 우리가 개개인 또는 각 집단의 이익을 고려할 수밖에 없겠지만, 우리는 이러한 각 개인이나 각 집단의 이익에 호소하지 않는다. 오히려, 우리는 사람들을 합당하고 합리적이며, 자유롭고 평등한 시민으로 생각한다. 이러한 시민들은 두 가지의 도덕적 능력 two moral powers[84]을 가지고 있으며, 어떤 주어진 순간에, 어떤 결정적인 선관을 가지고 있다. 이러한 선관은 시간이 경과함에 따라 변할 수 있다. 시민들의 이러한 특징은 이미 공정한 사회협력의 체계에 참여하고 근본적 정치 문제에 대한 그들의 결정에 대해 공적 정당화를 추구하거나 제시하는 존재에 이미 함축되어 있다.

나는 공적이성의 개념이 수많은 종류의 비공적 이성nonpublic reasons과 완전하게 양립할 수 있다는 점을 강조한다.[85] 이러한 비공적 이성들은 시민사회내의 수많은 협회들의 내부 생활에 속한다. 물론 이것들은 모두가 동일한 것은 아니다. 그들 구성원들이 공유하는 상이한 종교단체들의 상이한 비공적 이성은 과학적 사회들의 비공적 이성이 아니다. 우리는 사회의 모든 시민들이 공유할 수 있는 정당화의 공적 기반을 모색하려 하기 때문에, 여기저기에 흩어져 있는 특정한 개인과 집단에게 정당화를 제공하는 방법으론 모든 시민들에게 공적 정당화를 제공할 순 없을 것이다. 우리가 모든 개인들의 본성이 동일하다는 것을 가정하지 않는다면, 사회에 있는 모든 개인들에 관하여 말하는 것은 여전히 너무 광범위한 것이다. 정치철학에서 우리 본성의 개념이 하는 역할 중 하나는 표준적, 표본적, 또는 유형적 방식으로 사람들을 간주함으로써 이들이 동일한 종류의

---

84 두 가지 도덕적 능력, 즉 정의관에 대한 능력(the capacity for a conception of justice)과 선관에 대한 능력(the capacity for a conception of the good)은 *Political Liberalism*에서 논의되고 있다. 특히, lecture Ⅰ, sec. 3.2, p.19; lecture Ⅱ, sec. 7.1, p.81; lecture Ⅲ, sec. 3.3, pp.103-14; lecture Ⅲ, sec. 4.1, p.108을 보라.

85 Ibid., lecture Ⅵ, sec. 4, pp.223-227.

이성들을 받아들일 것이라는 식으로 생각하는 것이다.[86] 그러나, 정치적 자유주의에서는 우리는 신학적이거나 세속적인 교리뿐만 아니라 이런 종류의 자연적 또는 심리학적 견해들을 피하고자 한다. 우리는 인간 본성에 대한 고려는 젖혀두고 대신에 시민으로서 정치적 인간관a political conception of persons as citizens에 근거하고자 한다.

6.3. 전반적으로 내가 강조해 왔듯이, 자유롭고 평등한 시민들이 포괄적 교리와 정치관 양자를 인정한다는 것이 정치적 자유주의의 핵심이다. 그러나 포괄적 교리와 이에 수반되는 정치관 사이의 관계가 쉽게 잘못 이해되곤 한다.

정치적 자유주의가 포괄적 교리들 간의 합당한 중첩적 합의를 이야기 할 때,[87] 이것은 종교적 및 비종교적 교리를 막론하고 모든 교리들이 정치적 정의관을 지지한다는 것을 의미한다. 정치적 정의관은 그 원칙, 이상, 기준들이 상호성의 기준을 만족시키는 입헌민주사회를 보장한다. 그러므로 모든 합당한 교리들은 이에 상응하는 정치제도를 가지고 있는 사회를 인정한다. 이러한 제도들은 양심의 자유와 종교의 자유를 포함하여 모든 시민들에 대한 평등한 기본적 권리와 자유들로 표현된다.[88] 반면 그러한 민주사회를 지지할 수 없는 포괄적 교리는 합당하지 못하다. 그들

---

86 때때로 "표준화하다"(normalize)라는 용어가 이 맥락에서 사용된다. 예를 들어, 사람들은 종교적 또는 철학적인 종류의 어떤 근본적인 이익이나 다른 자연적 종류의 어떤 기본적 필요를 가지고 있다는 식으로 보는 것이다. 그리고, 이들은 자기실현의 어떤 전형적인 패턴을 가지고 있을 수 있다고 본다. 토마스주의자는 우리는 언제나, 우리에게 알려져 있지 않지만, 그 밖의 모든 것 위에 존재하는, 신의 세계(*Visio Dei*)를 소망해야 한다고 말할 것이다. 플라톤주의자들은 선의 세계(vision of the good)를 추구해야한다고 말할 것이다. 마르크스주의자들은 우리가 유적 존재로서 자아실현(self-realization as species-being)을 목표로 해야 한다고 말할 것이다.

87 이러한 합의의 개념은 *Political Liberalism*의 여러 군데에서 논의되고 있다. 특히 lecture Ⅳ와 색인을 참고하라.

88 Ibid,. p. xviii(paperback edition)를 보라.

의 원칙과 이상은 상호성의 기준을 만족시키지 못하며, 다양한 방식으로 평등한 기본적 권리를 확립하는 데 실패하게 된다. 예로서, 많은 근본주의적인 종교적 교리들, 군주의 신성권 및 다양한 형태의 귀족정치들의 교리 등을 생각해 볼 수 있다. 많은 독재정치autocracy와 독재정권dictatorship의 경우도 간과하지 말아야 한다.

더욱이, 합당한 포괄적 교리 내에서 이루어지는 진실한 판단은 이와 관련된 정치관 내에서 이루어진 합당한 판단과 절대로 갈등을 빚지 않는다. 정치관의 합당한 판단은 여전히 포괄적 교리를 통해 진실하고 올바른 것으로 확인되어야만 한다. 물론 자신들의 포괄적 교리를 승인할지, 수정할지, 아니면 바꿀 것인지는 시민들 자신에게 달려 있다. 그들의 교리는 입헌민주사회의 정치적 가치를 무시하거나 무가치한 것으로 생각할 수 있다. 그러나 시민들은 그러한 교리들이 합당한 것이라고 주장할 수 없다. 상호성의 기준이 공적 이성과 공적 이성의 내용을 규정하는 본질적인 구성요소이기 때문에, 정치적 자유주의는 그러한 교리들 모두를 합당하지 않은 것으로 거부한다.

합당한 포괄적 교리 내에서, 특히 종교적 교리 내에서 가치의 순위는 우리가 기대하는 것이 아닐 수도 있다. 그러므로 우리가 구원이라든지 영원한 삶과 같은 그러한 가치—신의 세계*Visio Dei*—를 *초월적*transendent이라고 부른다고 가정해보자. 이러한 가치는 입헌민주사회의 합당한 정치적 가치보다 더 높은 차원에 있거나 우월한 것이다. 합당한 정치적 가치들은 세속적인 가치이며 그러므로 그러한 초월적 가치들 보다 다른 차원, 다시 말해, 보다 하위의 차원에 있다. 이렇듯 합당한 정치적 가치들이 저차원에 있다는 것이 종교적 교리의 초월적 가치들이 이 가치들을 유린할 수 있음을 의미하지는 않는다. 사실, 합당한 포괄적 교리 내에서는 합당한 정치적 가치들이 유린되지 않는다. 합당한 정치적 가치들을 유린하는 것을 허용하는 교리는 비합당한 교리라고 할 수 있다. 이것이 바로 정치적 자유주의에서 설정된 정치적으로 합당한 것의 개념the idea of the politically reasonable의 결과이다. 이미 말했던 바 있는 다음의 내용을 다시 생각해 보자. 입헌민주체제를 지지함에 있어, 종교적 교리는 그러한 것이 신이 우리의 자유에 대해 부과해 놓은 한계들이라고 말 할 수 있을 것이다.[89]

더한 심각한 오해를 하는 이들은 공적 이성을 통한 주장으로는 1858년의 링컨Lincoln과 더글라스Douglas의 논쟁[90]에서 더글라스에 반대했던 링컨의 편을 들 수 없을 것이라고 강력히 주장한다. 그러나 왜 안 되는가? 분명하게 그들은 노예제도의 옳음과 잘잘못에 관한 근본적인 정치원칙에 대해 논쟁하고 있었다. 노예제도의 거부는 평등한 기본적 자유라는 헌법적 본질을 보호하려는 명백한 경우이기 때문에, 확실히 링컨의 견해는—가장 합당했던 것은 아닐지라도—합당했다. 반면 더글라스는 그렇지 않았다. 따라서 어떠한 합당한 포괄적 교리도 링컨의 견해를 지지한다. 그러므로 그의 견해가 노예폐지론자들과 시민권리운동Civil Rights Movement의 종교적 교리와 조화될 수 있다는 것이 놀라운 일이 아니다. 정치 생활에서 공적 이성의 힘을 설명하기 위해 그 무엇이 더 나은 예가 될 수 있겠는가?[91]

---

89 §3.2를 보라. 종종 왜 정치적 자유주의가 정치적 가치에다 그러한 고도의 가치를 부과하는지가 의문시되고 있다. 이러한 질문은 마치 정치적 가치를 초월적 가치에 비교하여 평가함으로써만 그러한 부과가 가능한 것처럼 여기고 있다. 그러나 정치적 자유주의는 본문에서 보듯이 이런 비교를 하지 않는다. 또 그럴 필요도 없다.

90 이것에 대해서는, Michael J. Sandel, "Review of Political Liberalism," *Harvard Law Review*, 107(1994): 1778-1782와 보다 최근의 Michael J. Sandel, *Democracy's Discontent: America in Search of a Public Philosophy*(Cambridge: Mass: Harvard University Press, 1996), pp.21-23을 보라.

91 아마도 일부 사람들은 정치관이 (도덕적인) 옳고 그름의 문제가 아니라고 생각할 것이다. 만약 그렇다면, 그것은 실수이며 명확하게 틀린 것이다. 내가 처음부터 강조해 왔듯이, 정치적 정의관은 그 자체로써 본질적으로 도덕적인 발상이다. 정치적 정의관은 그 자체로서 일종의 규범적인 가치이다. 다른 한편으로, 일부 사람들은 적절한 정치관은 사람들이 현존하는 제도-말하자면, 실제정치에 의해 주어진 정치적인 것-를 실제로 어떻게 확립하느냐에 따라 결

6.4. 세 번째 일반적인 반대는 공적 이성의 개념이 잘 확립된 입헌민주사회에서는 필요하지 않으며 어떠한 목적에도 이바지하지 않는다는 것이다. 공적 이성의 한계와 제약들은 사회가 극심하게 분할되어 있고 많은 적대적인 종교적 협회와 세속적 집단을 포함하고 있을 때 우선적으로 유용하다. 물론 이때 종교적 협회들과 세속적 집단들은 각자가 정치세력을 장악하고자 노력한다. 세 번째 반대 입장이 주장하는 것처럼, 유럽의 민주국가들과 미국의 정치사회들을 보면 이러한 우려들은 쓸데없는 것으로 보인다.

그러나 이러한 반대는 부정확하며 사회학적으로 결함이 있다. 공적 이성에 대한 시민들의 확고한 준수와 시민성의 의무에 대한 존중이 없다면, 교리들 간의 분열과 적대감은 아직 나타나지 않았다 할지라도 일정한 시간이 경과하면 나타날 수밖에 없기 때문이다. 교리들 간의 조화와 화합은 물론 한 국민이 공적 이성을 수용하는 것은 불행하게도 사회생활의 영원한 조건이 아니다. 오히려, 조화와 화합은 공적 정치문화의 활력과 공적 이성의 이상에 헌신하고 이것을 실현하는 시민들에 의해 좌우된다. 시민들이 공적 이성의 이상이 인정하는 지점을 보지 못하게 되고 무시하게 된다면, 이들은 아주 쉽게 고통과 분노로 빠져들게 될 것이다.

이 절에서 우리가 시작했던 곳으로 돌아가 보자. 나는 공적 이성이 억제적restrictive이지 않다는 것을 어떻게 증명해야 할 지 모르겠다. 그리고 공적 이성의 형태가 적절하게 기술될 수 있을지도 모르겠다. 그러나 나는 이러한 일이 달성될 수 없다는 것에 대해서는 의아해 한다. 내가 민

정될 것이라고 생각할 수 있다. 이 후자의 견해에 입각하면, 1858년에 노예제도가 널리 퍼져 있었던 상황은 노예에 대한 링컨의 비판은 단지 옳고 그름의 문제에 불과한 도덕적이었을 뿐, 분명히 정치의 문제는 아니었다는 것을 시사한다. 정치적인 것이 사람들의 실제정치에 의해 결정되는 것이라고 말하는 것은 "정치적"(political)이라는 용어를 사용하는 용법의 하나가 될 수 있다. 그러나 그렇게 사용하게 되면 정치적인 것의 개념은 더 이상 규범적인 개념이 되지 않으며, 더 이상 공적 이성의 부분이 될 수 없다. 우리는 정치적인 것의 개념을 근본적 범주인 동시에 본질적 도덕적 가치로서의 정치적 정의관을 포함하는 것에 고수해야만 한다.

는 바로는 많은 다수의 경우들이 공적 이성의 틀에 부합된다면 이것은 심각한 문제가 아니다. 그리고 잘 부합되지 않는 경우들 모두는, 왜 그런 경우들이 어려움을 유발했는지 우리가 이해할 수 있도록 하며, 동시에 그러한 경우가 발생했을 때 우리가 어떻게 대처해야 하는지를 보여주는 특별한 특징을 가지고 있을 것이다. 이것은 다음과 같은 일반적 질문을 제기한다. 즉 공적 이성의 틀에 적합하지 않은 헌법적 본질과 기본적 정의의 중요한 경우에 해당하는 예들이 존재하는지의 여부의 문제이다. 만약 그렇다면, 그런 경우들이 어려움을 초래하는 이유는 무엇인가라는 질문을 불러일으킨다. 이 글에서는 이러한 질문들을 더 이상 탐구하지 않는다.

§7. 결론

7.1. 여태까지, 나는 다음과 같은 당대 세계를 고통스럽게 할 정도로 어려운 질문에 대하여 관심을 기울여 왔다. 민주주의와 종교적 혹은 비종교적인 포괄적 교리들이 양립할 수 있는가? 만약 그렇다면 어떻게 가능한가? 지금 이 순간에도 종교와 민주주의 사이의 수많은 갈등이 이러한 질문을 제기하고 있다. 이 질문에 답하기 위해서, 자유주의는 자유롭고 독립적인 정치적 정의관a self-standing political conception of justice과 포괄적 교리를 구별한다. 물론 교회의 권위나 성경에 의존하는 종교적 교리들은 자유주의적인 포괄적 교리들이 아니다. 말하자면, 종교적 교리의 주된 종교적이고 도덕적인 가치들은, 말하자면, 칸트나 밀의 교리들이 아니다. 그럼에도 종교적 교리는 입헌민주사회를 승인하며 이 사회의 공적 이성을 인정한다. 여기에서 공적 이성이 정치적 개념이라는 것과 이것이 정치적인 것의 영역the category of the political에 속한다는 것은 기본적 사항이다. 공적 이성의 내용은 상호성의 기준을 만족시키는 일련의 (자유주의적) 정치

적 정의관을 통해 마련된다. 종교의 자유와 양심의 자유를 포함하는 근본적인 헌법상의 자유들과 양립하는 한, 이러한 일련의 정의관은 종교적 믿음과 명령들을 침해하지 않는다. 종교와 민주주의 사이에는 어떠한 전쟁도 없으며 필요하지도 않다. 이런 측면에서, 정치적 자유주의는 정통적인 기독교orthodox Christianity를 역사적으로 공격했었던 계몽적 자유주의Enlightenment Liberalism와 분명하게 다르며 이를 거부한다.

입헌민주사회에서는 민주주의와 합당한 종교적 교리간의 갈등은 물론 합당한 종교적 교리들 그 자체간의 갈등을 크게 완화될 수 있으며 합당한 정의원칙들의 경계 내에서 억제될 수 있다. 이러한 완화는 관용의 개념the idea of toleration에 근거하고 있다. 나는 다음의 두 가지의 관용 개념을 구분해 왔다.[92] 하나는 순수하게 정치적인 것으로, 합당한 정치적 정의관에 부합하여 종교적 자유를 보호하는 권리와 의무의 관점에서 표현되는 것이다.[93] 다른 하나는 순수하게 정치적이지는 않지만, 종교적 혹은 비종교적 교리 내에서 비롯되어 표현된 것이다. 그렇지만, (이 후자의 개념에서는) 정치관의 합당한 판단은 여전히 합당한 포괄적 교리에 입각하여 진실하거나 또는 올바른 것으로서 확인이 되어야 한다.[94] 그런데, 나는 합당한 포괄적 교리들은 관용에 대한 정치적 주장의 특정 형태를 받아들인

---

92 §3.2를 보라.

93 *Political Liberalism*, lecture Ⅱ, sec. 3.2–4, pp.60–62를 보라. 주된 사항들은 다음과 같이 요약해서 제시될 수 있다. (1) 합당한 사람들이 모두 동일한 포괄적 교리를 인정하는 것이 아니다. 이것은 판단의 부담(the burden of judgment)의 결과이다. 각주 95)를 보라. (2) 많은 합당한 교리들이 승인된다. 하지만 (포괄적 교리 내에 근거하여 판단할 때) 이러한 모든 교리들이 진실하거나 옳은 것은 아니다. (3) 합당한 포괄적 교리 중의 하나를 인정하는 것이 합당하지 않은 것은 아니다. (4) 자신의 것과 다른 합당한 교리를 인정하는 사람들은 역시 합당하다고 우리는 인정한다. 나아가서, 다른 합당한 교리를 인정한다고 해서 불합당하다고 할 수 없는 것은 확실하다. (5) 어떤 교리의 합당성을 인정하는 것을 넘어서고, 동시에 그것에 대한 우리의 신념을 수용하는 것을 넘어선다고 하더라도, 우리가 반드시 부당하게 되는 것은 아니다. (6) 합당한 사람들은 자신들과 다르지만 합당한 다른 교리들을 억압하기 위해 자신들이 소유하고 있는 정치권력을 사용하는 것을 부당하다고 생각한다.

94 §6.3을 보라.

다고 가정한다. 물론 시민들은 관용과 입헌민주사회의 다른 요소들에 대한 기반이 되는 이유들grounding reasons이 정치적이 아니라 오히려 그들의 종교적 혹은 비종교적 교리에 근거하고 있다고 생각할 수 있다. 그들은 이러한 이유들이 진실하거나 올바른 이유라고 당연히 말할 것이다. 그들은 정치적 이유들을 피상적인 것으로 보고, 기반이 되는 이유들을 더욱 심오한 것으로 볼 수도 있을 것이다. 그렇지만 여기에는 어떤 갈등도 없을 것으로 생각한다. 단순하게 말하자면, 한편으로 정치적 정의관 내에서 이루어지는 판단과 다른 한편으로는 포괄적 교리들 내에 이루어지는 판단이 일치할 것이기 때문이다.

그러나 공적 이성을 통한 화해reconciliation에 대한 한계들이 존재한다. 세 가지 종류의 갈등이 시민들 간에 불화를 일으킬 수 있다. 첫째는 화해 불가능한 포괄적 교리들에서 비롯된 갈등들이다.[95] 둘째는 사회적 지위, 계급 위치, 직업 또는 민족성, 성, 인종에서 오는 차이들에서 비롯된 갈등들이다. 마지막으로 판단의 부담에서 비롯되는 갈등들이다. 정치적 자유주의는 우선적으로 첫 번째 종류의 갈등에 관심을 기울인다. 정치적 자유주의는, 비록 우리의 포괄적 교리들이 화해할 수 없고 타협할 수 없다고 할지라도, 합당한 교리들을 가지고 있는 시민들이 정치적 정의관의 관점에서 주어진 공적 이성이라는 다른 종류의 이성을 공유할 수 있음을 주장한다. 나는 또한 그러한 사회가 정치적, 경제적, 사회적 이익과 같은 시민들의 근본적 이익간의 갈등과 관계된 두 번째 종류의 갈등을 해결할 수 있다고 믿는다. 우리가 합당한 정의원칙을 받아들이고 그것들이 (가장 합당한 것은 아닐지라도)합당하다는 것을 인정하고, 우리의 정치

---

95 판단의 부담은 *Political Liberalism*, lecture Ⅱ, sec. 2에서 논의되고 있다. 개략적으로 이러한 부담은 합당하고 합리적인 개인들 간의 합당한 불일치의 원천 또는 원인이다. 이 부담은 다른 종류의 증거와 다른 종류의 가치의 비중을 형량 비교하는 것과 관련된다. 그리고 이러한 것들은 이론적 판단과 실천적 판단 양자 모두에 영향을 미친다.

및 사회적 제도들이 그것들을 만족한다는 것을 알거나 합당하게 믿고 있다면, 두 번째 종류의 갈등은 발생할 필요가 없거나, 설사 발생한다 하더라도 그렇게 치열하게 발생하지 않을 것이다. 정치적 자유주의는 명시적으로 이러한 갈등들을 고려하는 것이 아니며, 이러한 갈등은 공정으로서 정의나 일부 다른 합당한 정치적 정의관을 통해 고려될 수 있도록 남겨둔다. 마지막으로, 판단의 부담으로부터 비롯된 갈등들은 항상 존재하며 가능한 합의의 범위를 제한한다.

7.2. 합당한 포괄적 교리들은 입헌민주정체의 본질적 요소들을 거부하지 않는다.[96] 더욱이, 합당한 사람들의 특징은 두 가지 방식으로 규정될 수 있다. 첫째, 합당한 사람들은 평등한 사람들 간의 사회적 협력을 위한 공정한 조건을 제안할 준비가 되어있으며, 다른 사람들이 이 조건을 준수한다면 (심지어 그들의 이익이 되지 않는다 할지라도) 그들 역시 협력의 조건들을 준수한다.[97] 둘째, 합당한 사람들은 판단의 부담의 결과를 인정하고 받아들인다. 이것은 입헌민주사회의 합당한 관용의 개념으로 연결된다.[98] 마지막으로 우리는 합당한 시민들이 정치적 권위의 일반적 구조에 적용되는 것으로 이해하는 정당한 법의 개념에 도달하게 된다.[99] 합당한 시민들은 정치생활에서 만장일치가 기대된다 하더라도 이런 일은 드물게 일어나는 것이기 때문에 합당한 민주헌법이 결정을 내리기 위한 다수결원칙이나 다른 다수득표절차와 같은 것을 포함해야 함을 알고 있다.[100]

정치적으로 합당한 것의 개념the idea of the politically reasonable은 기본

---

96 Ibid., p. xviii.
97 Ibid,. lectureⅡ, sec. 1.1, pp.49–50.
98 Ibid,. lectureⅡ, sec. 2–3.4, pp.54–62.
99 Ibid,. lecture Ⅳ, sec. 1.2–3, pp.135–137.
100 Ibid,. lecture Ⅸ, sec. 2.1, p.393.

적 정치문제들이 중대한 쟁점이 되었을 때 공적 이성의 관점을 지향할 것이다. 물론 근본주의적인 종교적 교리들과 전제적 및 독재적 지배자들은 공적 이성과 심의민주주의의 발상을 거부할 것이다. 그들은 민주주의가 그들의 종교와 상반되는 문화에 이르게 된다고 말할 것이다. 또는 민주주의가 단지 독재적이고 전제적인 통치를 통해서만 보호할 수 있는 가치를 부인하고 있다고 말할 것이다.[101] 그들은 종교적으로 진실하거나 철학적으로 진실한 것은 정치적으로 합당한 것에 우선한다고 단언한다. 우리는 그러한 교리들이 정치적으로 합당하지 않다고 명료히 말한다. 정치적 자유주의 내에서는 더 이상 대답해야할 것은 없다.

서두에서[102] 나는 모든 실제 사회들에서는, 그 사회의 합당한 시민들이 그 사회를 얼마나 지배하고 통제하고 있든 간에, 민주사회와는 양립할 수 없는 수많은 합당하지 않은 교리들이 있다는 것이 통상적이라는 사실에 주목하였다. 근본주의적 종교와 같은 종교적 교리들이나 독재정치와 독재정권과 같은 비종교적(세속적) 교리들이 이 예가 된다. 이런 소름끼치는 예들은 우리가 살고 있는 지금에도 나타나고 있다. 지금 이 공적 이성을 설명하는 데에 있어 우리는 합당한 것의 개념과 합당한 시민들의 역할에 대하여 초점을 맞추어 왔지만, 입헌민주정체에서 부당한 교리들이 얼마나 더 활동적일 수 있으며, 얼마나 더 관용될 수 있는지가 새삼 다른 질문들을 제기하는 것은 아니다. 합당한 교리에 대한 관용과 합당하지 않은 교리에 적용되는 관용에 대한 설명이 따로 있는 것이 아니다. 두 경우 모두 적절한 정치적 정의원칙들과 이 원칙들이 허용하는 행위를 통해 해결될 것이다.[103] 합당하지 않은 교리들은 민주제도에 위협이 된다. 합당하

---

101 민주주의에 대한 종교적 반대뿐만 아니라 민주주의에 대한 독재주의의 반대 양자 모두 공적 사고에 근거해 이루어지는 것이 아님을 살펴보라.

102 각주 3)을 보라.

103 *A Theory of Justice*, sec. 35(on toleration of the intolerant); *Political Liberalism*, lecture Ⅴ. sec. 6.2, pp.197–199를 보라.

지 않은 교리들이 *잠정적 타협* *modus vivendo*이 아니고서야 입헌정체를 준수하는 일은 불가능하기 때문이다. 이들의 존재는 공적 이성의 이상과 정당한 법의 개념을 갖춘 합당한 민주사회를 완전하게 실현하려는 목표에 제약이 된다. 그러나 이 사실이 공적 이성의 개념에 결함이 있다거나 또는 실패했다는 의미는 아니다. 오히려 이것은 공적 이성이 달성할 수 있는 것에 대한 제약사항들이 있음을 보여준다. 그러나 이것이 최대한 가능한 정도로 공적 이성의 이상을 실현하려는 시도의 심대한 가치나 중요성을 감소시키지는 않는다.

7.3. 나는『정의론』과『정치적 자유주의』사이의 근본적인 차이점을 지적함으로써 끝을 맺고자 한다.『정의론』은 명백하게 로크, 루소, 칸트가 제시한 사회계약의 개념으로부터 논의를 발전시키려 한 것이다. 이것은 사회계약이론에 흔히 아주 치명적인 것으로 생각되었던 반대의견들이 더 이상 문제가 되지 않으며, 나아가서 사회계약이론이 오랫동안 지배적이었던 공리주의 보다 우월하다는 것을 입증하는 하나의 정의의 이론이다.『정의론』은 그러한 이론의 기본적 특징을 제시하고자 하였다. 그 목적은 이 이론을 정의에 관한 우리의 일상적인 숙고된 판단에 최적으로 부합시키고 이렇게 함으로써 민주사회에 적용되는 가장 적절한 도덕적 기초를 제공하는 것이었다. 나아가서, 공정으로서의 정의justice as fairness가『정의론』에서는 포괄적인 자유적 교리로 제시되었다(그러나 "포괄적 교리"comprehensive doctrines라는 용어를 그 책에서 사용하고 있지 않다). 거기에서는 질서정연한 사회의 모든 구성원들이 동일한 이 포괄적인 자유적 교리를 승인하고 있다. 이런 종류의 질서정연한 사회는 합당한 다원주의의 사실과 모순되기에『정치적 자유주의』는 그러한 사회를 불가능한 것으로 간주한다.

그래서 『정치적 자유주의』는 다음과 같은 다른 질문을 다룬다. 종교적 또는 비종교적인 포괄적 교리들을 가지고 있는 사람들, 그리고 특히 교회나 성경 같은 종교적 권위에 근거를 둔 특정한 교리를 지닌 사람들이, 입헌민주사회를 유지시키는 합당한 정치적 정의관을 지지하는 것이 어떻게 가능한가? 이 정치관은 자유적이면서도 자립적이지만 포괄적인 것으로 간주되지 않는다. 반면에 종교적 교리들은 포괄적이지만 자유적이지 않다. 상기의 두 권의 책은 공적 이성의 발상을 가지고 있음에도, 양자는 비대칭적이다. 『정의론』에서 공적 이성은 포괄적인 자유주의적 교리로서 제시되었다. 반면, 『정치적 자유주의』에서 공적이성은 자유롭고 평등한 시민들이 공유한 정치적 가치에 대하여 사고하는 하나의 방법이다. 자유롭고 평등한 시민들은 포괄적 교리들이 민주정체와 양립할 수 있는 한, 다른 시민들의 포괄적 교리들을 침해하지 않는다. 『정치적 자유주의』에서 질서정연한 입헌민주사회는 이 사회를 지배하고 통제하는 시민들이 화해 불가능하지만 합당한 포괄적 교리들을 인정하고 이에 근거하여 행동하는 사회이다. 이러한 교리들은 역으로 합당한 정치관들—비록 반드시 가장 합당한 것은 아니라 할지라도—을 지지한다. 이 합당한 정치관들은 사회의 기본구조 내의 시민들의 기본적 권리들 및 자유들, 기회들을 구체적으로 규정한다.

부록

옮긴이 해제

§만민법: 만민이 평화롭게 공존하는 현실적 유토피아를 향한 열망

『만민법』은 국제사회의 정의에 관한 저작으로 롤즈가 지병과 싸우며 마무리한 마지막 저작이다. 『정의론』을 쓰는데 20년, 『정치적 자유주의』를 쓰는데 23년이란 시간을 보낸 노학자가 상대적으로 짧은 시간인 6년 만에 서둘러 마무리한 이 작품은 정의에 관한 3부작 중 상대적으로 관심을 받지 못한 채 소외되어 있는 듯 보였다. 그러나 21세기가 시작되며 본격화되기 시작한 세계시민주의 논쟁과 탈민족국가이론의 본격화, 9.11 테러 이후 서구 세계와 이슬람 세계의 충돌은 롤즈의 『만민법』을 새롭게 주목하는 계기가 되었다. 왜 일까? 그 이유를 살펴 본 뒤 그 철학적 배경을 살펴보며 『만민법』 프로젝트의 전체적인 윤곽을 그려보려 한다.

§만민법의 이론적 의미

롤즈의 『만민법』은 자유주의 입장에서 본 국제사회 정의에 관한 이론이다. 『만민법』은 국제사회 이론에서 보자면 조금은 낡은 것이다. 만민법은 롤즈 스스로 국제 관계를 바라보는 이론적 시선의 변화를 의식하고 전통적 입장에서 인정하는 국가 주권을 부정하는 입장에서 쓴 것이다. 그러나 이 이론은 세계화라는 새로운 환경의 부상과 맞물려 등장한 이론적 입장인 세계시민주의cosmopolitanism나 탈 또는 초민족국가이론post-nationalism 또는 trans-nationalism이 추구하는 국민 국가주권의 분산 혹은 극단적 해체와는 여전히 그 대척점에 서 있는 입장이다. 롤즈가 '국민' (또는 인민)a people 혹은 '공적정치문화' public political culture라는 이름으로 베스트팔렌 조약 이후 성립된 전통적 국가의 영토개념을 인정하고 있기 때문이다. 뿐만 아니라 이 저작을 통해 롤즈 자신의 유명한 차등원칙the difference principle에 입각한 세계적 차원의 분배 프로젝트를 추구했던 세계시민주의자들에 대해 반박하고 있기에, 국민 혹은 민족국가라는 개념에서 벗어나 세계적 수준으로 정치이론을 끌어올리려는 이론적 입장을 지닌 이들이 반드시 한번은 이 저작을 해체하는 과정을 거쳐야 하기 때문이다.

실제 미국의 많은 대학 및 대학원에서 유행하고 있는 세계시민주의 및 탈민족국가이론 수업의 첫 번째 텍스트가 롤즈의 『만민법』인 것은 이와 무관하지 않다. 그러나 20세기의 한 획을 그었던 대가의 저작답게 이 책을 해체한다는 것은 쉬운 일이 아니다. 아무리 정의로운 것도 부정의를 포함하고 있다는 데리다의 말을 빌려본다면, 롤즈의 『만민법』이 해체 불가능한 것은 아니지만 이 책을 해체하기 위해선 상당한 철학적 지식이 요구될 뿐만 아니라 도덕적 및 개념적 지식이 필요하다. 도덕에 근거하여 철학적 개념으로 지어진 정치의 집인 만큼 그 해체 역시 만만치 않은 작업이다. 이 책이 어떻게 해체될 수 있는지를 설명하는 것은 역자의 몫이 아니다. 다만 이 책을 해체하는 일이 세계시민주의나 탈민족국가이론으로 향하는 길목에서 반드시 한 번은 해야 할 작업이라는 것과, 이 책을 해체하는 작업을 한다면 국제사회에서 우리가 다루어야할 정치적 과제와 도덕적 임무가 무엇인지를 다시 한 번 점검해볼 수 있는 있는 기회를 얻을 수 있음을 밝혀둘 뿐이다.

§만민법의 실천적 의미

1993년은 사무엘 헌팅톤의『문명의 충돌』이라는 작품이 출간된 해이다. 1980년 말 구소련 및 동구 공산권 국가가 붕괴하며 자유주의가 이념의 대결에서 실질적으로 승리한 이후 세계는 평화에 접어들 것이란 희망에 부풀어 있었다. 냉전의 종식은 무기의 감축으로 이어질 것이며, 군사적 비용의 감축은 상대적으로 세계의 곳곳에서 가난, 기아, 굶주림, 유아노동 착취 등으로 어려움을 겪는 이들을 돕는 비용을 늘려줄 것이란 조금은 한가로운 희망이 대두될 무렵, 헌팅톤은 이 세계에 새로운 적이 있음을『문명의 충돌』을 통해 선언했다. 이제 그 적은 이데올로기의 탈을 벗고 종교의 탈을 쓰고 나타났다. 기독교적 세계가 맞서야할 공공의 적인 이슬람 세계가 등장한 것이다. 이 책에서 헌팅톤은 두 세계의 문명이 불가피하게 충돌할 것이란 예언을 했고, 실제 이 저서는 이후 미국의 외교정책에 많은 영향을 주었다.

아이러니하게도 정치의 본질은 인간성을 구현하는 것이란 자유주의의 정신이, 정치의 본질은 적과 동지의 구별이며 이 구별만이 정치세계에 활력을 줄 것이란 칼 슈미트의 정치적인 것의 개념을 따라간 것이며, 그 선두에 세계평화를 수호하는 미국이 서 있었다. 그리고 기독교 세계의 이슬람 세계에 대한 적대적 시선이 명시한 그 문명의 충돌은 9.11이란 이슬람 세계의 반격으로 우리의 시선을 사로잡았다. 세계에서 가장 높은 건물 중 하나였던 쌍둥이 빌딩이 비행기의 충돌로 허물어지는 장면을 여과 없이 대중매체를 통해 우리의 눈으로 확인할 수 있었던 날이었다. 이스라엘군의 잔혹한 살인이 중동 지역에서 계속되고 있음에도 그 사실은 눈으로 직접 확인할 수 없었던 반면, 우리 눈앞에 펼쳐진 정치적 사건의 명백한 시각화는 우리가 마구잡이 테러 앞에 경악하는 계기가 되었다. 이제 세계의 하늘을 이용하려면 500 ml짜리 음료수 한 병을 들고 갈 수 없게 되었고, 공황의 탑승구에선 자유로운 시민들이 강제적으로 신발까지 벗어 그 밑창까지 검열대에 넣어야 하는 비상상황이 도래했다.

이런 『문명의 충돌』이 소개되었던 그해 1993년, 존 롤즈는 옥스퍼드에서 문명 간의 관용을 강조하는 세계 협력의 이론을 제시했다. 그것이 논문의 형태로 제시된 『만민법』이었다. 이 만민법에서 롤즈는 자유적 사회가 어떻게 비자유적 사회, 특히 이슬람 사회와 같이 종교적으로 위계적인 사회와 협력할 수 있는지를 제시하며, 이런 협력이 바로 미국의 외교정책의 기조가 되어야 함을 강조했다. 미국이 진정한 자유적 사회라면 자유사회를 낳은 근본정신인 종교적 관용을 비자유적 사회에도 그대로 적용해야 하며, 비자유적 사회들이 협력을 거부하지 않는 한 그들을 그대로 인정하는 일이 진정한 자유주의 정신임을 롤즈는 강조했다. 나아가 협력을 거부하는 국가들을 불가피하게 무력으로 응징하는 경우도 그들이 협력의 길로 들어올 수 있는 공간을 항상 열어두어야 하며, 경제적 궁핍으로 인해 협력할 수 없는 국가들은 의무적으로 원조하여 세계협력의 정신을 확장하는 것이 각 사회 간에 시행할 수 있는 정의의 원칙임을 밝혔다. 그러나 미국의 현실적 선택은 헌팅턴의 입장이었고, 세계는 다시 한 번 관용 없는 적과 동지의 구분으로 고통에 시달리고 있다. 롤즈는 『만민법』

에서 국제적 협력과 관용의 정신이 미국외교정책의 기조가 되어야 한다고 수차례 반복하며 만민법이 그 기초가 되길 희망한다고 밝히고 있다.

§만민법 프로젝트에 내재한 세 가지 철학적 맥락

『만민법』은 불행히도 미국의 외교정책의 기조가 되지 못했다. 대개의 경우 불행히도 국가정책은 현실주의자들의 것이다. 실제 롤즈는 자신이 제시한 『만민법』이 아직은 실현되지 못한 것임을 인정한다. 그러나 투키디데스 이후 끊임없이 내려온 현실주의적 국제정치관에 반박하며 자신의 프로젝트가 언젠가는 실현가능한 것이라 주장한다. 롤즈는 가능한 것의 한계를 현실적인 것이 결정짓지 않는다는 주장을 펼치며 우리에게 바로 이런 믿음이 필요하다고 말한다. 이것이 롤즈가 강조하는 '현실적 유토피아'의 핵심이다.

이제 우리는 '현실적 유토피아'라는 개념에서 출발하여 『만민법』의 전체 프로젝트를 개관해보려 한다. 만민법을 이해하기 위해선 전체적으로 세 가지 철학적 맥락을 이해해야 한다. 첫째, 『만민법』 프로젝트가 유토피아 이론의 전통에 있다는 점. 둘째, 『만민법』이 제안하는 국제정의의 기본적 틀이 사회계약과 칸트의 "평화적 연합foedus pacificum"이란 발상을 우리 시대에 적합한 형태로 구체화한 것이라는 점. 셋째, 『만민법』이 제공하는 믿음, 즉 우리가 살고 있는 사회세계에서 만민의 평화로운 공존이 가능하며 우리가 살고 있는 사회세계 자체가 이런 공존을 이룰 수 있는 공간을 줄 것이란 믿음 그 자체가, 헤겔 철학의 "우리와 사회세계의 화해reconciliation between us and social world"라는 프로젝트에 근거해 있다는 점(이전의 번역에서 역자들은 이 세 번째 철학적 맥락을 제대로 이해하지 못했다). 이제 세 맥락을 하나씩 점검하며 『만민법』이라는 국제사회정의 프로젝트를 전체적으로 개관해보자.

§만민법의 첫 번째 철학적 맥락: 현실적 유토피아

우선 『만민법』 프로젝트가 유토피아 이론의 전통에 있다는 것부터 살펴보자. 실제 토마스 무어Thomas Moore가 만들어 낸 용어인 유토피아Utopia는 그리스어의 부사 ou (not)와 명사 topos (place)를 결합한 뒤 라틴어의 어미 a를 붙여 만든 말로 존재하지 않는 곳Noplace이란 의미다. 쉽게 말해 우리가 살고 있는 현실 세계에는 존재하지 않는 곳으로 무어의 저작 『유토피아』에서도 새로운 세계의 어느 곳에선가 새롭게 발견된 섬의 이름이다.[1] 그렇다면 현대 철학은 이런 존재하지 않는 세계를 바탕으로 형성된 사상을 어떻게 이해하고 있을까? 흔히 우리는 유토피아를 우리가 이를 수 있는 마지막 이상적 세계로 생각하곤 한다. 그러나 철학에서 유토피아를 우리가 이르러야할 어떤 최종의 목표로 보던 시대는 20세기 초에 이미 끝났다.[2] 현대 유토피아 이론의 시작이라 할 수 있는 만하임Karl Mannheim은 『이데올로기와 유토피아』Ideology and Utopia(1936)에서 유토피아도 궁극적으로는 부패할 것이고 그 부패한 유토피아를 대체하기 위해 새로운 유토피아가 등장할 것이라 말한다.[3] 만하임은 현대철학에서 유토피아의 의미를 우리가 바람직하다고 여기는 세계와 우리가 살고 있는 현실 세계의 불일치를 인식하고 이런 불일치가 극복될 수 있다고 믿는 데 있다고 본다. 만하임은 이 현실과의 불일치가 극복될 수 없다고 가르치는 것

---

1 *Moore, Utopia*. Eds by George M. Logan & Robert M. Adams (Cambridge: Cambridge University Press, 1989). p. xi.

2 유토피아의 이론적 토대에 관한 일부분은 김만권, 『불평등의 패러독스: 존 롤즈를 통해 본 정치와 분배정의』(서울: 개마고원, 2003), 379–381쪽에서 재구성하여 인용했다.

3 Karl Mannheim, *Ideology and Utopia*, New York, Harvest Books, 1968, ch. 2와 Paul Ricoeur, *Lectures on Ideology and Utopia*, New York, Columbia University Press, pp.4–5를 보라.

이 이데올로기고, 이를 극복할 수 있다고 믿는 것이 유토피아라고 말한다.[4] 블로흐Ernst Bloch는 『희망의 원리』The Principle of Hope(1986)에서 유토피아에 대한 갈망은 항상 '끝나지 않는 현실unfinished reality'에서 시작된다고 말한다.[5] 우리가 좌절하고 절망하는 현실이 없다면 우리가 꿈꾸는 유토피아의 존재도 있을 수 없다. 하버마스는 『새로운 불투명성』New Obscurity: The Crisis of Welfare State and the Exhaustion of Utopian Energy(1984)에서 복지사회를 향한 우리들의 유토피아적 에너지의 소진이 우리가 당면하고 있는 과제라고 했다.[6] 그렇다면 유토피아에 대한 열망은 이를 수 없는 것에 대한 갈망이라기보다는 우리가 맞서고 있는 세계의 부정의에 대한 인식에서 비롯된 변화의 열정이라 이해할 수 있다. 다시 말해 유토피아는 뤼케르Paul Ricoeur가 『텍스트로부터 행동으로』From Text to Action(1991)에서 정확히 지적하고 있는 것처럼 우리가 도달해야할 어떤 목표telos로 작용하는 것이 아니라 사회를 변화시키려는 기능function으로써 작용하는 것이다.[7]

롤즈의 '현실적 유토피아realistic utopia' 역시 이런 인식을 바탕에 깔고 있다고 볼 수 있다. 롤즈는 "현실적인 것이 가능한 것의 한계를 결정짓지 않는다"고 단언한다. 유토피아가 궁극적으로 우리가 추구하는 목적이 아니라 우리가 살고 있는 사회세계를 바꾸는 열정임을 이해하고 그 변화를 추구할 때, 우리에게 필요한 것은 우리가 살아가는 사회세계를 변화시킬 수 있고 나아가 우리가 살아가는 사회세계가 변화할 것이라는 믿음이다. 이런 신념조차 없이 미래에 헌신하는 일은 불가능하다. 칸트는 도덕적 신념과 역사와의 관계에 대해 말할 때, 실제의 역사는 진보하지 않으

---

4 Mannheim, *Ideology and Utopia*, p.173.

5 Ernst Bloch, *Principle of Hope*: Volume One, Cambridge MA, The MIT Press, 1986.

6 Jürgen Habermas, 「New Obscurity: The Crisis of Welfare State and the Exhaustion of Utopian Energy」 in *The New Conservatism: Cultural Criticism and the Historians'* Debate, Cambridge MA, The MIT Press, 1984, p.64.

7 Paul Ricoeur, Katheleen Blamey & John B. Thompson, *From Text to Action: Essays in Hermeneutics Ⅱ*, Evanston, Northwestern University Press, 1991, pp.318–324.

며 때로 후퇴하기도 한다고 말했다. 그러나 만약 우리가 도덕적 삶을 살 때 역사가 진보할 것이란 믿음이 없다면 우리가 진정 도덕적일 필요가 있느냐고 반문한다. 다시 말해 이 역사의 진보는 실제 역사적 인식에서 나온 진보가 아니라 철학적 인식에서 나온 진보인 것이다(칸트의 역사에 대한 진보를 이해할 때 대개 많은 사람들이 이 진보 개념이 '실제 역사적'이 아니라 '원리에 입각한 철학적'인 것임을 이해하지 못하고 헷갈리곤 한다). 이와 같이 만약 우리가 만민이 언젠가는 평화롭게 공존할 수 있을 것이란 믿음이 없다면 어떻게 이런 평화로운 공존의 세계를 만드는 일에 헌신할 수 있겠는가? 세계가 바뀌지 않을 것임을 잘 알고 있지만 그래도 세계를 바꾸기 위해 헌신한다는 신념은 니체의 짜라투스트라 같은 예언자들에게나 가능한 신념이지 우리 사회의 일반 시민들이 가질 수 있는 신념은 아니지 않는가? 철학적 인식에서 벗어나 실제 역사를 되돌아 본다하여도 인간은 자신들이 살아가는 사회세계의 많은 것들을 바꾸어 왔다. 노예제도가 만연하던 사회에서 노예제도를 폐지하자는 주장은 망상에 불과한 것이었다. 그러나 이제 누군가 노예제도를 주장한다면 그 주장을 하는 이들을 우리와 우리가 살고 있는 사회세계는 어떻게 대하겠는가? 유토피아의 결점은 당장에 결실을 볼 수 있는 세계가 아니라는 데 있다. 그러나 그것이 실현 불가능함을 의미하지는 않는다.

§만민법의 두 번째 철학적 맥락: 사회계약과 칸트의 '평화적 연합'의 구체화

그렇다면 롤즈가 본 국제사회의 정의가 실현가능한 유토피아란 어떤 세계인가? 롤즈가 제시한 『만민법』의 기본적 틀은 어떤 이론에 근거해 있는가? 롤즈가 제시하는 이론의 기본적 틀은 자유주의적 관점에 입각한 사회계약이라는 발상이다. 홉스, 로크, 루소 시대의 사회계약은—이 세 철학자가 서로 조금은 상이한 개념을 가지고 있었지만—좀 더 나은 인간의 삶을 위해 인간들이 자신을 보호해 줄 수 있는 정치사회에 자발적으로 속하는 길을 택한다는 것이며 계약은 상호간에 맺어진 약속이므로 꼭 지켜야한다는 도덕적 발상이 내재해 있다. 롤즈는 이런 계약은 상호간에 맺어진 약속이므로 꼭 지켜야 한다는 도덕적 발상을 유지하며 근대사회계약에서 중심이 된 '자기보호'라는 목적을 '정의'라는 목적으로 대체한다. 롤즈의 사회계약은 정의로운 사회를 형성하기 위해 시민들 상호간에 맺어진 정치적 약속이며, 이 정치적 약속에는 도덕적 의무라는 형식이 내재해 있다.

롤즈는 이런 현대적 사회계약의 발상을 루소의 『사회계약론』을 활용해 시작한다. 루소의 『사회계약론』은 인간을 그 자체로 바라보고 법을 우리가 형성할 수 있는 가능한 체계로 인식하여 인간이 원하는 정의와 사회의 효율성이 서로 상호간에 무리 없이 결합될 수 있는 계약체계를 형성하려했다. 롤즈의 『만민법』은 이런 루소의 사회계약의 발상을 만민의 세계로 옮겨놓은 것이다. 『만민법』은 만민을 그 자체로 바라보고 만민법을 우리가 형성할 수 있는 가능한 체계로 인식하여 만민이 원하는 정의와 만민의 사회의 효율성이 서로 상호간에 무리 없이 결합될 수 있는 지구적 수준의 계약체계를 형성하는 것이 그 목적이다. 그리고 그 계약의 내용은 국제사회의 정의를 달성할 수 있는 원리이며, 그 정의를 달성할 수 있는 체계가 바로 자유적 만민과 적정수준의 만민이 함께 형성하는 만민의 평화적 연합이다. 롤즈는 만민의 연합이란 발상을 칸트가 제시한 '평화적 연합'에서 시작하는데, 이 평화적 연합은 자유로운 공화국들이 모여 형성한 느슨한 형태의 국제적 연합기구다.

이를 이해하기 위해선 칸트가 말하는 세계시민주의와 평화적 연합의 차이를 잘 알고 있어야 한다(이 차이점을 이해하지 못하면 똑같이 칸트를 근거로 형성된 세계시민주의 입장과 롤즈의 철학이 왜 서로 논쟁하는지 제대로 이해할 수 없다). 우선 칸트의 권리에 대한 인식에서 시작해보자. 칸트는 국가의 실체가 개인들의 권리들로 이루어져 있다고 보는데, 공적 권리public right는 권리의 국가가 성립될 수 있도록 보편적 입장에서 공적으로 만들어져야 할 법의 총체이다. 그러므로 공적 권리는 인간이 인간답게 존재할 수 있는 전부를 위한 체계이다. 칸트는 이런 공적 권리가 정치적 권리와 국제적 권리로 구성되어 있다고 보는데, 지구의 표면이 무한한 것이 아니라 그 자체로 유한하고 서로 연결되어 있기 때문에 이 두 권리는 국제적인 정치적 권리로 하나가 된다고 본다.

칸트는 이렇게 정치적 권리와 국제적 권리가 하나가 되는 상황을 『이론과 실제』에서 제시한다.[8] 사람들은 일상적인 폭력이 유발하는 고통 때문에 인간의 이성이 만들어 낸 시민 헌법civil constitution에 복종하여 이런 고통에서 벗어나고자 한다. 그러나 다양한 정치사회가 존재하는 까닭에 정치사회(국가) 간에 서로 분쟁 혹은 전쟁을 하게 되어 새로운 고통이 생겨난다. 정치사회에 살아가는 시민들은 이런 분쟁을 해결할 방법을 모색하는 데, 이와 관련해 두 가지 해결책이 있다. 첫째, 세계의 모든 사람들이 세계시민주의 헌법cosmopolitan constitution아래 하나의 국가를 형성하고 이 권위에 복종하는 것으로 세계시민주의 입장이다. 그러나 보편적 평화를 형성하기 위해 형성한 이 국가가 너무 큰 힘을 갖게 되면 독재 권력이 되었을 경우 아무도 통제하거나 견제할 수 없을 것이다. 이런 우려를 바탕으로 칸트는 국제적 권리를 인정하는 합법적인 국가들이 연합을 형성하고 이 권위에 복종할 것을 제안하는 데 이것이 바로 두 번째 해결책인 '평화적 연합'이다.[9]

---

8 Kant, "Theory and Practice" in *Political Writings*. Ed by H. S. Reiss (Cambridge: Cambridge University Press, 1991), pp.87–91.

9 이 부분은 김만권, 『정치사상』(서울: 개마고원, 2005), 76–79쪽에서 부분적으로 재구성해 인

실제 칸트는 자신의 『영구 평화론』Perpetual Peace에서 두 번째 입장을 취한다.[10] 칸트는 평화를 추구하는 국가 연합을 구상하고 이를 '평화 연합foedus pacificum'이라 부른다. 평화 연합에 참여하는 국가는 모두 공화주의 헌법을 가지고 있다. 오로지 자유로운 공화국만이 개인의 권리를 보호하려는 목적으로 설립되기 때문이다. 한편 참여하는 모든 공화국은 일정 영토를 가지고 있으며 이 영토를 경계로 자신들의 주권을 가지고 있다. 이것은 이 연합이 여러 국가가 모여 하나의 국가를 이루는 것이 아니라는 의미다. 이와는 상반되게 참여하는 모든 국가는 자신의 시민들을 규율하는 자체의 헌법을 가지고 있다. 그러므로 이 연합은 국제적 권리와 조화를 이루는 각 국가의 자유와 안전을 보장한다. 그러나 모든 국가가 이 연합에 참여하도록 강제되지는 않는다. 이 연합은 어떤 물리적 강제력을 확보하려는 목적도 없으며 다만 평화를 원하는 공화국들 간의 연합이다.

롤즈는 이런 칸트의 '평화 연합'이란 발상에서 '국가states'를 '만민peoples'으로 대체한다. 그리고 자유세계의 자유적 만민과 국제간의 협력을 거부하지 않고 인정하는 비자유적 세계의 적정수준의 만민이 서로 협력의 체계를 형성할 수 있다고 믿으며, 협력을 거부하는 국가나 협력할 수 없는 어려운 상황에 놓인 국가들을 이 협력의 체계 안에 수용하는 것이 진정한 만민의 사회가 지향해야할 목표라고 말한다.

§만민법의 세 번째 철학적 맥락: 헤겔의 '우리와 사회세계 간의 화해'

그렇다면 우리는 진정 이런 만민의 사회에 이를 수 있을 것인가? 롤즈는 사후에 출간된 강의록인 『공정으로서의 정의』에서 철학의 임무 중 하

용했다.

10 Kant, "Perpetual Peace: A Philosophical Sketch," in *Political Writings*. Ed by H. S. Reiss (Cambridge: Cambridge University Press, 1991), pp.93–130.

나가 비극적으로 보이는 우리 삶의 조건을 사람들이 비극으로 여기고 좌절하는 것이 아니라, 이런 조건에서도 얻을 수 있는 것이 있다고 생각할 수 있도록 하는 것이라 말한다. 롤즈는 『만민법』에서도 바로 이렇게 불가능해 보이는 우리 삶의 조건(힘이 좌우하는 국제정치 현실)을 비극적으로 인식하는 것이 아니라 우리가 극복할 수 있는 것(자유적 만민과 적정수준의 만민의 평화적 공존)으로 여기도록 만드는 것이 철학의 임무라고 말한다. 이를 이해하기 위해선 우리와 사회세계간의 화해라는 헤겔 철학의 프로젝트를 이해할 필요가 있다.

우리와 사회세계간의 화해라는 발상은 바로 헤겔의 『법철학』Elements of the Philosophy of Right 서문에 등장한다.[11] 헤겔의 『법철학』은 아주 난해한 책이지만 헤겔은 서문에서 이 책에서 말하려는 모든 목적을 간결하고 명료하게 제시하고 있는데, 그 목적이 "인간과 사회세계의 화해"다.

헤겔은 『법철학』 서문에서 근대인의 삶에 새롭게 도래한 삶의 조건의 변화를 가치다원주의로 명확하게 제시한다.[12] 가치다원주의는 신이 삶의 기준으로서의 권위를 상실한 근대 세계에 등장한 새로운 삶의 조건이다. 신이 기준이 되는 시대엔 우리 삶의 영역이 정치이든, 경제이든, 문화이든 신의 의지를 따라 살면 되는 것이었기에 신을 믿는 인간들은 자신이 가진 가치에 대해 의심할 여지가 없었다. 그러나 신이란 보편적 기준이 사라지고 다양한 가치들이 난립하는 근대의 삶의 조건에서, 어떻게 보편적으로 인정할 수 있는 유효한 원리들을 찾아 낼 수 있을까라는 질문은 근대사회가 해결해야 할 과제가 되었다. 무한히 다양한 가치들, 그 사이에 자신을 숨기고 인간이 자신을 발견할 때까지 스스로를 드러내지 않는 이 보

11 역자가 사용한 판본은 Hegel, *Elements of the Philosophy of Rights*. Ed by Allen W. Wood (Cambridge: Cambridge University Press, 1991)이다.

12 헤겔의 '인간과 사회세계의 화해'는 김만권, 『세상을 보는 열일곱 개의 시선: 정치와 사회에 관한 철학에세이』(서울: 개마고원, 2007), 193–211쪽에서 부분적으로 재구성해 인용했다.

편적 원리들. 이 당혹스럽고 어려운 현실을 어떻게 우리가 극복할 수 있을까? 가치의 분열이 사회의 분열로 이어질 수 있는 현실에서 이런 분열을 극복하고 안정된 삶을 누릴 수 있는 보편적 토대를 어떻게 형성할 수 있을까? 쉽게 말해 한 인간이 자신이 태어난 사회 속에서 다른 구성원들과 어떻게 안정되고 결속된 삶을 누릴 수 있을 것인가? 이것이 바로 헤겔이 의미하는 '인간과 사회세계의 화해'이다. 헤겔은 철학의 임무가 이런 일을 해 내는 데 있다고 믿었고, 롤즈 역시 이런 헤겔의 생각을 이어받고 있다.

그렇다면 철학은 어떻게 인간과 사회세계의 화해라는 이 막중한 임무를 달성할 수 있을까? 『만민법』에 나타난 롤즈의 발상은, 우리가 살고 있는 사회세계social world가 만민의 평화로운 공존을 허용하는 방향으로 발전할 것이란 믿음을 인간에게 주는 것이다. 그렇다면 '사회세계'란 무엇이며, 어떻게 사회세계가 만민의 평화로운 공존을 허용하는 방향으로 발전할 수 있게 되는 것일까?

'사회세계'가 헤겔에서 비롯된 철학적 용어이기에 다시 헤겔로 돌아가 보자. 헤겔에 따르면 이성의 근간인 그 자체로 자유롭고자 하는 '자유의지'는 그 자체가 자유로울 수 있는 공간을 스스로 형성해 나간다. 헤겔은 모든 이성적인 것은 인간의 삶에 그 실체를 드러낸다고 말하는데, 그 실체를 드러내는 방식이 바로 정치적, 경제적, 사회적, 문화적 제도 체계이다. 나아가 우리 삶에 배여 있는 공동체의 도덕, 관습, 전통 등도 이성이 자신을 현실에 드러내는 방식이다. 이렇듯 자유의지가 다양한 제도, 도덕, 관습, 전통 등의 모습으로 이성적인 것을 드러내고 형성해 나가는 곳이 바로 '사회세계'이다. 일반적인 평범한 사람들은 보편적 원리를 형성하는 진정 이성적인 것이 무엇인가에 대해 철학적 고민을 할 필요 없이 '사회세계'에 형성된 '인륜Sitilichkeit'으로 통칭되는 다양한 제도 및 도덕, 관습을 익히면 이성적인 것을 습득하고 실천하는 것이 된다. 그 자체로 자유롭고자 하는 자유의지는 그 자체가 더욱 자유롭기 위해 이런 제도 및 도덕, 관습이 존재하는 사회세계를 더욱 보편적이고 체계적인 형태로 발전시켜나간다. 이를 위해 사회세계는 점점 더 합리적인 방식으로 자신을 조직화해 나갈 것이다(헤겔 시대에 '합리적'이라는 말은 롤즈의 철학 용어에서는 '합당한reasonable'이란 말에 훨씬 더 가까운 의미다).

이제 이런 헤겔의 인식을 롤즈에 적용시켜보자. 롤즈는 우리가 살아가는 '사회세계'가 모든 만민의 평화로운 공존을 허용하는 방향으로 발전될 것이라 말했다. 우리가 살고 있는 사회세계가 진정 합당한 것이라면 우리 사회세계는 자신을 더욱 합당한 방식으로 조직화해 나갈 것이고, 더욱 합당한 방식으로 조직화된 사회세계는 세계의 만민들이 서로 평화로운 방식으로 공존할 수 있는 방향으로 발전해 나갈 것이다. 롤즈는 바로 이런 "만민의 평화로운 공존"이란 믿음이 우리에게 필요하며, 이런 믿음이 실현가능함을 합당한 방식으로 사람들에게 설명해주는 것이 철학의 임무라고 본 것이다. 그리고 자기 스스로 수행한 이런 철학의 임무의 결정체가 바로 『만민법』이다.

§만민법의 전체적인 구조

『만민법』은 크게 이상적 이론과 비이상적 이론으로 구성되어 있다. 이상적 이론은 만민법의 형성과 이런 만민법에 근거해 평화를 유지하고 상호 협력하고자 하는 만민들에 관한 이론인 반면, 비이상적 이론은 만민법을 거부하거나 만민법의 형성과 준수에 협력할 수 있는 능력자체가 결여된 사회를 다루는 이론이다.

이상적 이론은 자유적 만민과 비자유적이지만 적정수준의 위계적 만민이란 두 부류의 협력적 만민에 대해 논한다. 자유적 만민은 시민 개개인들이 자기 스스로를 자유롭고 평등하다고 인식하며 합당한 신념들(롤즈는 이를 합당한 종교적, 철학적, 도덕적 교리라 표현한다)의 다원성을 인정한다. 하나의 헌법 아래 어떤 특정 사회에 속한 자유적 만민은 사회 간의 평화로운 공존의 필요성을 인식하고 자신의 대표들을 선출해 다른 자유적 사회에서 선출된 대표자들과 자유적 만민간의 협력의 조건을 선정하는데 이것이 이상적 이론의 첫 부분이다.

이상적 이론의 두 번째 부분은 자유적 만민이 비자유적이지만 평화로운 만민의 사회를 형성하고 협력하고자 하는 적정수준의 위계적 만민과 새로운 차원의 만민법을 형성하는 단계다. 이 적정수준의 만민의 사회에서 모든 개인들이 자유롭고 평등할 필요는 없다. 기본적 인권을 존중하는 한, 한 사회가 위계적 질서를 형성하고 있다고 해서 국제사회의 평화로운 공존에 협력할 수 없는 것은 아니기 때문이다. 롤즈는 자유적 만민이 이런 적정수준의 만민을 관용하고 동등한 협력의 성원으로 받아들여야 한다고 본다.

비이상적 이론 역시 두 부분으로 구성되어 있는데, 사회 간 협력을 거부하고 정의롭지 못한 전쟁을 수행하는 무법국가와 어려운 정치적, 경제적 상황으로 인해 협력 자체를 할 수 없는 여건에 있는 고통받는 사회를 논한다. 롤즈는 무법국가의 전쟁도발에 대해 자유적 만민과 적정수준의 만민이 자기방어 전쟁의 권리를 가지고 있다고 말하지만, 이런 자기방어 전쟁을 수행하기 전에 전쟁을 정의롭게 수행할 수 있는 원칙을 미리 마련해 놓고 이행함으로써 인권 침해를 방지하고 무법국가의 국민들이 이상적 만민들의 관용과 정의에 대한 헌신을 알 수 있도록 해야 한다고 말한다. 결국 핵심은 이상적 만민들의 자기방어를 할 수 있는 전쟁권리가 아니라 정의롭게 수행되는 자기방어 전쟁의 원칙을 미리 확립하는 것이다.

고통받는 사회에 관련해서 핵심은 이상적 만민이 지는 도덕적 의무로서 '원조의 의무'이다. 이 원조의 의무는 불평등한 자원의 분배에서 일어나는 부정의를 교정하기 위한 '분배정의의 의무'가 아니다. 사회 간의 자원의 차이가 한 사회가 경제적으로 어려운 여건에 처하는 근본적 원인이 아니기 때문이다. 롤즈는 오히려 자원을 어떻게 활용하고 관리해야하는지를 결정하는 정치문화가 한 사회가 경제적으로 고통받는 원인이라고 본다. '원조의 의무'는 한 사회의 정치문화가 자율적이 될 때 중단되기 때문에, 자원의 불평등한 분배가 지속되는 한 끊임없이 행해지는 분배정의의 의무와는 다른 것이다. 롤즈는 이런 분배정의의 의무에 근거해 사회 간의 불평등을 교정하려는 세계시민주의 프로젝트에 동의하지 않는다. 국제사회에서 원조의 의무는 한 사회가 만민의 성원으로 협력할 수 있는 정치문화를 갖추도록 간접적으로 돕는 것인데, 정치문화를 직접적으로 형성하는 일은 그 사회에 속한 성원들의 책임이기 때문이다.

『만민법』에는 "공적이성의 재조명"이란 논문이 실려 있는데, 이는 만민법의 객관적 타당성이 공적이성과 서로 부합해야하기 때문이다. 공적이성은 민주사회의 근본적 이익이 무엇인지를 가늠하는 자유롭고 평등한 시민이 지닌 일종의 정치적 판단 능력이다. 이런 판단은 자신이 지닌 종교, 도덕, 철학적 신념에 근거하지 않는다. 오로지 내가 상대방에게 제안한 것이 상대방도 받아들일만한 정당한 것인가라는 상호성의 기준에 근거할 뿐이다. 이런 공적이성은 만민법에도 그대로 적용된다. 한 사회에 내재한 종교적, 도덕적, 철학적 신념이 아니라, 한 사회가, 한 자유적 만민이, 한 적정수준의 만민이 다른 사회, 다른 자유적 만민, 다른 적정수준의 만민에게 제안한 것들이 상대방도 받아들일만한 정당한 것인가라는 상호성의 기준이 만민법의 내용을 결정하기 때문이다. 이런 점에서 공적 이성이 무엇인지를 제대로 이해하는 일은 만민법을 이해하는 데도 필수적이다.

§유토피아, 그 현실적인, 변화의 필요성을 제기하는 유토피아

1516년 12월 토마스 무어Thomas Moore가 소책자라고 불러도 좋을 작은 책에서 완전한 사회라는 의미로 '유토피아'라는 용어를 정치화시킨 이후,[13] 유토피아는 언제나 변화를 꿈꾸는 이들에게 논란의 대상이었다. 대표적으로 그람시는 유토피아에 천착하는 철학을 강력히 비판했다. 그러나 진정 유토피아는 불가능한 변화에 대한 갈망의 표현일 뿐일까? 이미 앞서 말한 바와 같이 유토피아는 변화가 필요하다는 강력한 문제 제기의 또 다른 표현이 아닐까? 롤즈의 『만민법』은 존재하지 않았던 새로운 발상을 제시한 저작은 아니다. 오히려 힘이 좌우하는 국제정치의 현실에 '평화'와 '협력'이라는 철학의 오랜 지혜를, 인류의 한 구성원이라면 누구나 받아들일 수 있는 합당한 방식으로 다시 상기시킨 저작이다. 그리고 그 오랜 지혜가 제시하는 규범이 미국의 외교정책의 기조가 되어야 한다고 역설한 저작이기도 하다.

규범을 강조하는 철학의 지혜가 빛을 잃어가고 있는 시대. 정말 규범은 문제 해결의 능력을 잃어버린 것일까? 오히려 우리들 스스로 도덕을 우리를 속박하는 굴레로 취급하고 그 도덕에서 탈출하고자 했던 것은 아닐까? 그런 욕망이 국제사회의 진정한 현실은 힘이 좌우하는 것이란 투키디데스적 발상에 집착하게 만든 것은 아닐까? 그 욕망으로 인해 우리 현대인들은 '규범'과 '정의'라는 잣대를 버리고 '효율'과 '힘'이라는 더 강력한 속박의 굴레를 스스로에게 채운 것은 아닐까? 롤즈의 『만민법』을 읽어가는 동안 독자들이 스스로에게 질문해 보길 바란다.

---

13 Moore, *Utopia*. Eds by George M. Logan & Robert M. Adams(Cambridge: Cambridge University Press, 1989).

용어해설

만민peoples**, 국민 또는 인민**a people

이 책에서 가장 중요한 용어인 peoples는 롤즈가 기존의 국가states를 대체하기 위해 사용한 용어이다. 우리말에서 만민은 세계의 모든 이들을 의미하는 경향이 있다. 그러나 롤즈가 의미하는 peoples는 밀이 말하는 공통의 동정심 아래 한 사회를 이루고 있는 성원으로써 세계적 협력에 협조하는 집단a people의 집합체를 의미한다. 만민은 도덕적 본성과 정의관을 지니고 있으며 적절한 정치적 헌법 아래 살아가는 집단이다. 실제 만민이라는 용어가 peoples를 가장 적절하게 표현하는 용어는 아니지만, 이를 대체할 수 있는 우리 용어를 찾을 수 없었다. 실제 a people를 번역하는 데도 많은 어려움이 있었는데, 이 역시 적절한 용어를 찾기 어려웠기 때문이다. 인민이란 용어는 좌파 입장에서 사용되는 경향이 있으므로 자유주의적 정치관을 대표하는 만민법에 이 용어를 사용하는 것은 적절치 않다고 보았다. 국민이란 용어 역시 적절하지 않은데, a people이 a state에 대조적인 개념이라고 롤즈가 분명히 밝히고 있기 때문이다. 그럼에도 불구하고, 보다 적절한 우리말 용어를 찾기가 어려워, a people을 국가와 대비하여 '국민'으로 번역하고, 필요에 따라 '인민'으로도 번역하였다. 그리고 peoples는 주로 '만민'으로 번역하였다.

만민의 사회the Society of Peoples

질서정연한 자유적 만민과 적정수준의 만민들이 만민법을 준수하면서 협력을 하고 있는 정의로운 국제질서를 의미한다. 이 용어는 질서정연한 사회라는 정의로운 국내 사회와 상응하는 개념이다.

공통의 동정심common sympathy

만민들이 왜 한 사회에 속해 결속된 구성원이 되고자하는 근원을 의미한다. 이런 공통의 동정심을 형성하는 근원은, 언어, 종교, 인종, 문화, 역사 등 다양할 수 있으나 그 어느 요소도 결정적인 것은 아니다. 현대 사회에서 일어난 수많은 이민의 역사가 언어, 종교, 인종, 문화, 역사 등을 혼재시켜 왔기 때문이다. 이런 혼재 속에서도 만민이 한 사회에 속해 결속 되고자 할 때 가장 필수적인 조건은 하나의 정부에 소속되어 동일한 정치적 헌법에 따라 살아가고자 하는 갈망이다.

공동선의 정의관common good conception of justice

비자유적 사회의 만민들이 가진 정의관으로 평등하고 자유로운 시민으로서 개인들이 지니고 있는 정의관이 아니라, 사회의 모든 구성원들이 선이라고 믿는 것에 근거해 형성된 정의관을 의미한다. 비자유적 사회가 적정수준의 위계질서를 가지고 있는 만큼, 자유와 평등이란 두 개념은 공동선에 해당되지 않음에 주의해야 한다.

(합당한) 포괄적 교리reasonable comprehensive doctrine

여기서 포괄적comprehensive이란 말은 모든 판단의 기준이란 의미로, 정치, 경제, 문화, 사회 할 것이 없이 어떤 판단을 하든 적용된다는 뜻이다. 'doctrine'이란 말에 해당되는 용어를 찾는데 어려움을 겪었는데 이 말은 개인이 가지고 있는 (절대적) 신념이란 의미에 가깝다. 이 신념에 근거해 자신의 인생관과 세계관을 형성한다. 교리란 말이 종교적인 의미가 깊지만 우리 사회에서 근본주의를 교조주의라 부르기도 하고, 실제 롤즈가 문제 삼고 있는 여러 교리 중 종교적 교리가 가장 근본적인 문제라는 점과 번역 용어의 지속적 사용이라는 측면에서 doctrine을 교리라는 이전의 번역 그대로 남겨 두었다. 롤즈는 이런 포괄적 교리 중에서 일관된 방식으로 인간의 삶을 바라보고 선과 충분한 이유들에 근거해서 지속적으로 서서히 발전되어온 교리들을 합당한 교리들이라 부르는 데, 이 교리들은 다른 합당한 교리들을 인정한다는 점에서 자유주의적이다.

다원주의의 현실the fact of pluralism

다양한 가치들이 무질서하게 혼재해 있는 상황을 말하는 데, 어떤 한 가치가 다른 가치들을 인정하지 않고 자신만이 인정하는 이익을 다른 가치들의 이익 및 사회의 근본적 이익에 상관없이 무한히 추구하는 상태라면 다원주의의 현실이라 부를 수 있다. 자신의 이익만을 추구하는 합당하지 않은 가치에 근거한 교리들은 포괄적 교리들의 다양성을 인정하지 않는다.

합당한 다원주의의 현실the fact of reasonable pluralism

자유주의 사회에서 합당한 개인들이 합당한 포괄적 교리의 다양성을 인정하는 질서정연한 상태를 의미한다. 이런 합당한 다원주의는 인간의 이성과 자유의 조건들이 장기간 동안 지속되며 나온 결과로 민주 사회에 나타나는 특징 중 하나이다. 이런 다양성의 인정은 다른 교리들 역시 내가 지니고 있는 포괄적 교리만큼이나 합당한 상태여서 어떤 것이 객관적으로 더 나을 것이란 판단 자체가 가능하지 않기 때문에 생긴다. 롤즈는 완전히 합리적이고 합당한 사람도 이런 판단의 부담 때문에 특정한 철학적 종교적, 도덕적 교리에 때로 완전히 동의할 수 없다고 본다.

공적 이성public reason

자유롭고 평등한 도덕적 개인들이 갖추고 있는 능력으로 민주 시민의 근본적 이익에 반응하는 이성을 의미한다. 롤즈는 정치적 정의관이 공적 이성의 내용을 결정한다고 말하는 데, 개인들이 갖는 도덕적, 철학적, 종교적인 포괄적 교리는 공적 이성의 기반으로 적합하지 않다는 의미다. 만약 이런 교리들이 공적 이성의 기반이 되고자 한다면 공적 이성의 관점에서 볼 때 이 교리가 정치적으로 정당화될 수 있음을 밝혀야 한다.

질서정연한 사회a well-ordered society

롤즈의 계약론에서 완전히 정의로운 사회를 의미하는 공식적 용어다. 이 사회에서는 모든 시민들이 동일한 정의관에 동의하고 이 정의관은 공적 지식의 일부이다. 이 사회는 법과 제도에 이런 정의관을 심을 뿐만 아니라 시민들은 이런 법과 제도를 인식하고 지키려는 정의감과 의지를 지니고 있다.

원초적 입장original position

원초적 상황이라고도 번역할 수 있는 이 용어는 롤즈의 계약론에서 시민의 대표자들이 정의로운 사회를 합의하는 상황을 의미한다. 자유롭고 평등한 도덕적 개인들이 정의의 원칙을 구성하는 절차로써 일반적인 계약론에서 역사적으로 의미하는 자연 상태와는 상이하다. 시민들이 자신들의 대표자를 뽑는 장치를 이미 갖추고 있다는 점에서 원초적 입장은 전정치적 사회에 존재하는 절차가 아니다.

무지의 장막veil of ignorance

원초적 입장에 있는 시민의 대표자들이 편견을 지닐 수 있는 상황을 엄격하게 제약하는 조건을 의미한다. 정의로운 원칙을 합의하려는 합리적인 행위자들은 자신의 사회적 계층, 인종, 종교, 문화적 멤버십, 국적, 자신의 사회의 역사나 자연자원 상태 등에 모른다. 다만 이들이 아는 것은 인간의 본성과 사회 경제 제도에 대한 일반적 사실 뿐이다. 무지의 장막이라고 할 때 실제 장막을 상상하지 말라. 단순히 내가 알고 있는 내게 이익이 되는 모든 지식을 근거로 해서가 아니라 합의를 통해 영향을 받는 모든 이에게 공정할 수 있는 지식으로 합의에 임하라는 의미다.

도덕적 개인moral person **또는 도덕적 개인성**moral personality

도덕적 개인은 자기 스스로를 자유롭고 평등하다고 인식하며 자신의 행동에 책임을 질뿐만 아니라 도덕적 요구에 순응할 수 있는 능력을 지니고 있는 인간형을 의미한다. 이 개인들은 자신의 이익을 무한히 추구하지 않으면 사회에서 자신의 이익 추구를 합당하게 제한한다. 이 인간형은 자신의 이익을 끊임없이 추구하는 합리적 개인에 대응하는 개념이다.

정치적 정의관political conception of justice

공적 행위에서 포괄적인 종교적, 철학적, 도덕적 교리에 영향을 받지 않는 관점으로 민주적 시민 사이에서 공적 정당화의 기반을 주는 토대를 의미한다. 롤즈는 단지 이런 정치적 정의관을 통해서만 서로 다른 포괄적인 종교적, 철학적, 도덕적 교리를 지닌 시민들이 상호간에 받아들일 수 있는 중첩적 합의에 이를 수 있다고 본다.

정의로운 저축의 원리just saving principle

한 사회의 자원이 고갈되지 않도록 한 세대가 다음 세대에게 넘겨줄 수 있는 현실적 자본을 축적할 수 있는 원칙이다. 좀 더 풀어 말하자면 한 사회에 속한 한 세대는, 다른 사회에서 자원을 낭비하는 이들이 아닌, 자신들의 다음 세대에게 합당하게 축적해 놓은 자본을 넘겨줄 수 있다는 의미다. 그러나 이것이 원조의 의무를 거부하는 것은 아니다.

원조의 의무duty of assistance

자유적 만민과 적정수준의 만민이 국제사회에 협력할 수 없는 상태에 있는 '고통받는 사회'를 원조해야할 도덕적 의무가 있다는 것이다. 이 의무는 분배정의의 의무가 아닌데, 고통받는 사회가 스스로 정치적 자율성을 가질 수 있는 상태까지만 원조가 지속되기 때문이다.

적정수준의 협의적 위계체계decent consultation hierarchy

적정수준의 위계적 사회에서 작동하는 법제정 및 통치 기관을 의미한다. 이 사회에서는 개인이 자신이 속한 집단을 통해 대표되기 때문에 법제정과 통치는 이 모든 집단의 대표들과 협의 하에 진행된다. 어떤 중요한 정치적 결정도 적정수준 만민들의 정의에 대한 공통선관에 입각해 공적으로 정당화된다.

적정수준의 위계적 만민 또는 사회decent hierarchical peoples or societies

사회에 퍼져 있는 정의에 대한 공통선관에 입각해 통치되고 모든 개인들의 인권을 존중하는 적정수준의 협의적 위계체제에 살아가는 구성원들을 뜻한다. 이 적정수준의 만민 또는 사회는 자유적 만민과 협력할 능력과 의도가 있으며, 자유적 만민은 이들이 취하는 다른 정의관을 관용하고 협력해야한다.

현실적 유토피아realistic utopia

해제를 참고하라.

사회세계와의 화해reconciliation to social world

해제를 참고하라.

평화연합foedus pacificum

해제를 참고하라.

존 롤즈 정의론 3부작 요약 및 주요 작품

정의론 3부작

A Theory of Justice, Cambridge, MA: Harvard University Press, 1971; revised edition, 1999.

칸트의 정언명령을 정치화시켜 국내 사회의 정의를 다룬 저작. 사회를 생산과 분배의 모델로 설정하고 합리성the rational에 근거해 사회적 갈등의 요소인 분배의 문제를 다루었다. 『정의론』에 등장한 "공정으로서의 정의"justice as fairness와 차등원칙difference principle은 철학의 영역을 넘어 정치, 사회, 경제, 복지 등 다양한 분야에서 영향을 주었으며, 미국 사회뿐만 아니라 전 세계적으로 많은 국가에서 학문적 논쟁이 되었다. 이 책은 이미 자유적 민주사회를 전제하고 이 사회가 어떻게 분배의 문제를 다루어야 하는지를 주제로 하고 있다는 점에서 개념 구분상 정치적이라기보다는 사회적인 저작에 가깝다. 수정판에 등장한 개념 중에는 "재산 소유 민주주의"property owning democracy가 자유주의 사회에서 소유권의 한계를 설정하고 있다. 아마티아 센의 유명한 『자유로서의 발전』Development as Freedom은 그 제목에서도 알 수 있듯이 '공정으로서의 정의'라는 롤즈의 정의관에 대한 반론이다.

Political Liberalism, New York: Columbia University Press, 1993; revised paperback edition, 1996; expanded edition, 2005.

자유적 민주사회에 만연한 다원주의의 문제를 국내 사회 정의의 차원에서 다룬 저작. 『정의론』이 자유민주사회에 만연한 다원주의의 문제를 정확히 반영할 수 없음을 인정한 뒤, 『정의론』의 구조를 보다 정치적으로 전환시켰다. 자유적 사회에 합리성의 개념이 자기 이익의 무한한 추구로 굳어진 것을 인정하고, 정치적 생활에서 자기이익을 제한할 수 있는 도덕적 요소를 강조한 합당성the reasonable의 개념을 이 저작에 본격적으로 도입했다. 롤즈가 새로이 고쳐 쓴 수정판 『정의론』에는 이 합당성의 개념이 등장한다. 합당한 가치들이 서로가 지닌 가치의 합당성을 인정하고 어떻게 서로가 지지할 수 있는 정의의 원칙들을 만들어낼 수 있는지가 이 책의 주제다. 이 저작에 수많은 개념이 도입되었지만, 그 중 '공적 이성'이라는 개념이 핵심적이다. 롤즈는 '공적 이성'의 개념을 이 책 출간 이후 새롭게 수정하여 "공적 이성의 재조명Public Reasons Revisited"란 논문으로 새롭게 내 놓았다. 이 후 이 논문은 『만민법』에 함께 실렸다.

The Law of Peoples, Cambridge, MA: Harvard University Press, 1999.

자유적인 민주사회의 외교정책의 기틀을 제시한 국제사회 정의를 다룬 저작. 롤즈는 『정치적 자유주의』를 기틀로 자유적 만민들과 비자유적이지만 협력을 원하는 적정수준의 만민들이 어떻게 만민법이란 정의의 내용들을 합의하고 준수할 수 있는지, 그리고 협력을 거부하는 무법국가와 협력할 수 있는 능력이 없는 고통받는 사회를 어떻게 협력 안으로 끌어들일 수 있는지를 제시하고 있다. 이 저작을 통해 롤즈 자신의 『정의론』에 제시된 "차등원칙"을 국제사회로 확장하려는 세계시민주의 프로젝트와 상이한 견해를 제시하여 논쟁이 되었다. 이들 간의 논쟁을 통해 롤즈의 『정의론』과 『정치적 자유주의』에 내재한 기본 틀이 서로 상이함을 분명하게 알 수 있다.

그 외 주요 작품

Collected Papers, edited by Samuel Freeman, Cambridge, MA: Harvard University Press, 1971; revised edition, 1999.

롤즈가 여러 학술지에 기고했던 논문들을 그대로 만나볼 수 있다. 이 많은 논문들이 기초가 되어 『정의론』 및 『정치적 자유주의』라는 저작으로 나타났다. 책에서는 좀처럼 엿보기 힘든 롤즈의 투쟁적인 논쟁 본능을 이 논문집에서 찾아 볼 수 있다. 롤즈를 전문적으로 연구하고자 한다면 이 논문집을 완독하는 일은 필수적이다.

Lectures on the History of Moral Philosophy, edited by Barbara Herman, Cambridge, MA: Harvard University Press, 2000.

롤즈는 학생들이 자신의 강의를 편안하게 들을 수 있도록 해마다 새롭게 강의록을 정리해 학생들에게 배부했다. 이 저작은 롤즈의 도덕 철학과 관련된 강의록을 모아 정리한 것이다. 독일 프랑크푸르트학파의 젊은 거장인 라이너 프로스트는 이 책에 실린 칸트를 영미 철학계에서 가장 정확하고 창조적인 읽기라고 평했다(역자 중 김만권이 프로스트의 수업을 수강할 때 들었던 평이다). 이 책을 통해 롤즈가 자신의 도덕철학의 기초인 흄, 라이프니츠, 칸트, 헤겔을 어떻게 읽고 이해하고 있는지 볼 수 있다.

Justice as Fairness: A Restatement, edited by Erin Kelly, Cambridge, MA: Harvard University Press, 1971; revised edition, 2001.

롤즈 생전에 발간된 마지막 저작으로 롤즈가 자신이 제시한 "공정으로서의 정의"라는 개념을 보다 쉽게 이해할 수 있도록 제시한 강의록이다. 이 책에서 정치철학의 임무가 무엇인지를 비롯해 자신이 『정의론』 등을 통해 제시한 근본 개념들을 다시 명확히 하고, 정의의 원칙, 원초적 입장, 정의로운 사회 기본구조, 자신이 제시하는 정의로운 사회의 안정성 등에 대해 다시 한 번 입장을 정리하여 밝히고 있다. 이 책을 통해 롤즈 자신이 제시하는 공정으로서의 정의가 『정의론』과 『정치적 자유주의』에서 왜, 어떻게 상이한 역할을 맡고 있는지 설명하고 있다.

Lectures on the History of Political Philosophy, edited by Samuel Freeman, Cambridge, MA: Harvard University Press, 2007.

롤즈 사후에 발간된 저작으로 현재까지는 롤즈의 마지막 저작으로 남아있다. 롤즈의 정치철학의 토대를 볼 수 있는 저작으로 롤즈가 읽은 홉스, 로크, 흄, 루소, 밀, 마르크스를 만날 수 있다. 더불어 『정의론』에서 찾아 볼 수 있는 헨리 시즈위크와 조셉 버틀러에 대한 롤즈의 강의도 함께 실려 있다. 자유주의 정치철학의 토대를 알고자 하고, 자유주의 정치철학이 왜, 어떻게 사회주의 철학을 수용하고 어디서 명확히 사회주의 철학과 경계를 그어야하는지 단초를 얻고자 한다면 한번은 완독해 보아야 할 저작이다.

2009년 번역판 옮긴이 후기

지난 2000년 우리는 1999년에 출간된 존 롤즈의 마지막 저작인 『만민법The Law of Peoples』을 공동 번역해 출간했다. 이 책을 처음 번역할 당시 역자들은 롤즈에게 한국어판 서문을 부탁하고자 전자 메일 한통을 썼다. 답장은 롤즈가 아닌 그의 아내 마디에게서 왔다. 롤즈가 병상에 있어 더 이상 글을 쓰기 어렵다 했고, 롤즈가 글을 쓸 수 있는 상태에 있다면 무엇보다 기뻐했을 것이라 했다. 그때야 역자들은 롤즈의 지병이 깊어지고 있음을 알았고, 2년 후 20세기 최고의 철학자 중 한 사람으로 손꼽히던 그가 세상을 떠났다. 공공철학public philosophy이라 불리는 철학의 장을 새롭게 열었고 자유주의 이론에 평등이란 발상을 우아하게 결합시키며, 현대 철학의 임무가 우리가 살고 있는 사회세계의 정의를 실현하는 데 헌신하는 것임을 실천했던 한 노학자의 육신이 세상을 떠났던 것이다. 그러나 롤즈의 영혼은 우리 곁에 남았다. 정의에 관한 논쟁으로, 공동체에 관한 논쟁으로, 시민권에 관한 논쟁으로, 다원주의에 관한 논쟁으로, 그는 여전히 우리가 살아가는 사회세계social world에 그 스스로 자신의 이론에 이름 붙였던 "현실적 유토피아"의 열정을 달구며 우리와 함께 있다.

현대 자유주의 정치철학에 관심이 있는 이들에겐 롤즈의 『정의론』, 『정치적 자유주의』, 『만민법』 3부작은 그 시작이다. 철학의 공공성publicity과 정치에서 철학의 역할이 한 사회세계에 지침을 줄 수 있는 원리를 만드는 것임을 강조한 롤즈를 보면, 그에게서 20세기 칸트의 모습을 쉽사리 찾을 수 있다. 롤즈는 철학이란 엄밀한 개념으로 지어지는 인내의 집임을 보여준 대표적인 사례다. 많은 이들이 즐겁고 자극적이며 기발한 철학에

환호하는 경향이 있지만, 아도르노가 말하듯 철학은 하나씩 의미를 곱씹어가야 하는 인내의 작업이다. 이 인내의 작업이 지루해 보일지 모르나 호르크하이머가 강조하듯 개념적 인식의 실패는 현실적 인식의 실패로 이어지기 십상이다. 분명한 개념적 인식이 있을 때 우리는 보다 현실을 정확하고 객관적으로 인식할 수 있다. 그리고 이런 정확한 개념적 인식에 근거한 현실적 인식은 우리가 현실에서 실현하지 못하거나 발견하지 못한 새로운 개념적 인식의 필요성을 제기한다.

롤즈의 정치철학은 이런 새로운 개념적 인식의 필요성을 제기한 것이라 볼 수 있다. 롤즈는 자유주의 사회의 질서를 환호하는 자유적 구성원에게 아직은 현실의 자유주의 사회가 "질서정연하지 못한 사회"라고 강조하며, 이런 사회에 이르기 위해서는 진정한 자유의 우선성과 더불어 이 자유를 모든 개인이 평등하게 실현할 수 있는 현실적인 분배가 필요함을 강조했다. 한편 인간성의 실현이 정치의 근원임을 강조하는 자유주의 사회가 힘이 국제사회의 질서를 좌우한다는 현실주의적 인식을 내세워 자유적 사회를 확장하려는 모순적 행위 앞에, 자유적 사회를 형성한 역사적 근본이 관용의 정신임을 재인식 시키고 비자유적 사회를 관용하고 서로 협력할 수 있는 만민의 사회를 모색하는 것이 현실적 자유주의의 정책이 되어야 한다고 비판했다. 여러분은 이 책에서 만민법 본문을 통해 롤즈 국제사회 질서에 대한 이런 비판적 인식을 볼 수 있고, "공적 이성의 재조명"을 통해 질서정연한 사회가 어떤 것인지에 대한 개념적 인식도 만나볼 수 있을 것이다.

역자들은 2000년판 번역본에 몇몇 결점이 있음을 알고 있었다. 여러 가지 이유가 있겠지만 『만민법』이란 책 하나만으로 이 저작이 지니는 이론적, 정치적, 철학적 위치를 파악하기에는 부족했다. 실제 만민법의 프로젝트 자체를 이해하기 위해선 칸트, 헤겔, 밀에 관한 정확한 지식뿐만 아니라, 롤즈가 이해하는 칸트, 헤겔, 밀을 정확하게 파악해야 한다. 그러나 우리가 번역본을 낼 당시에는 이런 자료가 존재하지 않았다. 롤즈가 사망한 이후 출간된 강의록인 『공정으로서의 정의』Justice as Fairness와 『도덕철학사 강의』Lectures on the History of Moral Philosophy에서 다행히도 롤즈가 이해하는 정치철학의 임무, 칸트와 헤겔을 접할 수 있는 기회가 있었다. 이런 기회를 통해 우리 번역서를 다시 면밀히 검토하는 과정에서 역자들이 몇 가지 사항에 대해 실수가 있었음을 인정해야 했다. 한편 2000년도 이후 본격적으로 제기된 세계시민주의cosmopolitanism와 초민족국가주의transnationalism와 같은 새로운 학문의 경향을 접하며 이 저작이 가지는 학문적 위치도 새롭게 인식할 수 있었다. 이후 새로운 번역본을 기획했으나 역자들의 진로변경, 유학과 같은 사정으로 개정판을 내는 일이 상당히 늦어졌다. 우선 역자들은 이 점에 대해 독자들에게 진심으로 사과드린다.

우선 이 책을 새로 번역한 과정을 밝혀둔다. 이 책의 원래 역자 중 김기호는 진로변경을 선택한 까닭에 이 책의 번역에는 장동진과 김만권이 참여했다. 장동진이 책임 번역자로 체계적인 번역 정책 결정과 전체적 감수를 맡았고, 김만권이 이 책의 전체를 새롭게 번역하고 새로운 서문과 해제의 초고를 쓰는 일과 용어해설, 롤즈 연보, 저작 목록 작성을 맡았다. 몇몇 용어의 수정이 이루어진 부분도 있지만, 황경식이 『정의론』A Theory of Justice과 장동진이 『정치적 자유주의』Political Liberalism에서 쓴 번역 용어들을 지속성 측면에서 유지하려 했다. 『만민법』의 초판 번역에 쓴 용어들도 가급적이면 그대로 썼다. 용어의 수정을 최대한 자제했으며, 적절한 번역어를 찾기 곤란한 용어들은 뒤에 실린 용어해설에 그 의미를 분명하게 설명했다(이 책을 읽기 전에 용어해설을 먼저 읽는 것도 좋다). 책임 번역자인 장동진은 『만민법』의 저자인 롤즈의 의도를 최대한 살리고

자 했고, 번역 실무를 담당한 김만권은 이에 맞추어 롤즈의 문장을 살릴 수 있는 방향으로 문체를 바꾸었다. 이전의 번역에서는 좀 더 의미를 정확히 설명하고자 롤즈의 문장을 짧게 나눈 경향이 있었다. 하지만 이런 문장의 분할이 롤즈의 논리적 사고의 흐름을 끊는 경향도 있었다는 판단 아래 롤즈의 논리적 사고를 잘 보여주기 위해 부득이한 경우가 아니면 롤즈의 문장을 살리는 방향으로 번역을 수정했다. 덧붙여 우리말답게 번역하기 위해 수많은 수동태의 문장을 능동태의 문장으로 바꾸어 독자들이 조금은 편안히 읽을 수 있도록 배려했다.

롤즈는 일반 독자들이 쉽사리 접근할 수 있는 철학이 아니다. 로저 스미스가 미국이 만들어 낸 최고의 공공철학이 그 접근성 때문에 의미가 쇠퇴했다고 한탄했듯 롤즈의 저작을 어려움 없이 읽는다는 것은 사실 불가능하다. 그러나 역자가 롤즈를 잘 이해하고 있다면 독자들이 좀더 쉽게 롤즈를 만날 수 있을 것이라는 믿음 아래 이 책을 번역하며 롤즈에 대한 공부를 게을리 하지 않았음을 미리 자신 있게 밝혀둔다. 이 새로운 번역본이, 독자들이 롤즈에게 조금은 편안히 다가갈 수 있는 좋은 소통의 자리가 되길 바란다.

이 새로운 『만민법』 번역본이 나오는 과정에서, 흔쾌히 새롭게 판권을 구입하고 출판을 결정하고 오래 기다려 준 출판사 아카넷에 무엇보다 감사드린다. 이 책을 만드는 동안 인내하며 친절하게 기다려주신 오창남 선생님과 이 책을 편집하는 데 많은 노력을 기울여주신 편집부 일동에게 감사드린다.

2008년 10월
장동진, 김만권

2000년 번역판 옮긴이 후기

정치는 인간 사이의 권력관계이다. 권력관계는 강제적 성격을 띤다. 권력관계가 어떻게 설정되느냐에 따라 이 권력관계에 연루되어 있는 각 개인의 삶은 크게 영향을 받는다. 권력관계는 어떠한 형태를 띠든지 간에 시간과 공간을 막론하고 사람들이 모여 사는 곳이면 발생한다. 인간은 이러한 권력관계를 벗어날 수가 없으며 정치의 자장에서 벗어날 수가 없다.

정치의 성격에 따라 인간생활은 영향을 받는다. 정치가 폭악적이면 개인의 생활은 이러한 폭악성을 모면하기가 어렵다. 정치가 평화적이면 개인은 평화로운 여건에서 개인의 생활을 보다 낫게 영위할 수 있다. 정치는 개인이 피할 수 없는 조건이다. '인간은 정치적인 동물이다'는 명제는 두 가지 의미를 내포한다. 하나는 인간생활이 정치적 조건을 탈피할 수 없다는 것이다. 다른 하나는 보다 적극적인 의미로서 이러한 정치적 조건을 탈피할 수 없기 때문에 이 정치적 조건을 개선함으로써 인간은 보다 나은 삶을 지향할 수 있다는 의미를 내포한다.

정치는 항상 두 가지 측면을 동시에 지닌다. 하나는 현실적인 측면이고 다른 하나는 규범적 측면이다. 정치의 현실성은 권력관계의 현실적 진행과정에서 나타난다. 규범적 측면은 권력관계의 정당성 문제와 관계된다. 사람들은 이 현실적 측면과 규범적 측면은 분리되어 있는 것으로 생각한다. 그러나 정치의 규범성은 현실정치에서도 언제나 거론되고 문제시되고 있다. 즉, 현실정치에 대한 타당성 논쟁은 이론적 논의에만 국한된 것이 아니고 실제 정치영역에서도 진행된다.

정치학에서도 정치의 양면성, 즉 현실적 측면과 규범적 측면에 초점을 맞추어 연구가 진행되고 있다. 실제 정치의 권력관계의 특성과 법칙성 규명에 초점을 맞추어 진행되는 경험적 연구가 있다. 이러한 경험적 연구의 예들은 비교정치학, 국제정치학 및 정치경제학 등에서 찾아볼 수 있다. 반면 정치의 규범성에 초점을 맞추어 진행되어온 연구전통이 있다. 이것을 정치철학적 작업이라고 할 수 있다.

정치철학은 정치의 규범성에 초점을 맞추고 있다. 이 규범성 연구는 정치권력 및 정치제도의 정당성 규명을 주 대상으로 한다. 이러한 규범적 논의는 동서양을 막론하고 진행되어 왔다. 서양에서는 플라톤, 아리스토텔레스에서 출발한 이런 논의가 심지어 중세의 철학자들과 마키아벨리에서도 계속되었으며, 칸트, 헤겔, 홉스, 로크, 루소, 밀 등을 거쳐 오늘에 이르고 있다. 마찬가지로 동양에서도 공자, 맹자, 주자, 이황, 이이 등의 이론가들은 정치의 정당성 규명에 집중하였다.

정치철학에서 규범성 연구는 정의justice에 관한 논쟁으로 압축할 수 있다. 현대의 자유주의 정치철학의 핵심도 정의논쟁에 있다. 즉 어떠한 원칙에 입각하여 정치사회를 구성하는 것이 바람직한가? 보다 근원적으로 이 원칙을 어떠한 방법으로 도출할 것인가 하는 것이 관심의 쟁점이다. 정치철학 일반과 현대 자유주의의 정치철학 내부에서도 이에 대한 입장의 차이가 나타난다. 근대에 들어서 계약론과 공리주의 또는 일반적으로 자유주의와 마르크스주의, 자유주의와 공동체주의의 구분은 정의의 문제에 대한 입장의 차이를 보여준다. 현대 자유주의 내에서도 자유적 평등주의Liberal equality와 자유지상주의Libertarianism도 정의에 대한 입장의 차이를 표명한다.

현대 자유주의 정치철학 내에서 롤즈는 특별한 위치를 차지한다. 특히 1971년의 『정의론』A Theory of Justice 출간 이후 이론가들의 집중적 조명은 타의 추종을 불허한다고 할 만하다. 어쩌면 현대자유주의 정치철학은 지난 약 30년간 롤즈에 의해 주도되어 왔다고 하여도 무방할 것 같다. 역자가 생각하기에 롤즈의 정치철학은 3단계를 거쳐 현재에 이르렀다.

첫 번째 단계는『정의론』A Theory of Justice이 출간된 1971년 경이다. 롤즈는 포괄적 교리로서 자유적 관점에 있는 국민들을 가정하고, 사회의 정치원칙을 원초적 입장original position이라는 개념을 통해 확립하고자 한다. 당시의 롤즈의 해결 관심은 사회·경제적 갈등, 즉 사회·경제적으로 유리한 위치에 있는 자와 그렇지 못한 자 간의 갈등을 무지의 베일veil of ignorance이 있는 원초적 입장을 통하여 해결하는 것이었다. 이렇게 하여 나온 원칙이 정의의 두 원칙Two principles of justice이다. 즉, 제1원칙은 기본적 자유에서의 평등이며, 제2원칙은 기회평등의 원칙과 차등원칙the difference principle이다. 여기에서 기본적 자유의 평등원칙인 제1원칙이 사회·경제적 배분의 원칙을 표명하는 제2원칙에 우선하고 있음이 강조되고 있지만, 문제의 해결의 관건은 '사회·경제적 불평등은 최소수혜자 계층의 입장을 최대한으로 개선한다는 것을 조건으로 정당화될 수 있다'는 차등원칙에 있다. 기본적 자유의 우선성은 사회·경제적 강자와 약자간에 나타날 수 있는 기본적 자유에서의 불평등을 방지하려는 의도에서 강조되었다. 이러한 사회·경제적 갈등에 대한 해결의 초점은 두 번째 단계에서 변화되고 있다. 이것은 롤즈가 살고 있는 자유주의 사회로서의 미국사회의 변화에 기인하는 당면한 문제의 성격변화와 관련이 있을 것이다. 즉 『정의론』 출간을 전후한 미국의 사회에서 가장 문제가 되는 갈등은 사회·경제적인 불평등이었을 것으로 추측된다. 그러나 미국사회가 70연대를 거치면서 현대에 이르는 기간동안 변화하는 과정에서 사회·경제적 불평등 보다 가치 및 신념체계간의 갈등이 더 심각한 것으로 롤즈에게 인식되었을 것이다.

롤즈 정치철학의 두 번째 단계는 『정치적 자유주의』Political Liberalism(1993)의 출간을 전후한 시기이다. 정치적 자유주의에서의 롤즈의 관심은 상충적이지만 합당한 포괄적 교리들reasonable comprehensive doctrines이 존재하는 사회에서, 상호 수용할 수 있는 합당한 정치적 원칙들을 합의해 낼 수 있는가 하는 것이었다. 롤즈는 여기에서 합당한 자유주의적 정치적 정의관을 통하여 화해 불가능한 다양한 포괄적 교리들간의 정의원칙들에 대한 합의의 가능성을 보여주고 있다. 두 번째 단계에서의 롤즈의 문제인식은 합당한 포괄적 교리로 표현되는 가치체계간의 갈등이 결국 정치적 문제해결에 영향을 미친다고 보고 있으며, 이것을 현대 자유주의 사회, 특히 자유민주적인 미국 사회에의 가장 심각한 문제로 파악하고 있다. 『정치적 자유주의』에서 롤즈는 합당한 포괄적 교리 상호간에 합당한 정치적 원칙에 합의할 수 있음을 중첩적 합의overlapping consensus의 개념을 통해 보여주고 있다. 중첩적 합의에서 롤즈가 중시하는 개념은 합당성the reasonable이다. 이 개념은 개인의 인생계획에 국한되는 합리성the rational의 개념과 대조되고 있다. 롤즈의 합당성의 개념은 평등한 존재로서 타자도 수용할 수 있는 것을 전제로 하고 있으며, 이 개념의 핵심은 전통적인 상호성reciprocity의 기준과 결부되어 있다. 한편 합당성의 개념은 공적인 문제를 해결할 때 의존해야만 하는 개념으로서 공적 이성public reason의 개념과 불가분리의 관계에 있다. 이러한 개념을 통하여 제시되는 사회운영의 원칙으로서 정의의 원칙은 『정의론』에서 주장했던 것과 큰 차이가 없다.

세 번째 단계의 롤즈의 정치철학은 『만민법』*The Law of Peoples*(1999)에서 표현된다. 『만민법』에서 롤즈는 자신의 사회계약 이론을 정치사회간 사람들의 정의문제에 적용하여 그 해결을 찾고자 한다. 자신의 자유주의적인 정치적 정의관을 국제사회의 정의문제 해결에 적용하려는 것이다. 여기에서도 역시 『정의론』에서의 핵심개념인 원초적 입장original position과 『정치적 자유주의』에서의 중심 개념이었던 합당성의 개념과 공적 이성의 역할이 강조되고 있다. 특히 공적 이성의 중요성은 "공적 이성의 재조명" The Idea of Public Reason Revisited을 "만민법" The Law of Peoples에 첨부함으로써 더욱 부각되고 있다. 『만민법』에서 롤즈의 관심은 자유적 사회liberal societies와 비자유적 사회non-liberal societies 모두를 포함하는 만민들의 사회에 적용될 정의원칙을 어떻게 도출할 것인가에 맞추어져 있다. 특히 롤즈는 합당한 자유주의 사회reasonable liberal societies와 비자유적 사회를 적정수준의 위계적 사회decent hierarchical societies, 무법국가outlaw states, 불리한 여건으로 고통받는 사회burdened societies by unfavorable conditions, 자애적 절대주의체제benevolent absolutisms로 분리하여 각각 이에 대한 해결책을 제시하고 있다. 우선 롤즈는 이 책의 '이상적 이론의 제1부' The First Part of Ideal Theory에서 일반적인 사회계약의 개념을 합당한 자유주의 사회들 간에 적용하여 이들 상호간에 만민법의 합의가 가능함을 제시하고 있다. 그리고 '이상적 이론의 두 번째 부분' The Second Part of Ideal Theory에서 사회계약의 개념을 합당한 자유적 사회와 이 자유적 사회와 기본적 신념을 달리하는 비자유주의 사회중 적정수준의 위계적 사회간에 적용하여 이들을 규제할 정치적 정의원칙의 합의가능성을 논의하고 있다. 여기에서의 적정수준의 사회에 대한 관용과 이러한 사회와 자유적 사회간의 만민법에 대한 합의가능성을 강조하고 있다.

그리고 이 책의 제3부에서 비이상적 이론의 두 가지 종류를 제시하고 있다. 첫 번째 종류의 비이상적 이론은 합당한 만민법a reasonable Law of Peoples에 따르기를 거부하는 무법국가outlaw states에 대하여 정의전쟁

원칙을 통한 이들에 대한 자기방어권을 강조하고 있다. 그리고 비이상적 이론의 다른 종류는 불리한 여건으로 인해 고통받는 사회burdened societies by unfavorable conditions에 대한 문제를 다루고 있다. 만민법에 이미 합의한 합당한 자유주의 사회 및 적정수준의 사회들이, 고통받는 사회가 만민법이 적용되는 만민들의 사회의 성원이 될 수 있는 상태에 이르기까지의 원조의 의무duty of assistance를 수행할 것을 주장한다. 끝으로 자애적 절대주의 체제는 인권을 존중하고 있지만, 정치적 결정에 있어서 그 구성원들에게 의미있는 역할을 부여하지 않기 때문에 질정연한 사회는 아니라고 한다. 그렇지만 이러한 사회는 인권을 중시하고 있으므로 자기방어의 전쟁수행권이 있다고 주장하고 있다. 롤즈의 만민법에서의 핵심적인 기초적 개념은 인권human rights이다. 이것은 인간이 시민으로서 가지는 권리 이전의 보편적 권리로서 만민법의 기초개념이 되고 있다.

오늘날 우리 사회는 특히 국제통화기금의 구제금융지원이후 국제사회의 영향력에 많이 노출되어 있다. 이것은 타국의 정치, 경제 및 사회적 여건에 의해 우리의 국가운영 및 국민 개개인의 생활이 영향을 받는 정도가 과거 보다 확대·심화되었다고 표현할 수 있다. 이러한 국제화, 지구화로 표현되는 국가간의 상호의존성의 증대는 이들 국가간, 국민간 또는 사회간의 정당성 문제를 제기한다. 이것은 타 국가, 국민 또는 사회가 우리 사회에 요구할 수도 있을 것이며, 역으로 우리 국민이 다른 국가 및 국민에게 요구할 수도 있을 것이다.

또한 1997년 말의 금융위기 이후 현재에 이르기까지 우리 사회 내에서 흔히 지적되고 있는 '도덕적 해이'moral hazard라는 표현에서 보듯이 도덕성 문제를 현실정치의 문제의 근원으로 보는 견해가 대두하고 있다. 이것은 정치의 현실성이 도덕성 또는 정당성 문제를 벗어날 수 없다는 것을 보여주기도 한다. 롤즈의 『정의론』, 『정치적 자유주의』, 『만민법』은 통털어 우리 사회가 보다 정당한 운영원칙을 확립하고 이를 실행하는 데 많은 지침을 줄 수 있는 자유주의적 정치적 정의관을 제시하고 있다. 특히 공적 문제를 해결하는 데 강조된 합당성reasonable과 공적 이성public reason의 탁월한 개념, 그리고 무엇보다도 정치사회의 구성원인 개인들이 정치원칙 제정의 원천author으로 강조한 점은 우리가 당면한 정치·사회적 문제 해결의 실마리를 제공해 준다.

이 책은 세 사람의 공동 번역이다. 서문Preface, 서론Introduction 그리고 제1부의 '이상적 이론의 첫 번째 부분' Part I. The First Part of Ideal Theory과 제4부 결론Part IV Conclusion은 책임번역자가 번역하였다. 그리고 제2부 '이상적 이론의 두 번째 부분' Part II, The Second Part of Ideal Theory과 제3부 '비이상적 이론' Part III, Nonideal Theory은 김기호 씨가 번역하였다. '공적 이성의 재조명' Idea of Public Reason Revisited은 김만권 씨가 번역하였다. 이렇게 번역된 초고를 수합하여 책임번역자가 처음부터 끝까지 문장 하나하나를 원문과 대조하면서 수정했다. 이러한 점검과정에서 연세대 대학원 정치학과 대학원생인 장 휘 군과 연세대 정치외교학과 학부생인 강성욱 군이 교정 및 용어해석을 확인하는데 도움을 주었다.

그리고 이 책이 영어로 출간된 해인 바로 1999년 12월에 이 책을 구입하여 번역을 의뢰한 이끌리오 출판사 박재환 사장님께 특별히 감사를 표한다. 그리고 이 책이 출판될 수 있도록 편집일을 정성껏 하여준 이끌리오의 편집자 일동에게 또한 감사를 표한다.

조그마한 분량이지만 엄청난 내용과 심오한 통찰력을 담고 있는 이 책을 번역함에 있어 직·간접의 도움을 준 사람이 일일이 열거할 수 없을 정도로 많다. 이러한 도움은 한 인간이 사회에 진 빚이라고 할 수 있을 것이다. 롤즈의 심대한 철학에 비하여 초라한 이 번역이 이러한 빚에 대한 아주 미약한 보답이라도 될 수 있었으면 한다. 이 책이 널리 읽혀져서 자유주의 정치철학에 대한 보다 깊고 넓은 이해가 이루어지기를 바란다.

2000년 11월

연희관 연구실에서

장동진

인명색인

용어색인

ㄱ

ㄴ

ㄷ

ㅇ

ㅈ

ㅊ

ㅋ

ㅌ

ㅍ

ㅎ

G

1~9